المجتمع والثقافة

د. تيسير نجم الدين الناشف

أوثر هاوس

AuthorHouse™ LLC
1663 Liberty Drive
Bloomington, IN 47403
www.authorhouse.com
Phone: 1-800-839-8640

Published by AuthorHouse 07/07/2014

ISBN: 978-1-4918-6867-6 (sc)
ISBN: 978-1-4918-7145-4 (e)

المحتويات

المقدمة

يشتمل هذا الكتاب على مجموعة من المقالات التي دبجتها وأنا مقيم في الولايات المتحدة، وخصوصا ولاية نيوجيرزي. وترتيب المقالات الواردة لا يراعي بالضرورة الترتيب الزمني لكتابتها. وهي تتناول التغيرات السياسية والثقافية والفكرية والاجتماعية والاقتصادية الحاصلة خلال السنوات القليلة الماضية في العالم الثالث تناولا وصفيا وتحليليا وتفكيكيا ونقديا. وهذا التناول لازم في التصدي للمشاكل والأزمات التي تواجهها البلدان النامية ويمكن أن تكون لهذه التغيرات مردودات إيجابية أو سلبية على البلدان النامية. ومن التحديات أو التغيرات المصيرية التي تواجهها الشعوب، وخصوصا شعوب العالم النامي في آسيا وأفريقيا وأمريكا اللاتينية، الأمية والجهل والفقر والمرض والفساد وتبديد الثروات والحرمان والخضوع للسيطرة الأجنبية والاستبداد والطغيان والنقص في اكتساب العلوم والتكنولوجيا الحديثة وانعدام قدر كبير من حرية الإعراب عن الفكر وتدني وضع المرأة وتفاقم أثر وسائل التصال الالكتروني في سلوك الفرد والجماعة والدولة واشتداد ضعف الدولة حيال تأثير ضغوط العولمة وتزايد قوة الحملة التي تشنها بعض الدول الأجنبية على ثقافات وقيم الشعوب النامية وضعف هذه الشعوب وازدياد اتساع الفجوة بين الحكام والشعوب وشيوع النظام الذكوري الأبوي والتبعية المالية والاقتصادية والسياسية لدول أجنبية والتنكر للتراث العلمي والفلسفي العربي والإسلامي والمطامع الأجنبية بثروات الشعوب النامية وتعرض الخصوصيات الوطنية لضغوط داخلية وأجنبية وتفشي النزعة الحمائلية والطائفية والمغالاة في النزعة الفردية وجهل دينامية الظواهر الاجتماعية بالمعنى الأوسع. وهذه التحديات نتيجة عن عوامل خارجية وداخلية متفاعلة دامت قرونا. ونظرا إلى أنها ذات طبيعة معقدة فإن تناولها لا مفر من أن

يكون مثارا للخلاف. ومدى انتشار هذه العلل يتفاوت بين شعب وآخر وبين قارة وأخرى وبين ثقافة وأخرى.

والأطروحة الرئيسية في هذا الكتاب هي الاعتقاد بوجود الطبيعة النشيطة (الدينامية) للظواهر في مختلف المجالات: الاجتماع والنفس والثقافة والتاريخ والأخلاق والاقتصاد والأدب والسياسة واللغة وبأنه يقوم فيما بينها تأثير متبادل وتفاعل على نحو مستمر وبأنه لن يكون من الممكن القضاء على الأدواء التي تعاني الشعوب منها ولن يمكنها تحقيق التقدم والنهضة دون أن تكون واعية بالطبيعة النشيطة للظواهر الاجتماعية، ودون أن تتمشى في حياتها وفقا لما تقتضيه هذه الطبيعة. كل ظاهرة توجدها عوامل تقع في مجال الظاهرة وفي مجالات أخرى. وبالتالي فإن هذه الظواهر ليست ثابتة. والظاهرة التي تكون نتيجة عن تفاعل ظواهر أخرى تكون هي أيضا عاملا في نشوء ظاهرة أو ظواهر أخرى تكون في مجالها و/أو مجالات أخرى.

وبتفاعل العوامل يحدث التأثير والتغيير. وابتغاء تحقيق التغيير في مجال ينبغي إدخال التغيير في مجالات أخرى. ومن أجل فهم الحالة الاجتماعية ينبغي الوعي بهذه الدينامية. والظاهرة السياسية المنطوية على ممارسة التغيير هي أشد الظواهر أثرا وتأثيرا في إحداث الحالة وفي تغييرها. وفضلا عن تفاعل عوامل النهضة فيما بينها وعوامل التخلف فيما بينها تتفاعل العوامل من المجموعتين فيما بينها. ومن أجل تحقيق النهضة المنشودة ينبغي العمل على ضمان أن تكون نتيجة هذا التفاعل تعزيز أثر العوامل المفضية إلى النهضة. ومن المنظورين القومي والإنساني يجب القضاء على حالة التخلف والضعف عن طريق استخدام الآليات القادرة على إزالة هذه الحالة. ونظرا إلى الحاجة إلى مواجهة هذه التحديات يجب أن يكون تناولها صريحا.

ويعني هذا التوضيح لمنهج الحاجة إلى الوعي بدينامية الظواهر أنه لا يستبعد المنهجَ التاريخي والمنهج النفسي والمنهج الاقتصادي والمنهج البنيوي-الوظيفي في فهم وتفسير الظواهر الاجتماعية.

ونظرا إلى نشاط (دينامية) الحالة الاجتماعية والنفسية والثقافية والفكرية والعقلية والعاطفية فإن من المستحيل اكتساب المعرفة الدقيقة

التامة للحالة. ونظرا إلى دينامية وتفاعل الظواهر وإلى اختلاف مدى تأثيرها وتأثرها تبعا لمدى قوة حضور بعضها حيال بعض فإن حجم تأثير وتأثر الظواهر من قبيل النهضة والديمقراطية والثروة والتغيير نسبي .

ويبين عدد من مقالات الكتاب الأخذ بالنهج الفكري النقدي التفكيكي. وابتغاء اكتساب المعرفة من اللازم توخي النهج النقدي. وليس المقصود بالوعي الإدراك فحسب ولكن يقصد به أيضا قرن الإدراك بالعمل الذي يتضمنه ويستلزمه ذلك الإدراك. وإحدى أهم وسائل تحقيق الوعي هي إعمال الفكر النقدي. ونظرا إلى دينامية الظواهر الاجتماعية يأخذ المؤلف بالنهج الفكري النقدي التفكيكي الذي هو أشد مراعاة لهذه الدينامية. يؤدي هذا النهج إلى الانفتاح الفكري الذي يحقق تغيير الموقف، ما يؤدي إلى تغيير السلوك.

وفي هذه المقالات أنطلق من الاعتقاد بوجاهة الأخذ بالنظام الديمقراطي السياسي والاجتماعي بوصفه آلية هامة من آليات تحقيق النهضة السياسية والعلمية والفكرية والثقافية والاجتماعية، ومن الاعتقاد بوجاهة الدعوة إلى تعزيز المجتمع المدني بوصفه آلية من آليات الحفاظ على النظام الديمقراطي وعلى سلامة الشعوب، ومن الاعتقاد بأن النقد وسيلة لمعرفة الذات ومعرفة الواقع وتحقيق الإصلاح وإحراز التقدم في مختلف مناحي الحياة، وبأن حسن التنشئة وسيلة مثلى من وسائل الاحتفاظ بالقيم السليمة والرفيعة التي يفضي احترامها إلى استمرار الوجود القيمي والوطني والقومي.

ومن أهداف هذا الكتاب أيضا محاولة إزالة الخطأ الفكري الذي ينتشر في صفوف قطاعات من أبناء الشعوب والذي مؤداه أن الفكر منفصل عن الشعور وأن العلوم والأبحاث الاجتماعية والإنسانية والنفسية تتسم بالموضوعية.

وإن لم تتفتح وتستيقظ الشعوب فكريا وعقليا على البيئة العالمية وإن لم تعط العلم المكانة اللائقة به فسيستمر استبعادها عن اتخاذ القرار العالمي وستواجه تهديد الإقصاء والاستعباد والتجويع، وتهديد القضاء على قفسم كبير منها.

ونظرا إلى أهمية التغيير والتطوير والنهضة بالنسبة إلى مستقبل الشعوب ليس في وسع هذه الشعوب ومتخذي القرار في صفوفها ألا ينصرفوا إلى دراسة مسائل الحداثة ودَور العِلم والديمقراطية والحرية الفكرية .

والمنطلق الأساسي الذي ننطلق منه هو أنه من الصعوبة البالغة تحقيق التقدم والنهضة الفكرية والثقافية والسياسية دون توفير ظروف معينة منها إرساء النظام الديمقراطي وإيجاد مساحة كبيرة من الحرية الفكرية في مختلف المجالات في الدولة والمجتمع. من شأن إيجاد هذه المساحة أن تتطلب أن ترفع الهيئات الحكومية عتبة تملها للآراء المختلفة والمتحفظة والمنتقدة والمخالفة. والحاجة إلى توفر الحرية الفكرية تتطلب أن يكون لذوي الرأي المعرب عنه، من قبيل الكتاب والمثقفين والمفكرين والنشطاء في مجال العمل الاجتماعي والسياسي، مكان واعتبار في المجتمع.

وتشيع لدى الشعوب أوهام وخيالات. ويدل هذا الشيوع على نقص المعرفة وعجز الفكر عن فهم العالم والسمة غير الواقعية للتفكير والاعتقاد الخاطئ بالموضوعية التامة للعلوم الاجتماعية وعدم الإقرار أو الوعي بنسبية المفاهيم والقيم وباختلافها من ناحية التجرد والتحدّد وعدم الوعي بوهم تناقض بعض المفاهيم وعدم الوعي بنقص الكمال في الحياة البشرية وعدم مراعاة تعدد العوامل وعدم مراعاة ديناميتها في الظواهر الاجتماعية. وبهذه الخيالات والأوهام يفقد المرء قدرا من حريته في الاختيار وقدرا من وجوده بوصفه مسؤولا ومخططا ومنفذا.

وثمة مشاكل في محاولات التناول الفكري لقضايا المجتمعات والشعوب. وقسم كبير من هذه المشاكل يتعلق بالدماغ الذي يبدو أنه ليس قادرا على دراسة كل المشاكل .

وأهدي كتابي للسيدة ميادة إبراهيم الناشف التي كان لحضورها أثر كبير في جعل هذا الكتاب حقيقة، وأشكر السيدة حنين الناشف والسيد أحمد م. الناشف على المساعدة القيمة التي قدماها في مجال الطباعة.

د. تيسير نجم الدين الناشف
هاملتن، نيوجيرزي
2 كانون الثاني/يناير 2014

ثمة انتماءات متعددة: الانتماء الديني والانتماء المذهبي والانتماء القومي والانتماء إلى الدولة وغيرها من أنواع الانتماءات. وبحكم التنشئة والمستوى الفكري والعقلي والثقافي والمحيط الاجتماعي يختلف لدى الفرد الانتماء قوة أو ضعفا. الانتماءات يختلف بعضها عن بعض في مدى الالتزام بها وبموجباتها. وهذا الاختلاف هو أحد الأسباب الهامة في اختلاف الموقف (attitude) والشخصية ونوع السلوك لدى الفرد. قد يكون حس الانتماء المذهبي أو الانتماء القومي أو الانتماء الثقافي، على سبيل المثال، قويا في دولة أو مدينة أو قرية أو قبيلة أو ضاحية أو أسرة معينة، أو ضعيفا في حالة أخرى.

قد تختلف الإنتماءات في فرد من الأفراد من حيث قوة العلاقات الإيجابية أو السلبية أو المحايدة بين تلك الانتماءات. على سبيل المثال، قد توجد لدى فرد علاقات أقوى بين الانتماءين اللغوي والقومي، وقد توجد لدى فرد آخر علاقات أضعف بين الانتماءين الطائفي والقومي. إن طبيعة الإنتماء تحدد إلى حد كبير قوة العلاقات الأكثر سلبية أو الأكثر إيجابية داخل الفرد الواحد.

في المجتمعات البشرية تحدث تقاطعات سلبية أو إيجابية أو على قدر ما من الحياد بين جوانب أو أبعاد قليلة أو كثيرة من مختلف الانتماءات. والمقصود بالتقاطعات الإيجابية هو أن يسند أو يدعم أو يشبه جانب أو بُعد أو أكثر من جانب واحد في انتماء واحد جانبا أو بُعدا من انتماء آخر أو انتماءات أخرى. والمقصود بالتقاطعات السلبية هو أن يناقض أو يضعف أو يؤخر أو ينافس أو يغاير جانب واحد في انتماء بُعدا في انتماء آخر. على سبيل المثال، يمكن للتماثل أو التعاضد بين أبعاد الانتماء الديني والان

تماء القومي أو يعزز الانسجام الثقافي المجتمعي، ويمكن للتغاير والتضاد بين إبعاد الانتماء الديني والانتماء إلى الدولة أن يضعف أو أن

يؤخر نشوء الدولة أو تطور مؤسساتها الضرورية أو يضعفها أو يقوضها.

وتختلف الانتماءات بعضها عن بعض من حيث مدى مراعاة الشخص المنتمي لمتطلبات أو موجبات الانتماء. يوجد مَنْ يقوم بأداء قدر أكبر أو قدر أقل أو قدر غير محدد من متطلبات مضمون الانتماء، وثمة من يحمل متطلبات الانتماء محمل الجد، وبالتالي يراعي متطلبات مضمون الانتماء، وثمة من يحمل تلك المتطلبات بجد أقل أو جد ناقص.

في العلاقات والظروف الاجتماعية ثمة إمكان التواصل وإمكان التنافر بين أصحاب الانتماءات وأيضا بين الانتماءات نفسها. وثمة عوامل تعمل باتجاه تعزيز التشابه والتساند بين أبعاد الانتماء وعوامل أخرى تعمل باتجاه إيجاد أو تعزيز التغاير أو التناقض بين أبعاد تلك الانتماءات. وأحد العوامل البالغة الأهمية هو كيفية تفسير أصحاب النفوذ السلطوي والسياسي والفكري والاقتصادي للعلاقات والظروف الاجتماعية المنطوية على العلاقات بين أصحاب النفوذ هؤلاء كل في مجال انتمائه. من أجل تحويل إمكان التواصل إلى حقيقة واقعة ومن أجل إزالة أو إضعاف عامل التنافر ينبغي لأصحاب النفوذ من مختلف الانتماءات في سياق اجتماعي معين – مثلا، سياق العلاقات الاجتماعية أو نظام الحكم في الدولة – العمل على التوجيه صوب تعزيز عوامل التشابه والتعاضد والانسجام وصوب إضعاف عوامل التغاير والتضاد في العلاقات بين أصحاب الانتماءات المتعددة.

إن قوة أو ضعف حضور العوامل القيمية والاجتماعية-الاقتصادية يحدد حجم نطاق الانتماء. فالعامل الديني في بلدان شمال أفريقيا – على سبيل المثال – له حضور أكبر في تحديد حضور الانتماء الوطني أو القومي نظرا إلى التجانس الديني تقريبا في تلك البلدان، وكذلك الأمر بالنسبة إلى باكستان وأفغانستان وبنغلاديش.

وفي الكرة الأرضية يحدث، عن طريق الاتصال، تأثير وتأثر في مختلف المجالات بين الناس والشعوب والبلدان والجماعات والفئات والقارات. وفي هذا الاتصال يحدث تأثير أقل أو أكبر من جانب الأفراد من تأثير أفراد آخرين.

ولشعوب الأرض كافة مستويات ثقافية وفكرية وأخلاقية مختلفة. والتقدير الموضوعي والتقدير الذاتي يقرران تصور قيمة وارتفاع تلك المستويات. وأحيانا غير قليلة تكون لفئة داخل شعب لها توجه سلوكي أو قيمي أو أخلاقي محدد أو غير محدد، ويشبه ذلك التوجه توجها سلوكيا أو قيميا أو أخلاقيا واسع الانتشار في بلدان أخرى، ويختلف ذلك التوجه الأول عن التوجه السلوكي أو القيمي أو الأخلاقي للأغلبية الكبيرة من سكان البلد الذي تقيم وتسكن فيه تلك الفئة. وهذه الفئة أكثر استعدادا لقبول معطيات ثقافة أولئكم السكان في بلدان أخرى. وتلك الفئة أقل استعدادا أو لا استعداد لديها، لأسباب نابعة من التهيئة الثقافية-النفسية، لقبول توجه أغلبية سكان البلد الذي تقيم تلك الفئة فيه. إن تلك الفئة تقبل أو تستوعب أو تتمثل المعطيات الثقافية للسكان في البلدان الأخرى. ويحتمل احتمالا كبيرا أن تلك الفئة تعتبر قبولها لتلك المعطيات وتبنيها مصدر اعتزاز لها وأنها دلالة على الرقي والتمدن، بينما لا توجد أسس موضوعية تشير إلى أن تلك المعطيات أفضل من المعطيات الثقافية لسكان البلدان التي تقيم تلك الفئة فيها.

إن من شأن تلقي وتبني تلك الفئة للمعطيات الثقافية من بلدان أخرى على نحو أسرع وأنشط من تلقي وتبني الأغلبية الكبيرة من سكان البلد أن يُدخلا تغييرا سريعا يحتمل ألا تحبذه تلك الأغلبية، وقد يقلق التلقي والتبني أفراد الأغلبية الكبيرة، وقد تعتبر تلك الأغلبية أن سرعة ووتيرة ذلك التلقي والتبني لا تراعيان مسألة نضج أو عدم نضج الأغلبية الكبيرة لذلك التلقي والتبني. وقد توجد هذه الحالة توترا بين الفئة المتلقية والمتبنية والأغلبية الكبيرة، وقد تكون لها آثار سلبية وغير مرغوب فيها في البنى الاجتماعية من قبيل أخلاق أفراد الأسرة والبنية الاجتماعية-الخلقية للمجتمع. وقد تكون لها آثار أخرى لا يستطيع المعنيون بالتهيئة الاجتماعية لدى الأغلبية الكبيرة أن يتصدوا لها.

لتحقيق التواؤم الاجتماعي الشامل من الأكثر صوابا تقليل سرعة التبني من قبل فئة من الفئات للمعطيات تلبية ومراعاة لحاجات الأغلبية الكبيرة الأقل تقبلا وتبنيا لتلك المعطيات والأقل استعدادا لذلك.

ولعل من الطبيعة البشرية أنه نشأ بين فئات داخل المجتمع العام على نطاق الدولة تنافس على شغل المكانة أو المنزلة الاجتماعية العليا. وثمة مصادر متنوعة لشغل تلك المكانة أو لاعتبار فئة من الفئات أنها تتمتع – عن جدارة أو دون جدارة – بتلك المنزلة. قد ترى الفئة سين أو قد يرى أفراد فئات أخرى لأسباب متنوعة أن الفئة سين تستحق شغل تلك المكانة. قد ترى الفئة سين أن الأسباب في اعتبار استحقاقها شغل المكانة العليا هي ارتفاع نسبة الذين يعرفون القراءة والكتابة في صفوف أفرادها أو الحجم الكبير للمدخول المالي السنوي لرب الأسرة، أو ارتفاع نسبة أصحاب الوظائف الحكومية وغير الحكومية الرفيعة، أو ارتفاع نسبة أصحاب بعض الحِرف والمهن في صفوف أفراد تلك الفئة، أو ارتفاع نسبة الكُتاب والمفكرين والأدباء والشعراء في صفوف تلك الفئة، أو طريقة السلوك الأكثر رقة أو مراعاة للأصول الذي يقوم به أفراد من تلك الفئة، أو صفة التأمل والتمهل والتعقل التي تسم سلوكهم، أو طريقة تناولهم للقضايا على المستوى المحلي والقطري والدولي أو النسبة العالية من الفنانين والفنانات في ميادين الموسيقى والعزف والغناء والتمثيل، أو أسباب أخرى، أو مزيج من تلك الأسباب.

وقد تجد فئة أخرى أن بعضا – وليس جميع تلك العوامل – منها قد لا يستحق أن يعتبر مصدرا أو سببا لاستحقاق أي فئة لأن تعتبر نفسها أو لأن تعتبرها فئات أخرى مستحقة لشغل المنزلة العليا. وتلك الفئة الأخرى ترى أنها تستحق شغل المكانة العليا لأسباب تعتبرها هي وجيهة.

وأحيانا غير قليلة يكون التنافس بين الفئات على شغل المكانة الرفيعة قويا. ومن الطرق الهامة في تضييق فجوة التنافس بينها تضييق وردم الفجوات بين الفئات فيما يتعلق بمصادر رفعة المكانة. الفئات المقتنعة أو المعتزة والمغتبطة باقتناعها – عن خطأ أو صواب – بتفوق مكانتها يمكن أن يقل اقتناعها هذا أو يمكن أن تتصور أن فئات أخرى لا تقل عنها مكانة إذا شهدت أن فئات أخرى بلغت ما بلغته الفئة الأولى أو أن تلك الفئات تفوقت على الفئة الأخرى في مجالات العلم والمعرفة

والثقافة والعقل والمنطق والمعقولية والمهنة والثروة وطريقة السلوك وطريقة تناول الأشياء والمستوى الفكري والعقلي للإنسان.

عدم مراعاة المعنى المعرب عنه في الكتابة

من الظواهر المنتشرة إلى حد كبير لدى عدد من الكتاب والمفكرين في مختلف بلدان العالم، ومنها البلدان العربية، غياب التطبيق أو المراعاة للمعنى الناشئ عن التحليل أو التنظير في الكتابات الواردة على شكل مقال قصير أو طويل أو كتاب. ونتيجة عن انعدام التطبيق أو انعدام المراعاة للمعنى من المنطقي أن العرض أو الطرح قد لا يكون منسجما أو منطقيا أو متسقا أو صحيحا. إن طريقة الكتابة غير الدقيقة وغير الصحيحة تلك تُفسد على الكاتب أو المتكلم إيصال فكره. من الأمثلة على غياب التطبيق أو غياب المراعاة ما يلي: ذِكْر أن أمرا ما محتمل الوقوع، ثم تناوله كأن وقوعه مستحيل أو أكيد، والبيان بأن تحقيق التنمية في مجال من المجالات في بلد من البلدان محتمل احتمالا ضئيلا، ثم تناول ذلك البيان كأن ذلك التحقيق عديم الاحتمال أو كأن ذلك التحقيق يُحتمل احتمالا كبيرا.

تنم هذه الطريقة في الطرح أو العرض أو الكتابة أو الكلام عن عقل غير مقدّر لما يصدر عن صاحبه من الكتابات والمعاني وغير مقدِّر لأهمية الطرح السليم العلمي المنطقي، وغير آبه بسلامة الطرح وبالحاجة إلى اتسامه بالمنطق.

وبغية التغلب على الميل إلى اتباع هذه الطريقة ينبغي توخي الحذر من اتباعها واكتساب تقدير للتوازن والمنطق في العرض والطرح والتحليل، وتنبغي التنشئة على الطرح المنطقي والتسلسل الفكري المنطقي والعقلي وتنبغي التنشئة على تقدير ومراعاة اختلاف المعاني باختلاف العبارات.

إن آليات لغوية كثيرة من قبيل أفعل التفضيل وعبارات الاحتمال واليقين وظاهرة التماثل والتشابه اللغويين والنكرة والمعرفة وأحكام الصلة والاسم الموصول والعطف والمفرد والمثنى والجمع والتذكير والتأنيث لها وظيفتها في الإعراب السليم الواجب عن المعاني، وإن الكتابة التي لا تراعي قواعد هذه الآليات كتابة ضعيفة لغويا ومعنويا.

مما يسهم إسهاما كبيرا في الإبطاء بتقدم المجتمع البشري هو العامل السياسي. وتعريف السياسة هو التوسل بوسائل لتحقيق ممارسة التأثير من أجل تحقيق أهداف معينة. ومن ذلك التعريف يتضح أن العامل السياسي لا يقتصر على العامل الحكومي. العامل السياسي كائن في كل العلاقات الاجتماعية وفي العلاقات القائمة في كل المؤسسات الاجتماعية والاقتصادية والثقافية والعائلية . العامل السياسي هو الذي يسهم إسهاما كبيرا في تقرير وتحديد طبيعة العلاقة بين الدولة والمجتمع والشعب. ومختلف العوامل التراثية والقيمية والاقتصادية والتاريخية والثقافية والحكومية وغير الحكومية وعامل القوى الأجنبية هي التي تقرر طبيعة الدور الذي يؤديه العامل السياسي في مختلف مؤسسات المجتمع الكثيرة وفي تحديد طبيعة العلاقات فيما بين تلك المؤسسات. ودور العامل السياسي هو نتاج تفاعل تلك العوامل.

في هذه العلاقات ينشأ تفاعل مستمر بين هذه العوامل. ومما يقرر مدى نشاط ذلك التفاعل هو مدى تغير أو عدم تغير نِسَب العامل السياسي في العلاقات فيما بين مختلف تلك العوامل. فإذا كانت تلك النسبة عالية كان ذلك التفاعل أقوى. ومن شأن ضعف ذلك التفاعل أن يسهم في نشوء ظواهر قد تكون سلبية من قبيل قلة المبادرة وقلة التحمس والحافز . وإن كانت نسبة العامل السياسي في العلاقات فيما بين تلك العوامل مرتفعة كان التفاعل أكثر نشاطا.

ونظرا إلى القوة الكبيرة التي يمتلكها العامل الحكومي وإلى التأثير الكبير الذي يمكن أن يمارسه والذي يمارسه فعلا في حياة الدولة والمجتمع فإن لطبيعة تنشئة المسؤولين الحكوميين أثرا كبيرا في تحديد حالة المجتمع والدولة والناس وفي طبيعة السياسات التي يتبعها هؤلاء المسؤولون وفي طبيعة استجابتهم إلى الأحداث والتطورات على الساحتين الداخلية والخارجية في مختلف الميادين وفي نظرتهم

الاجتماعية والاقتصادية والثقافية وفي تصورهم للعلاقات بين الدولة والحكومة والمجتمع، وفي طبيعة موقفهم من نشوء المجتمع المدني ودوره ونشاطه.

وبعض حاجات المجتمع ثابتة نسبيا بغض النظر عن مرحلة النمو التي يمر المجتمع بها، وبعض حاجات المجتمع تتغير وتختلف وفقا لطبيعة مرحلة النمو التي يمر المجتمع بها. ولاختلاف مرحلة النمو أثره في مغزى العلاقات بين العامل السياسي الحكومي والعوامل السياسية غير الحكومية. فمدى نمو وتنمية المجتمع في مختلف المجالات يتوقف عليه مدى انطباق بعض المفاهيم عليه.

ويرغب دارسون – وعلى وجه الخصوص دارسون من الغرب – في أن يصفوا بلدانا غير غربية بأنها مجتمعات نامية ومجتمعات أوروبا وأمريكا الشمالية وغيرها بأنها مجتمعات متقدمة النمو. وفي الحقيقة أن جميع المجتمعات البشرية، سواء كانت مجتمعات غربية أو غير غربية، مجتمعات نامية وأن صفة النمو ينبغي ألا تتعلق بالجانب المادي والاقتصادي والتكنولوجي فحسب، ولكن بجوانب أخرى مثل الجانب الروحي والإنساني والاجتماعي والثقافي أيضا. بهذا المعنى الأعم للنمو فإن البلدان غير الغربية أكثر نموا من الناحيتين الإنسانية والروحية.

وتشهد الساحة العربية – شأنها شأن كل الساحات في العالم – انطلاقا فكريا على قدر كبير من الموضوعية، وتشيع أيضا أفكار ونظريات على قدر كبير من الموضوعية. وقد لا أجافي الحقيقة إنْ قلتُ إن قدرا قليلا نسبيا من هذا الفكر يُطبق ويُراعى. ومما يحول دون تطبيق قدر أكبر من هذا الفكر هو أن الجهات القوية صاحبة الرؤى والمصالح تولي الأولوية لرؤاها ومصالحها. وفي حالة التناقض بين هذه الرؤى والفكر تكون الغلبة لأصحاب الرؤى والمصالح إذا كانوا أقوى من أصحاب الفكر الموضوعي. وهم في أغلب الأحيان أقوى من أصحاب الفكر الموضوعي، لأن الفكر الموضوعي يقل أنصاره بسبب صفة الحياد التي يتصف بها، وأصحاب الرؤى والمصالح لديهم ميل إلى التحالف مع الفكر غير الموضوعي الذي ينهض برؤاهم ومصالحهم.

والفكر العربي، بأنواعه المختلفة من الفكر الديني والقومي والاشتراكي والليبرالي والرأسمالي والعلمي والوضعي في مختلف المجالات، يتجلى تجليا جزئيا و يطبق تطبيقا جزئيا. ومما يحد النتاج الفكري الخلفية الاجتماعية والاقتصادية والثقافية والتاريخية القائمة. ولو كانت هذه الخلفية مختلفة وأكثر مواتاة لأنتجت العقول العربية قدرا أكبر من الفكر. إن الجهات الفاعلة القوية الممارسة للتأثير في المجتمع تقيد، بسبب إيلائها الأولوية لرؤاها ومصالحها، التدفق الفكري والتطبيق الفكري. ويأتي هذا التقييد متجليا في الثني عن الإتيان بالفكر أو تهميشه أو إهماله أو استقباحه أو مجافاة صاحب الفكر أو معاقبته.

ويفرض الواقع الاجتماعي-الثقافي والاقتصادي والنفسي قيدا على أصحاب الفكر، وخصوصا الفكر المنطلق والخلاق. وبسبب هذا القيد يبقى قدر كبير من الفكر حبيس الصدور، ويبقى دائرا في الخاطر، لا يخرج إلى دائرة الضوء، وقد يموت صاحب الفكر ويختفي فكره معه.

وكلما كان الفكر أشد صراحة وجرأة وأحدّ نقدا ارتفع احتمال أن يلقى مقاومة أكبر وزاد احتمال أن يلقى صاحبه عقابا أقوى. ولذلك يحتمل احتمالا كبيرا أن يكون الفكر المضمر في النفوس الفكر الأشد صراحة وجرأة والأقوى نقدا.

ونظرا إلى أن كثيرا من المشاكل الاجتماعية لا يسهم في معالجتها وحلها إلا الفكر الصريح والموضوعي والجرئ والنقدي الذي لا يعرف المواربة فإن بقاء ذلك الفكر حبيسا يُعَدّ خسارة كبيرة يعاني أفراد المجتمع منها. وأظن أن من الصحيح وضع الصيغة الفكرية التالية: كلما كانت الأفكار أكثر صراحة وجرأة وأشد نقدا وأكثر صلة بالموضوع ازداد احتمال اتخاذ أصحابها لقرار أن يبقوها في صدورهم وازداد احتمال أن يتعرضوا لأذى أكبر لو أفصحوا عنها؛ وأيضا كلما كانت تلك الأفكار تتصف بتلك الأوصاف زاد احتمال أن يعاديها أصحاب النفوذ في مختلف قطاعات المجتمع ومختلف مجالات النشاط الاجتماعي.

وكلما اتسم المجتمع بقدر أكبر من الديمقراطية الاجتماعية ازدادت كمية الأفكار المفصح عنها والمتصفة بتلك الأوصاف. والشعب

الذي لا يخاف من نتائج الإفصاح عن أفكاره شعب يتمتع بقدر أكبر من الحرية، شعب لديه قدر أكبر من الإباء والشموخ لأنه شعب ليس معتادا على كبت فكره وقمع شخصيته وقهرها.

ولا يوجد عقل بشري مغلق أو ثابت دوما، وذلك لأن العقل البشري متفاعل دوما بطبيعته. ونظرا إلى تفاعلية العقل البشري فإنه نشيط ومنفتح. وتختلف العقول البشرية بعضها عن بعض في مدى ثباتها وقابلية تغيرها، وفي مدى انغلاقها وانفتاحها وفي مدى سرعة تطورها وفي مدى تفاعلها مع العقول الأخرى والمعطيات التي حوله. ولعقل أفراد ينتمون إلى ثقافة بعينها ذاتيته البنيوية. ولكن هذه الذاتية متغيرة ونسبية. العقل العربي، على سبيل المثال، ليس عقلا مغلقا. إنه عقل منفتح ومتطور ، وهو يتعامل مع العقول الأخرى التي تسم ثقافات أخرى ومع المحيطين الاجتماعي-الثقافي والطبيعي والمحيط الفكري-النفسي الذي حوله. وذاتية العقل العربي نسبية بمعنى وجود اختلاف في مدى تأثر ذلك العقل بالعقول التي حوله والمحيطات التي حوله ومدى تأثيره فيها. وبعبارة أخرى، ذلك العقل، شأنه شأن العقول البشرية، نسبي بمدى تفاعليته أو انفتاحه. وتتوقف وجوه هذا الاختلاف على العوامل التاريخية والتراثية والقيمية والعقيدية والثقافية والاجتماعية والنفسية والاقتصادية للبشر. وثمة من المحللين مَنْ يعتقد بأن هذا الاختلاف يتوقف أيضا على العامل الوراثي والعامل العرقي.

ومما له صلة بالموضوع انعزال الفكر . تختلف الأفكار – النابعة من العقول – بعضها عن بعض في مدى عزلتها عن الواقع الاجتماعي أو صلتها به. وللعوامل السالفة الذكر أثرها الأكبر في تحديد مدى عزلة الأفكار عن الواقع المعاش أو مدى صلتها به.

وقد ارتُكبت أخطاء وما تزال ترتكب في فهم عقول البشر وفي تحليل سلوكهم العقلي. يرى خطأ بعض الكتاب الغربيين أن العقل العربي مغلق أو منغلق على نفسه. ومن المؤسف أن بعض الكتاب العرب صاروا يقبلون هذه الفكرة التي لا أساس لها من الصحة. ولا يستند هذا الرأي إلى الحقيقة. لا يوجد عقل بشري مغلق أو منغلق. رأي أولئك الكتاب قد يشير إلى انغلاقهم العقلي أو إلى توجههم العنصري في الكتابة

والتفكير، إو إلى الجهل بالواقع الاجتماعي النفسي للشعوب، أو إلى التحيز المغرض أو المَرَضي أو إلى الضحالة الفكرية والسخف العقلي أو إلى مجموعة من هذه العوامل كلها أو بعضها.

إن للعقل البشري تاريخيته ولا يمكن أن تستقيم دراسة عقول البشر والشعوب إلا من منطلق تاريخية الظواهر، بما في ذلك ظاهرة السلوك العقلي . وأولئكم الكتاب في حكمهم المخطئ هذا يجهلون أو يتجاهلون تاريخية العقل العربي، أو تاريخية أي عقل بشري، مثل تاريخية العقل الأوروبي في الوقت الحاضر وفي العصور الوسطى التي تُدعى عصور الانحطاط والتخلف والظلام.

ومن السليم الإشارة هنا إلى العلاقة بين اللغة العربية ونحوها وصرفها وأوزان أفعالها وأسمائها، وبعبارة موجزة عبقريتها وفصاحتها ومنطقها واشتقاقها، من ناحية، وانفتاح عقول الأفراد الذين يحسنون التكلم بتلك اللغة. فبسبب عبقرية اللغة هذه وفصاحتها واشتقاقها وبيانها وتبيينها لا بد من أن يمكّن التكلم بها من تحقيق الانفتاح العقلي والفكري.

وثمة عوامل ثقافية واقتصادية ونفسية وغيرها داخلية وخارجية تمارس التأثير باتجاه تغيير بنية العقل، وعوامل ثقافية واقتصادية ونفسية تمارس التأثير باتجاه الثبات النسبي – والثبات المطلق مستحيل – لبنية العقل. وهذه العوامل من الفئتين متفاعلة فيما بينها باستمرار. ويمكن أن توجد عوامل تمارس في وقت أو مكان التأثير باتجاه تغيير بنية العقل، وأن تكون نفس العوامل تمارس في وقت آخر أو مكان آخر التأثير باتجاه الثبات النسبي لبنية العقل. وهوية اتجاه التأثير باتجاه الثبات النسبي أو التغيير تتوقف على تغير الظروف واختلاف الأمكنة، وهي الظروف والأمكنة المتفاعلة فيما بينها. وبالتالي فإن الثبات النسبي لبنية العقل أو تغييرها يتوقف على نتيجة العوامل المؤثرة المتفاعلة باستمرار.

والمفاهيم – بما في ذلك التفسبر، أي إيجاد العلاقة السببية – تختلف بعضها عن بعض في المؤسسات والظواهر الاجتماعية والثقافية والاقتصادية والنفسية وفي أدوارها. توجد مفاهيم لتلك الظواهر والمؤسسات تتسم بقدر أكبر أو قدر أقل من الانفتاح أو الانغلاق. وكلما كان ذلك المفهوم أو التفسير متسما بقدر أكبر من الانغلاق أو الانكماش

أو العزلة أو الجمود كان قدر أكبر من ذلك المفهوم أو التفسير متجها صوب ثبات بنية العقل، والعكس هو الصحيح. وبالتالي فإن الثبات النسبي أو التغير لبنى العقل البشري يتوقف إلى حد كبير على المفهوم أو التفسير البشري للظواهر والمؤسسات التي تقرر الموقف (attitude) البشري والتي لها أثر أكبر أيضا في العوامل العاملة باتجاه تغيير بنية العقل البشري أو ثباته النسبي.

إن هذا العرض ينطبق على جميع الحالات التي تحدث فيها علاقات تأثر وتأثير، ومنها طبعا العلاقات الاجتماعية.

والفكر العربي في الوقت الحاضر من أنواع : فكر منقطع عن تراث الماضي وفكر يدخل فيه تراث الماضي وفكر خليط من الحاضر والماضي وفكر يحاول التوفيق بينهما وفكر غربي وفكر يحاول التوفيق بين الفكر العربي الحاضر والفكر الغربي، وهناك فكر عربي له أصالته وفكر عربي مستمد من الفكر الغربي وفكر يتفاعل مع الفكر غير العربي وفكر يتمثل هذا الفكر.

ولعل القاسم المشترك بين جميع وجوه الفكر العربي هو أنه يبعد على تفاوت عن الواقع العربي وعن االمستجدات على هذا الواقع.

وحدث خطاب النهضة في واقع عربي متخلف منذ بداية القرن التاسع عشر. وكان الشاغل الأكبر لهذا الخطاب مواجهة صدمة الحداثة الأوروبية على نحو خاص، وهي الصدمة التي حدثت في العالم العربي وأجزاء أخرى من العالم الإسلامي. وقد سبّب هذه الصدمةَ الوافد الغازي الأوروبي في البداية، ثم الغربي، ذو الطبيعة الملتبسة الذي جمع بين التقدم العلمي والتكنولوجي والاجتماعي والسياسي والثقافي، من ناحية، والنزعة الاستعمارية والاستغلالية والعدوانية والسياسية والاستعلائية، من ناحية أخرى. وكانت إحدى سمات هذه المواجهة أن حاول السكان استيعاب هذه الصدمة بثنائية ملتبسة سعت إلى التلفيق بين التجديد والتقليد، وبين الوافد والموروث، والتأصيل والتحديث.

ومن سمات نظم الحكم في كثير من البلدان النامية أنها نشأت من فوق، عن طريق الدول الاستعمارية التي ساندت لمصلحتها تلك النظم، أو عن طريق انقلابات عسكرية أو كانت مواصلة لرئاسات عشائرية

وقبلية. ومن سمات تلك النظم أنها تسلطية أو إملائية أو قمعية أم مستبدة أو ذكورية أبوية. وتقوم فجوة عميقة بينها وبين الناس. وهذه السمات أسهمت في تقييد الفكر وتقييد التنمية.

وفضلا عن واجب القيام بدراسة الواقع الاجتماعي والاقتصادي والسياسي العربي من الضروري دراسة الفكر العربي ذاته. وقام ولا يزال يقوم تأثير متبادل بين ذلك الواقع والفكر. إن لذلك الفكر دورا أكبر في تفسير الواقع العربي والتطورات والأحداث التي شهدتها ولا تزال تشهدها الساحة العربية في مختلف المجالات وقدرا أكبر من التخلف العربي في المجال العلمي والاجتماعي وانعدام الديمقراطية أو ضعفها.

ومن العوامل التي تفسر ذلك الواقع عامل البنية التلفيقية في السلوك والمواقف. وثمة أسباب لنشوء هذه البنية التلفيقية، من أهمها الشخصية الفهلوية السائدة عند بعض قطاعات من الناس، وانعدام قدر كاف من التمسك بالمبادئ، وضحالة الثقافة وانعدام الحس القوي لدى بعض الناس بالعمق الحضاري والمرحلة الانتقالية التي تمر بها المجتمعات العربية، وهي المرحلة التي يقل أو يضعف فيها التمسك بأفكار وقيم والتي لا تكون أفكار وفيم أخرى قد حلت محلها.

ومما يسهم أيضا في نشوء الواقع المتخلف غلبة الفكر اللاتاريخي، أو لاتاريخية الفكر السائد في المجتمع العربي. وقسم من هذا الفكر فكر لا يستجيب لمستجدات ومتطلبات الحياة في الظروف الراهنة. وهو بالتالي لا يمكننا من التصدي لهذه المستجدات والمتطلبات التي يتطلب التصدي لها توفر طرق جديدة ومناهج جديدة وأفكار جديدة.

وحتى يتم القضاء على تخلف واقعنا يجب إعمال الفكر النقدي وتجب غلبته. ووظيفة هذا الفكر القيام بالنقد الموضوعي بمقدار إمكان القيام بهذا النقد. والفكر النقدي ينأى بنفسه عن أن يكون أداة أيديولوجية، على الرغم من أنه يمكن أن يخدم أغراضا أيديولوجية. يمكن أن يمارس الفكر الوظيفةَ النقدية في أي سياق أيديولوجي أو غير أيديولوجي.

والخطأ الذي يرتكبه بعض المفكرين أنهم يظنون أن بالإمكان التخلص من التخلف عن طريق الأخذ بمذهب أيديولوجي بعينه دون

سواه. وفي الحقيقة أن أي مذهب أيديولوجي يمكن أن يسهم في التخلص من التخلف. ولكن هذا الإمكان لا يُحقق إلا بإعمال الفكر النقدي. العبرة أو مربط الفرس هنا في سياق السعي إلى التخلص من التخلف ليس هوية المذهب الأيديولوجي ولكن إعمال الفكر النقدي عند تطبيق ذلك المذهب. لن يقطع أي من المذاهب الأيديولوجية شوطا بعيدا ما لم تكن محاولة تطبيقه ممهورة ومرفودة بالفكر النقدي المراعَى أو المأخوذ في الحسبان. والمذهب الأيديولوجي الذي قد يكون أقل جذبا أو أقل شعبية والذي يُظن أنه لا يحقق التقدم الثقافي أو الحضاري أو العلمي أو السياسي أو الاقتصادي قد يتضح أنه يقطع شوطا أبعد في هذا الاتجاه إذا اقترنت محاولة تطبيقه بالفكر النقدي المراعَى من الشوط الذي يقطعه غي هذا الاتجاه مذهب أيديولوجي شعبي ويحظى بتوافق الآراء ولكن تفتقر محاولة تطبيقه إلى الفكر النقدي المراعَى.

ودعونا نتريث بعض الوقت في عرضنا؛ دعونا نتوقف بعض الوقت عند معنى الفكر النقدي. ينبغي لنا، ونحن نتكلم عن تلفيقية السلوك والمواقف، أن نحذر من أن يتسم سلوكنا الفكري بالتلفيقية عند الكلام عن الفكر النقدي المراعَى. اعتماد نقدية الفكر معناه تطبيق الإجراءات النقدية والخلوص العقلاني والموضوعي والواقعي والتاريخي إلى الاستنتاجات ومحاولة التطبيق العلمي المتسق لتلك الاستنتاجات. وعدم تطبيق الإجراءات النقدية أو عدم الخلوص إلى الاستنتاجات بالطريقة المذكورة أو عدم محاولة تطبيقها من شأنه أن يعني أننا لم نعتمد نقدية الفكر ومراعاة الفكر النقدي حتى لو رفعنا هذا الشعار مدة 365 يوما في السنة وكررنا ذكره في كل صحيفة ومحطة إذاعية وتلفزيونية ووضعنا لافتة مكتوبا هذا الشعار عليها أمام كل مبنى حكومي أو غير حكومي.

الحفاظ على الهوية العربية والعولمة

يركز هذا المقال على جانب من جوانب العولمة (إضفاء الصبغة العالمية) وهو القيام بسهولة نسبية بنقل بعض جوانب من نمط الحياة الغربي، وخصوصا نمط الحياة الأمريكي، إلى مجتمعات غير غربية وإمكانية التأثير الثقافي في الشعوب المتلقية. ويتقبل بسهولة وسرعة عدد غير قليل من أفراد الشعوب المتلقية هذه الجوانب لأسباب، منها أن ثقافات تلك الشعوب لا تتضمن تلك الجوانب بسبب عوامل قِيَمية وتراثية وتقليدية وتاريخية وأن ثقافات تلك الشعوب لم توفر أنماطا حياتية تكون بديلة من أنماط الحياة الغربية وأن تلك الجوانب تروق لهم. وبسبب السمة الجاذبة التي تسم هذه الجوانب في الحياة الغربية فإنها أحيانا تزاحم القِيَم الثقافية للشعوب المتلقية أو تضعف تلك القِيم أو تحل محلها.

ونظرا إلى الميل القوي لدى فئات من الشعوب، وفئات من الشعوب النامية على وجه الخصوص، إلى الأخذ والتلقي عن طريق المشاهدة، وليس عن طريق الاستماع، يجري بسهولة نقل المضامين المتصورة- خطأ أو صوابا – للبرامج الغربية التي تنقلها وسائط الاتصال الغربية المرئية. ومما يوسّع نطاق هذا النقل المرئي شيوع الأمية لدى الشعوب النامية وارتفاع نسبة البطالة مما يوفر لها وقت فراغ أطول.

ويكمن خطر في القبول التلقائي أو المُقحَم لمضامين وسائط الاتصال الغربية التي تتعلق بأسلوب الحياة والتي يرجح أن تكون لها آثار ثقافية. فالشعوب النامية، إذ تمر بمرحلة انتقالية اجتماعية واقتصادية وسياسية وثقافية، وبالتالي لم يتقرر بعد على نحو كامل نوع أسلوبها في الحياة ولم تتقرر على نحو كامل ونهائي هويتها الثقافية، وإذ تنتمي أفكار وافدة غربية إلى كل من مدرسة الحداثة ومدرسة ما بعد الحداثة، لا يصح لها أن تقبل أو أن تتبنى تلك المضامين على نحو

تلقائي. في تبني أو تقليد هذه المضامين في هذه المرحلة الانتقالية يكمن إهمال وظلم للأنماط والمدارس الفكرية والثقافية الأخرى، ومنها المدارس والأنماط الأصلية، إذ بهذا التبني تُمنَح الفرصة لأن تشيع مضامين مدرسة ثقافية أو فكرية واحدة ولأن تترسخ تلك المضامين على حساب مدارس وأنماط ثقافية وفكرية أخرى.

ومما يسهّل الدخول أو التبني السريع نسبيا لتلك المضامين المتعلقة بأسلوب الحياة في مجتمعنا وحياتنا عدم التبني الفعلي من جانب البلدان النامية لسياسة أو استراتيجية ثقافية وطنية قومية. ومن شأن اعتماد وتنفيذ سياسة أو استراتيجية كتلك أن يسهما إسهاما كبيرا في الحد من التغلغل الأجنبي الذي قد يكون منطويا على الضرر في أسلوب حياتنا وفي جعل القبول البلدان النامية للمضامين المتعلقة بأسلوب الحياة أكثر انتقائية وغربلة واستلهاما للهوية الثقافية والوطنية لتلك البلدان أو لهويتها الثقافية التي يرغب الشعب في إيجادها أو المحافظة عليها أو يُجمِع تقريبا عليهما.

ليس القصد بهذا المقال القول إن لإضفاء الصبغة العالمية (العولمة) على أسلوب الحياة أو الثقافة جوانب سلبية فقط. لهذا الإضفاء جوانب إيجابية أيضا. وسمات الجهة المعنية – دولة أو حكومة أو هيئة أو منظمة - هي التي تقرر مدى إمكانية استفادتها من العولمة وتضررها بها. فالنقل بسرعة فائقة باهرة للمعلومات الاقتصادية والعلمية والاجتماعية، التي يمكن أن تكون لها آثار ثقافية، يمكن أن ينطوي على منفعة كبيرة للناس المتلقين لهذه المعلومات. وكيفية التعامل مع هذه المعلومات ومع هذا النقل تقرر مدى الاستفادة أو الضرر. وكيفية تعاملنا مع تلك المعلومات ومع ذلك النقل ومع وسائله من شأنها أن تكون شهادة على توفر أو عدم توفر وعينا وفهمنا وبراعتنا وحكمتنا وعلى أصالتنا الفكرية. إتاحة النقل السريع للمعلومات الكثيرة في شتى المجالات وسيلة يمكن للمرء أن يحقق بها أهدافا، سياسية واقتصادية واستراتيجية على الصعيد القومي والمحلي والإقليمي والدولي. من بعض النواحي شأن هذه الإتاحة للنقل السريع للمعلومات شأن منتجات

كثيرة أخرى: الطائرة والهاتف والطاقة النووية: يمكن استعمالها المفيد البناء أو الاستعمال المدمر المضرّ.

بيد أن هذا الاختراع، اختراع وسائل النقل الفائق السرعة للمعلومات، يختلف عما سبقه من المخترعات في أن أثره بالغ القوة والسرعة وأن أثره ليس من اليسير على المؤسسات السيادية في الدولة أن تتحكم به. فتلك المعلومات إذا لم تأذن لها بالدخول دخلت عليك واقتحمت عليك المنزل اقتحاما.

ومن الصعب على الحكومات أن تتجاهل وجود تلك المخترعات والمعلومات لأن تلك الأخيرة قوية الحضور والأثر. وإذا كانت الحكومات جادة في كلامها عن اهتمامها بالمحافظة على الهوية الوطنية والقومية والثقافية والحضارية تعين عليها ألا تهمل تناوُل القضايا التي تثيرها إتاحة النقل الفائق السرعة للمعلومات وتعين عليها أن تواجه هذه القضايا بجدّ وشجاعة وبروح عملية تستلهم القِيَم التي تعتزّ شعوبنا بها.

ونظرا إلى سرعة إحداث الأثر المترتب على إتاحة نقل المعلومات فليس في وسع الشعوب المعنية أن تتراخى في تناول هذه القضايا، لأن التراخي يتيح للمصادر التي تصدر عنها تلك المعلومات أن تُحدث أثرها بسرعة، مما يضعف إمكانية مواجهة الحكومات لذلك الأثر ومما يزيد من صعوبة التخطيط والتنفيذ لخطط وبرامج التعامل مع هذه القضايا، ومما يُفسد ما تحققه الحكومات وهيئات غير حكومية من خطط وتضعه من تدابير للتعامل مع هذه القضايا.

والانغلاق على النفس في عالم نقل المعلومات الفائق السرعة ليس ولا ينبغي أن يكون مطروحا، لأن الشعوب لا يمكنها، في الظروف السائدة للتكنولوجيا المتطورة على كوكبنا، أن تنغلق على نفسها. والانغلاق، لو قلنا إنه ممكن جدلا، قد يكون وصفة لهزيمة الذات. معنى الانغلاق في الوقت الحاضر أن الجهات الفاعلة على الساحة الدولية تقرر مصير الشعب المنغلق على نفسه، مستلهمة في المقام الأول مصالحها ومطامعها الدولية والاستراتيجية القائمة على تأكيد الذات والسيطرة. وجود الدولة في الوقت الحاضر يعني أنه لا

مفر من أن تؤدي الدولة دورها الفاعل القوي على االساحة الدولية. يجب على الدولة أن تكون فاعلة حتى تحافظ على وجودها.

إن من الواجب أن تقوم منظمات المجتمع المدني والمنظمات العلمية الحكومية وغير الحكومية بالدراسة الموضوعية لظاهرة العولمة – خلفيتها وطبيعتها وآثارها الضارة أو المفيدة، ودراسة كيفية الاستفادة من جوانبها المفيدة ودرء أضرارها وتفادي جوانبها السلبية. ومن اللازم أن تتآزر جهود البلدان والشعوب النامية لتنفيذ استنتاجات تلك الدراسات بما يتفق مع المصالح العليا التي تُجمع تلك الشعوب عليها.

ونظرا إلى أنه يبدو أن مسألة العولمة وآثارها ستبقى معنا وقتا طويلا فمن اللازم أن تضع الهيئات الحكومية ومنظمات المجتمع المدني والأوساط العلمية والأكاديمية الوطنية على نحو ديمقراطي خطة طويلة الأجل للدراسة المستمرة لهذه الظاهرة المتزايدة الانتشار.

ومن شأن إبراز الهوية الثقافية-الحضارية الوطنية أن يشكل قوة تسهم في الحد من انجذاب أو انجراف أفراد كثيرين من المجتمعات النامية وراء تجسدات العولمة. وبالتالي، مما له أهمية بالغة أن تعمد السلطات الحكومية وغير الحكومية إلى إبراز هذه الهوية في وسائط الاتصال الجماهيرية. ولتحقيق ذلك، ينبغي أن يُعَين الذين لديهم الكفاءة للقيام بذلك من العلماء والمتخصصين من جميع الشعوب النامية.

وتقوم علاقة بين إقبال الناس، وخصوصا الشباب، على تجسدات العولمة، من ناحية، والواقع الاجتماعي السياسي الذي يعيشه هؤلاء الناس. إن أحد أسباب انجذاب بعض الناس إلى تجسدات العولمة هو أنهم يجدون فيها عناصر يفتقدونها أو غير موجودة في الواقع الاجتماعي السياسي الثقافي النفسي الذي يعيشونه. ومن المنظور العربي، من هذه العناصر عناصر إيجابية أو مشروعة ومنها عناصر سلبية أو محرّمة. إن قدرا لا بأس به من الحرية الفكرية وحرية الإعراب عن الرأي ومن التأكيد على أهمية الاستقلال الفكري وفكرة التمتع بدرجة معقولة بالحياة وفكرة جمع الثروة وفكرة قدرة الإنسان الفكرية والإبداعية – كل هذه عناصر إيجابية ومشروعة من المنظور القومي والقيمي العربي.

ولجعل الناس ينصرفون عن الإصغاء إلى برامج البث الأجنبي، التي يحتمل أن تتضمن ما لا يتفق مع الواقع أو مع القيم والمصالح العليا للشعب، من اللازم أن تتوفر في الواقع العربي هذه العناصر المذكورة أعلاه. بهذا التحليل تُعاد الكرة إلى الذين يتولون رسم السياسة العربية ولهم رأي مسموع في تقرير بقاء أو تغيير ذلك الواقع. فحتى يُقبل الناس على المضامين التي تنطوي عليها الحالة العربية يجب تغييرها، وإلا بقيت الفجوة قائمة بين الواقع القائم والحاجات القيمية والأخلاقية والثقافية والعاطفية التي يشعر بها الناس، وخصوصا الشباب.

إن الدعوة إلى درء مخاطر العولمة عن أفراد الشعب دون العمل على تغيير الواقع الاجتماعي والسياسي النفسي العربي لا طائل تحتها وهي بالتالي إضاعة للوقت وعامل متسبب في مزيد من الإقبال على تجسيدات للعولمة.

وثمة مسألة عناصر العولمة التي لا تتفق أو تتناقض مع العناصر القيمية الثقافية العربية. هنا الحالة أكثر صعوبة، لأن الواقع الثقافي الاجتماعي العربي لا يقرّ عناصر العولمة
التي يُقبل عليها بعض الشباب من قبيل التدهور الخلقي وممارسة الحرية المبالغ فيها والنزعة إلى اكتساب الثروة دون بذل الجهد وبطرق قد تكون ملتوية خلقيا وغيرها.

ابتغاء كبح هذا الإقبال من اللازم التنشئة في البيت والمدرسة والجامعة على القيم العربية المجمع عليها، وقد يكون من الممكن التوصل إلى اتفاقات دولية للحد من نشر المضامين التي تروّج لهذه الممارسات.

وبغية مناهضة الغزو الثقافي الذي قد ينطوي على الضرر أو تقليل أثره من اللازم جعل المشاهدين والمستمعين والقراء الناطقين بالعربية يستعملون وسائط الاتصال التي تتوخى الموضوعية والتعمق في تحليل وفهم القضايا المطروحة. وإتاحة قدر أكبر من حرية التعبير عن الرأي والتوكيد على قضايا الشعب الأساسية من قبيل الفقر والحرية

والعدالة وانتقاد الفساد المالي والمحسوبية في وسائط الاتصال من شأنها أن تحبب هذه الوسائط لدى جمهور المستمعين والمشاهدين.

والناس الذين يمرون بواقع حياتي صعب ويعون بهذا الواقع ويتجرعون المعاناة منه يريدون أن تُتناول القضايا والمشاكل المتصلة بهذا الواقع تناولا موضوعيا بقدر الإمكان. وهم، حينما يستمعون ويقرأون ويشاهدون، يستطيعون أن يميزوا بين التناول الموضوعي والتناول غير الموضوعي. التناول الموضوعي للواقع المُعاش الاجتماعي والثقافي والاقتصادي والقومي والوطني لا يمكن أن يقبل بطبيعته (أي بطبيعة ذلك التناول) حَرْفه وتسخيره خدمة لاعتبارات ملتوية. إذا سخّر لاعتبارات ملتوية لم يعد تناولا موضوعيا، لأن للتناول الموضوعي أسسه وقواعده، وتسخيره للاعتبارات الملتوية يعرقل تحقيق هدف ذلك التناول.

ويعرف كثير من الناس منذ سنين كثيرة هذه الظاهرة المُشكلة – ظاهرة وجود منطلقين: المنطلق الموضوعي والمنطلق الذاتي، ويعرفون التناقض أو عدم التماثل بينهما، ويعرفون سهولة ميل الهيئات الحكومية، وهي المالكة لوسائل الحكم والقوة والإكراه، إلى تسخير التناول الموضوعي لخدمة الاعتبار الذاتي. وجعلت هذه المعرفة الناس يقرفون من هذه الحالة السائدة، ويعزفون عن الإفصاح عن آرائهم على الملأ، وجعلت رغبتهم تنكمش من الانخراط في تناول القضايا التي تهم الشعب، ومنغلقين على أنفسهم، وساخرين أو متبرمين، أو منافقين أو مغادرين لأوطانهم التي ولدوا فيها. لك أن تتصور المأساة التي يعيشها ملايين أو عشرات الملايين من الناس في دولة وهم لا يملكون الجرأة على الإفصاح عما يجول في خواطرهم حيال مجموعة صغيرة نسبيا من الناس تستبدّ وتحتكر وقتا طويلا السلطة وأدوات إنفاذ القانون.

ولتدفق المعلومات الغامر أثر كبير على نحو خاص في الشباب نظرا إلى انفتاح عقولهم الأكبر على تقبل أو استيعاب مضامين جديدة، إذ لديهم ساحات أكبر في عقولهم تكون لا تزال مستعدة لتقبل أو استيعاب تلك المضامين. ونظرا إلى أن القِيم المستوردة أو الغازية يخالف بعضها على الأقل قيم المجتمع المستورد أو المتلقي فإن الشباب

– وأعضاء المجتمع عموما – يقعون بين ضغوط قيم ذات اتجاهات مختلفة أو متناقضة، مما يرجح أن يوجد الحيرة والقلق لديهم.

والعامل الأكثر جذبا وأهمية في بعض برامج ومحطات التلفزيون الغربية هو المرأة وقضايا الجنس. ونظرا إلى أنه يُحظر على الشباب الوصال الجنسي خارج إطار العلاقات الزوجية فإن تلك البرامج تجد رواجا لدى قسم غير صغير منهم. هذه حقيقة واضحة ولا يمكن لأحد أن ينكر وجودها. ولا تمكن معالجتها بإنكار وجودها. وبداية المعالجة تكمن في الاعتراف بوجودها. وكثير من الناس يعرفون هذه الحقيقة. وشأن مَنْ ينكر هذه الحقيقة شأن النعامة التي تدفن رأسها في التراب ظانة أن أحدا لا يراها. إن كيفية تناوُل الناس لهذا الموضوع البالغ الحساسية هي أحد العوامل المؤثرة في حياة البشر. ولا يمكن التناول الدقيق لهذا الموضوع دون معرفة أن مفاهيم الشرف والعِرض وعفاف المرأة والرجل ونقاء الأصل تشغل مكانا هاما جدا في الدين الإسلامي والشريعة الإسلامية.

إن تناول التأثير الثقافي الغربي لا بد من أن ينقلنا إلى موضوع التنشئة في سن مبكرة وذلك لما للتنشئة في هذه السن من أهمية في التصدي والحد لذلك التأثير. فالشطر الأكبر من شخصية الإنسان تتكون في السنوات القليلة الأولى من حياته. في السنوات السبع أو الثماني من حياة الإنسان تجب تنشئته على القِيَم المنشودة. بيد أن هذه التنشئة لا تحل مسألة لا تقل تعقدا وهي ما هي القيم التي نريد أن ننشئ أطفالنا عليها؟ ثمة قيم يوجد إجماع على وجوب تبنيها. ويبدو أنه لا يوجد إجماع على هوية قيم أخرى، وذلك لأن نظرة الفرد والمجتمع إلى القيم تؤثر فيها وتحددها التيارات الفكرية والعقائدية المختلفة على الساحة الإقليمية والدولية. لقد تزاحمت على الفكر البشري مختلف التيارات، وللناس مفاهيم وتفسيرات وقراءات مختلفة للتيارات.

ومن السليم يقينا أن تتبنى البلدان العربية استراتيجية مشتركة للتصدي للغزو الثقافي المنطوي على الآثار الضارة وللحفاظ على أبعاد الهوية العربية المُجمع عليها. إن خطورة الآثار المترتبة على هذا الغزو تتطلب وضع هذه الاستراتيجية. ومما من شأنه أن يعجل بوضع هذه

الاستراتيجية الوعي بوجود هذا الغزو والوعي بآثاره السلبية من ناحية الحفاظ على هذه الهوية.

ومن الوسائل ذات الفائدة في عملية التصدي للغزو الثقافي التوسع في إقامة المؤسسات الثقافية لأفراد المجتمع كافة، التي تكون معنية بالتوعية بأخطار الغزو الثقافية وتعميق الوعي بالتراث الفكري والقيمي والفلسفي العربي الإسلامي، وإيجاد البدائل ذات المستوى الرفيع من البرامج الثقافية والترفيهية، والعمل على المستوى الرسمي وغير الرسمي على تحقيق رغبات الجمهور مع مراعاة المنطلقات الثقافية والقيمية التي يفرضها الحفاظ على الهوية العربية.

وعلى الرغم من أهمية وضع هذه الاستراتيجية فإن التفسيرات والرؤى والقراءات والأولويات الرسمية وغير الرسمية العربية لها أثر في إمكان وضع هذه الاستراتيجية أو في توقيتها أو في إيلاء الاهتمام الجادّ لتنفيذها إذا كانت قد وضعت.

وإذا أخفقنا في وضع هذه الاستراتيجية فقد تكون حالتنا كحالة من يعود إلى المربع الأول في العملية. بذلك نكون قد جعلنا أنفسنا رهائن لتطورات وآثار الغزو الثقافي السريع الكاسح.

العامل السياسي وتحقيق الذات
والحرية الفكرية والإبداع

إن من الوهم الاعتقاد بتحقيق الكمال من قِبل البشر. لا يمكن للبشر أن يبلغوا أو أن يحققوا الكمال لأن حالتهم النفسية وظروفهم الثقافية والاجتماعية والسياسية والاقتصادية البالغة التعقد تحول دون بلوغهم لحالة الكمال. ويمكن للبشر أن يكونوا أقل نقصا وأن يكونوا على قدر أكبر من الفضيلة والعقلانية ولكن تلك الحالة والظروف تحول دون تحقيق ذلك الإمكان.

ومما له صلة بوهم إمكانية تحقيق الكمال هو مسألة تفسير الظواهر الاجتماعية. لا تفسر الظواهر الاجتماعية تفسيرا أكثر شمولا إلا باعتبارها ناشئة عن عدة عوامل وليس عن عامل واحد. تفسير ظاهرة من الظواهر بعامل واحد يدل على النقص في التفسير. ولتحقيق التفسير الأكثر شمولا تجب مراعاة تعددية العوامل في نشوء الظاهرة الاجتماعية.

وكثير من المؤسسات التي يوجدها البشر فاسدة ومُفسِدة. ومؤسسات الحكم على نحو خاص فاسدة ومفسدة لأسباب من أهمها أن لديها قدرا أكبر من القدرة على الإخضاع والقسر والإكراه وفرض الإرادة. وما الاعتقاد بغير ذلك سوى ضرب من الوهم أو الجهل. وتشكل نظم الحكم عقبات كبرى تعترض طريق تحقيق الإنسان لنفسه وللسعادة. إنها عوامل أكثر تأثيرا في اغتصاب الضمير الفردي واغتصاب الحكم الذاتي وفي إبعاد الإنسان عن حالته الطبيعية والنيل من نفسه ومن

تماسكه النفسي وفي إفساد الإنسان وإلحاق الضرر به. ومن الواضح أن هذه القيود تؤخر تحسين ظروف الحياة البشرية.

وتؤدي كثير من المؤسسات التي أوجدها البشر ويوجدونها وظائف سلبية ووظائف إيجابية، وتنتج عنها نتائج سلبية ونتائج إيجابية. إن كثيرا من هذه المؤسسات تحدّ من قدرة الإنسان على تحقيق السعادة دون قيود وتكبح قدرته على تطوير العقل. وهذه المؤسسات تقيد الحرية الفكرية والنشاط الفكري ونزعة الإنسان إلى الانطلاق الفكري والانعتاق العقلي والنفسي والتحليق الإبداعي. وتتسبب مؤسسات اجتماعية كثيرة في نشوء التحيز والتحامل والتعصب وضيق الأفق وتعيق الفردية والاستقلال والتقدم.

وفي سياق المجتمع البشري لا بد من تناول العقل الذي هو ملكة الإدراك. إن الانطباعات العقلية مصدر الفكر والمعرفة. وبالتالي فإن للانطباعات العقلية أثرا في المواقف التي يتخذها الإنسان وفي السلوك الذي يسلكه وفي الثقافة التي يثقف بها. وبناء على ذلك، فإن طريقة التعلم ومضامين الدراسة والمحيط الاجتماعي والنفسي والجغرافي ذات أثر كبير في تشكيل وتحديد الانطباعات العقلية وبالتالي في تحديد التفكير والشخصية والمواقف والسلوك.

ولدعم وتعزيز حرية الإعراب عن الفكر والمعتقد يجب الإتيان بالفكر الصحيح ويجب إصلاح العلاقات بين البشر. وليس من اليسير الإتيان بالفكر الصحيح لأن بعض العمليات الفكرية نابعة من العمليات الدماغية التي بطبيعتها تتداخل فيها عناصر موضوعية وذاتية. وأيضا ليس من اليسير إصلاح العلاقات بين البشر لأن هذه العلاقات تؤدي دورا مهما في بقاء البنية الاجتماعية.

وكل علاقة اجتماعية تنطوي على علاقة سياسية، أي العلاقة المتمثلة في استعمال وسائل لحشد التأثير في الآخر من أجل تحقيق هدف معين. وتختلف المؤسسات البشرية بعضها عن بعض في عدد من الوجوه. ومن أهم هذه الوجوه قوة الطبيعة السياسية لوظيفة المؤسسة وقوة الطبيعة السياسية لعلاقاتها بالمؤسسات الأخرى. والطبيعة السياسية للعلاقات بين المؤسسات معناها أنه في هذه العلاقات للعامل السياسي

أثر. والطبيعة السياسية للوظيفة معناها أن أداء الوظيفة ينطوي على استعمال وسائل قانونية ونفسية واقتصادية واستعمال الوسائل التي تستمد قوتها من القيم والعادات والتقاليد والتراث لتحقيق التأثير من أجل تحقيق أداء الوظيفة. وذلك الطرح يبين أنه يجب استعمال مصطلح "السياسة" ومشتقات هذه الكلمة كأداة لفهم طبيعة المؤسسات البشرية وطبيعة العلاقات بينها.

ومن المؤسسات البشرية الكثيرة المؤسسات الحكومية التي من وظائفها ممارسة الحكم في المجتمع. وبالتالي فإن تلك العلاقات تنطوي على قدر أكبر من الضغط والقمع، نظرا إلى أن أداء وظيفة الحُكم يتطلب، في حالات كثيرة، طاعة المحكومين وامتثالهم لتوجيهات وأوامر الحكام، خصوصا في النظم غير الديمقراطية. وبما أن لدى الحاكم قدرة كبرى على استعمال تلك الوسائل فإن علاقته بالمؤسسات والأشخاص لها طابع سياسي قوي.

وبسبب الطبيعة السياسية للعلاقات الاجتماعية التي تنبثق عن المؤسسات البشرية فإن تلك العلاقات تشجع نشوء عقلية الطاعة والامتثال ومراعاة متضمنات تلك العلاقات على حساب فردية الإنسان وتشجع السلوك الذي ينال من استقلال الإنسان وذاته.

وثمة وسائل لإحداث التغيير السياسي: مثلا إنهاء الطغيان والاستبداد والظلم والقمع والقهر والاستعباد. يمكن تحقيق هذا التغيير عن طريق تطبيق نظام الشورى أو النظام الديمقراطي أو الكفّ عن الطغيان والاستبداد والظلم والقهر والاستعباد، أو تحسين الظروف الاقتصادية والنفسية والاجتماعية للبشر وتضييق الفجوات الكبيرة بينهم على مختلف الصعد. إن البنية السياسية قوية لدرجة أن من الصعوبة تحقيق التغيير المنشود. وأحيانا من الصعوبة البالغة أن تستجيب بنية العلاقات السياسية إلى الحاجة إلى التغيير، وتكون أحيانا تلك البنية مفتقرة إلى الحساسية إزاء الحاجة إلى التغيير.

وتوجد في كل مجتمع قوانين وأعراف وتقاليد قوية. وتختلف هذه كلها بعضها عن بعض في مدى تنظيمها لحياة الفرد وتوجيهها لها وفي مدى التدخل فيها وفي مدى تضييق حيز الحرية السلوكية والفكرية للفرد.

وكلما امتد هذا المدى مسافة أبعد قلت مبادرة الفرد وتأثرت ملكته الفكرية والإبداعية وتضاءلت سمته الإنسانية.

والانتقاص من الحرية هو انصراف الإنسان أو عجزه عن ممارسة ملكة الفهم لديه.عجز أو انصراف الإنسان عن السلوك حسب ملكة الفهم هو الانتقاص من الحرية. في إطار الصالح العام للشعب أو الجماعة فإن المبدأ المشروع الوحيد الذي يحدد اتخاذ الموقف أو القيام بالسلوك يجب أن يكون اعتقاد المرء أو اقتناعه القائم على أساس فهمه.

ولا توجد بالضرورة علاقة متبادلة إيجابية بين التحسين الأخلاقي والتقدم الفكري أو العلمي. التقدم الفكري لا يؤدي بالضرورة إلى التحسين الأخلاقي أو رفع مستوى الأخلاق. قد يؤدي التقدم الفكري إلى التحسين الخُلقي وقد يؤدي إلى العكس من ذلك، إلى التردي الخلقي.

والعدل، الذي هو إعمال الواجب الأخلاقي ويسعى إلى إفادة الجميع، معني بالصالح العام. السعي إلى تحقيق الصالح العام هو العدل. وهو يعطي الأولوية للصالح الغام على حساب الصالح الخاص. ومن هنا فالعدل هو إعطاء الأولوية لصالح الشعب على صالح الفرد أو الحمولة، وإعطاء الأولوية لصالح الإنسانية على صالح الشعب.

وللأفراد حقوق وتتوقف هذه الحقوق عندما يقتضي الصالح العام ذلك التوقف. وللهيئات الحكومية وغير الحكومية حقوق وهي تتوقف عندما تقتضي اعتبارات الصالح العام ذلك. توقف مدى الحقوق على الصالح العام هو إقامة العدالة.

وتشكل القيود الاجتماعية والقانونية والاقتصادية والتقاليدية والثقافية عقبة على طريق الممارسة الحقيقية للملكة العقلية. وقد يتقيد الناس بقيود العقود أو الارتباطات أو الالتزامات لأنها تحقق لهم مصالح أو لأنهم يظنون خطأ أنها تحقق لهم مصالح أو لأنهم يفعلون ذلك بحكم العادة والتقاليد والأعراف، أو وفقا لقيم اجتماعية أخرى سائدة.

ومن أنواع العقود الحكومية العقد الديمقراطي الذي يخول أفرادا بممارسة السلطة الحكومية. هذا العقد من أشد العقود تأثيرا. ويجب أن يكون الغرض من إبرام هذا العقد تحقيق مصلحة أفراد الشعب كلهم. ويجب أن تقتصر سلطاته على الحد الأدنى الضروري. وبالنظر إلى أن

أثر ممارسة السلطة الحكومية يطال كل أفراد الشعب فيجب أن تكون لهم المشاركة في اختيار وانتخاب هؤلاء الحكام. ومن معايير الامتثال لسلطة الحكومة أن ذلك الامتثال أشد فائدة لأفراد الشعب من الفائدة من عدم الامتثال لها، أو أن رفض السلطة الحكومية أشد ضررا بهم من الضرر الذي يلحقهم نتيجة عن الامتثال لها.

وللمؤسسات أثر في إيجاد الأنظمة، وإذا كانت هذه الأنظمة موجودة فإنها – أي المؤسسات – قد تديمها وتعززها وقد تضعفها وتزيلها، وذلك رهن بتمشي تلك الأنظمة مع المؤسسات. والمؤسسات بطبيعتها محافظة. إنها قد تناوئ التغيير وتتحداه، ولا تبدي حساسية كافية إزاء الحاجة إلى التغيير. ولذلك فإن المؤسسات تجعل تحقيق التقدم العقلي بوجوهه المختلفة متعبا وشاقا. والتقدم العقلي يحقق أحيانا كثيرة بإلغاء الأنظمة والقوانين التي تفتقر إلى الحساسية حيال حاجات المجتمع والشعب والأفراد. والانتماء إلى الأحزاب والفئات المنظمة ذات البرامج السياسية هو من قبيل العقد الذي يقيد العقل والحرية الفكرية.

وتقوم علاقة بين الإكراه وامتلاك الممتلكات. امتلاك الممتلكات يوجد التقسيمات الطبقية. وينبع الغش والعجرفة والاستعباد والعبودية والأنانية والقمع والذل والخضوع والهوان من مؤسسات امتلاك الممتلكات ومن إدارة هذه الممتلكات.

ومما له صلة بموضوع الطبقية والمساواة بين البشر التربية. التربية عامل هام جدا في إيجاد أو إزالة المساواة بين البشر. يمكن أن تكون التربية سليمة وأن تكون فاسدة. خلال قرون كثيرة استعملت التربية ولا تزال تستعمل أداة قوية تجعل المرء يكيف نفسه وأفكاره وإعماله لأفكار الآخرين وسياساتهم، وعلى وجه الخصوص لأفكار وسياسات أصحاب النفوذ وللذين يمسكون بتوجيه دفة الأمور في المجتمع والدولة. ويمكن للتربية أن تحرم الإنسان من فرديته وأن تضعف لديه النزعة إلى الإبداع. وعن طريق التربية يقوم المربي بتشكيل شخصية الذي تجري تربيته. يبين ذلك مدى الأثر الكبير الذي يمارسه الكبار في الصغار. ويوضح ذلك أيضا أهمية أن تكون التربية سليمة. ومن الأفضل أن يُعلَّم الطلاب أن يحترموا الحقيقة عن طريق

اكتشافهم للحقيقة وليس عن طريق فرض مفاهيم للحقيقة عليهم. ولا يحق للذين يقومون بالتربية أن يعزوا إلى أنفسهم اكتشافهم للحقيقة أو معرفتهم إياها.

وفي الحقيقة أن من الصعب تحقيق التربية السليمة. ومن الطرق الأقرب إلى الصواب لتحقيق تلك التربية أن يقرأ الناس، وعلى وجه الخصوص الأطفال والطلاب، المذكرات والسير الذاتية لأفضل النماذج، من قبيل الأشخاص الصالحين والأتقياء والنزهاء والمتفانين لخدمة الإنسان والإنسانية والمنافحين عن حقوق الإنسان والمدافعين عن الضعفاء والمستلهمين للمضامين الروحية والواعين بالانتماء البشري وبوحدة هذا الانتماء، وأن يتعلموا عن طريق الاقتداء بالقدوة الحسنة. ومرد أهمية قراءة المذكرات والسير الذاتية هو أن أصحاب هذه السير أكثر صراحة ونزاهة وتجردا في عرض أفكارهم ومشاعرهم ومواقفهم والأعمال التي قاموا بها وأشد جرأة على البوح بالحقيقة.

وحتى تنمو ملكة التفكير وتتعزز لدى الناس من اللازم أن يقرأوا على نحو نقدي وأن يجري القارئ دوما حوارا بينه وبين المادة المقروءة. والطالب أو الباحث الأفضل هو من يعتمد في دراسته على السير والمصادر الأولى من قبيل السير الذاتية والمذكرات والرسائل المتبادلة.

ومن أصول التدريس الصحيحة الهامة التي لها قيمتها الكبيرة في التربية الصحيحة أن يؤكد على قيمة ملكة التفكير المستقل وأن يكون التعليم خاليا من التخويف أو يؤكد على الاكتشاف وليس على التلقين. وعلى حرية الإفصاح عن الرأي شفويا وكتابة وأن يراعي التعليم قدرة كل إنسان على التعلم وألا يوضع الطالب في ظروف المنافسة القاسية التي تضعف أعصابه وتدب الوهن في عزيمته.

الفن للحياة

الفن أداة للتعبير الإنساني: الشاعر والناثر والرسام والممثل والمغني والموسيقي وغيرهم معبرون كل بطريقته عن معان في المجال البشري الأوسع. أدوات التعبير الفني من قبيل الشعر والنثر والرسم والتمثيل والغناء والموسيقى متعلقة بالحياة والوجود البشري والمعاني المعبر عنها معان متعلقة بالحياة. الفن وصف وتصوير للحياة. وهو يسعى إلى تحقيق الجمال في الحياة. ولأن الفن يحب الجمال فهو يبغض الأشياء البشعة من قبيل الفقر والظلم والاضطهاد والتشريد والعنصرية والتعالي البشري والاستبداد والطغيان. ويستلهم الفنُّ العقل والخيال البشريين. ويؤثر تأثيرا مقصودا أو غير مقصود في المجتمع والمؤسسات الاجتماعية. والفنانون العرب (وذلك ينطبق طبعا على الفنانات) مؤثرون في المجتمع ومؤثَّر فيهم في نفس الوقت، شأنهم في ذلك شأن أي شريحة من البشر. الفن يقع في صُلب الحياة.

ويختلف الفنانون العرب بعضهم عن بعض في مدى استجابتهم للحالة التي تعاني الأمة منها وفي مدى تفاعلهم مع تلك الحالة ومدى وعيهم بها وتناولها. في كل مجال من مجالات عمل البشر تختلف المجموعات البشرية بعضها عن بعض في مدى إقدامها وجرأتها على التصدي للظروف القائمة وفي مدى توانيها عن التصدي لتلك الظروف وركونها إلى الظروف القائمة.

وعند إصدار الحُكم على سلوك وموقف شريحة من الشرائح السكانية العربية وغيرها من الشرائح الأخرى تنبغي دوما مراعاة أثر نظام الحُكم السائد في سلوك وموقف تلك الشرائح. في النشاط

الاجتماعي، الدور الأكبر يكون دوما لطبيعة نظام الحُكم: هل هو قوي أم ضعيف، معني أم غير معني بالسكان، يقوم أم لا يقوم على أسس ديمقراطية، يراعي أم يهمل حقوق البشر وحقوق الإنسان، مراعاته لمصالح السكان تفوق أم لا تفوق اهتمامه بمصالح الجهات الخارجية.

وكلما ازداد نظام الحُكم تدخلا في شؤون الشعب وازداد الفقر والمرض والأمية انتشارا وشدة ازداد تهميش الفنانين. وفي ظل نظام الحكم الديمقراطي يكون الفنانون أكثر تحررا وتحقيقا لذواتهم وأشد تصويرا لنفوسهم واستجابة لتطلعات شعوبهم، وتكون نتاجات فنهم أكثر عكسا لميولهم وخيالهم والجوانب الموضوعية في حياتهم.

ويُطرح السؤال أحيانا كثيرة: هل ينبغي أن يكون الفن للفن أم أن يكون الفن مسخرا للحياة وللشعب؟ معنى الفن للفن معنى شامل. ونظرا إلى أن الفن نتاج بشري فإنه لا ينفصل عن الحياة والوجود. إنه ذو صلة بالوجود البشري. وهو يعبر دوما عن حياة البشر وكيانهم. إنه تجلّ وانعكاس للحياة ودعوة إليها. ونظرا إلى أن الفن لا ينفصل عن الوجود البشري فإنه لا بد من أن يعنى بشؤون الناس ووجودهم الثقافي والاجتماعي والنفسي. الفن نابع من النفس البشرية، وهو انعكاس لها. ولا يمكن أن يكون الفن بعيدا عن حياة البشر ولا بد من أن يكون متصلا على نحو من الأنحاء بحياة المخلوقات البشرية ومن أن يكون عاكسا أو مصورا أو واصفا أو مبيِّنا لنظرة من النظرات أو فكرة من الأفكار. وهو بالتالي منتج متأثر بالتجربة الإنسانية. ولا يمكن لحياة الفنان إلا أن تكون جزءا من قضايا البشر. وللبشر حياتهم. وبالتالي لا مفر من أن يكون الفن للفن والحياة والبشر معا، ولا يمكن الفصل بين هذه الأبعاد الثلاثة.

والفن هو كذلك مهما زُعِم بأن الفن مثالي أو مجرد. وحتى عبارة "الفنّ من أجل الفن" تنطوي على فكرة أن الفن للحياة والوجود البشري، إذ مَنْ يتلقى الفن ومن يخاطب الفنَّ ومن يخاطبه الفنُّ ومن يستهلك الفنّ ومَن الذي يستلهمه الفَنّ، وما هو العقل والنفس والجسم والريشة التي تنتج النتاج الفني؟ الإنسان هو مصدر الفنّ.

ولا أجافي الحقيقة إذا قلتُ إن الذين يقولون إن الفن للفن متأثرون في الحقيقة بالجو السياسي والثقافي والنفسي السائد على البشر. وجُملة "الفن للفن" ينبغي موضوعيا ألا يُفهم منها أن الفن ليس للحياة والإنسان والوجود البشري ما دام الإنسان هو مصدر الفن وما دامت الحياة مبعث الإبداع لدى الإنسان. إن جملة "الفنّ للفنّ" ينبغي ألا يُفهم منها أنه لا توجد علاقة عضوية لا انفصام لها بين الفن والإنسان والحياة والوجود البشري.

والفنّ ليس فقط للوجود البشري؛ إنه أيضا لما يجب أن يكون الوجود البشري عليه. وحينما يقال إنه لا يمكن الفصل بين الفن والحياة أو بين الفن والسياسة فلا يعني ذلك بالضرورة أن الفن يجب أن يسخر نفسه لخدمة السلطة الحكومية أو السلطة غير الحكومية أو أنه يجب تسخيره للاعتبارات الحكومية والحزبية والطائفية والفئوية الضيقة. فمفهوم السياسة بوصفها وسيلة لاكتساب القدرة على ممارسة التأثير لتحقيق هدف معين أو أهداف معينة يدخل في كل المجالات المُدركة للحياة. ومن الخطأ الجسيم اعتبار السياسة حُكما أو ممارسة للحُكم أو نظاما للحُكم. السياسة وسيلة لاكتساب القدرة على التأثير. والسياسة تتجلى في كل مجالات الكون البشري المُدرك. ويُمارَس هذا التأثير في مجال الحُكم والنقابات والتجارة والصناعة والإدارة وتطلعات البشر والكرامة والنزاع.

والفنّ، باستلهامه للعقل والخيال البشريين، وثيق الصلة بالحياة والإنسان، إذ هناك صلة بين العقل والخيال، من ناحية، والحياة والإنسان، من ناحية أخرى. والفن، باستعماله الأدوات البشرية من الشكل والتشكيل واللون والحركة والصور البشرية، مستمد من الإنسان والوجود الإنساني، وبالتالي لا بد من أن يكون الفنّ ذا صلة بالإنسان والوجود الإنساني. والسياسة عنصر متأصل في الوجود الاجتماعي البشري. والفن، بتأثيره المقصود أو غير المقصود، في الوجود الاجتماعي البشري، يدخل عالم السياسة ويؤدي دورا سياسيا. وما النقد والتحليل والوصف والدفاع عن البقاء والحفاظ عليه والتخليد وفضح الوصولية والتقييم والتشكيل، التي هي من مجالات اهتمام الفن، سوى

أدوات سياسية. وما الكاتب والشاعر والعامل والأستاذ والممول وكاتبو النص من المسرحيات والقصص والممثلون والراقصون والمغنون سوى أشخاص ممارسين للسياسة.

وقد يكون من الترف الفكري أن يُفهم من جملة "الفن للفن" أنها تعني أن "الفن ليس للحياة ولا للإنسان"، بينما تُسحَق الشعوب النامية وغير النامية، وتُداس حياتها وكرامتها بالأقدام وتقضي جوعا ومرضا. وقد لا أجافي الحقيقة بالقول إنه لو سألنا الفن عما إذا كان موافقا على استعمال عبارة "الفن للفن" لاحمرَّ خداه خجلا من استعمال هذه الجملة.

ونظرا إلى أن فضاء الفنان واسع فهو – أي هذا الفضاء – موجود في حيز واسع: في أرجاء وزوايا النفس البشرية وفي الضمير والشارع والمقهى وغيرها.

ومهما كان الفنّ رفيعا وكان فضاء الفنان واسعا فإن الحياة والوجود أوسع فضاء وأكثر رفعة. هل يستطيع الفنان أن يصف وصفا دقيقا أو أن يجسد تجسيدا وافيا المعنى السامي جدا لولادة مرأة لطفل أو طفلة ولعملية ولادتها وساعة توقعها للوليد الجديد ولشعورها بعد الولادة. هل يستطيع الفن أن يصف وصفا دقيقا المعنى البالغ العمق لشعور الحب الغامر بين حبيبين؟! هل استطاع الفن أن يصف وصفا دقيقا وافيا معنى الشوق المستعر لدى أم إلى ابنها الذي طال غيابه عنها، ومعنى الشوق المستعر لديها وهي تفارق الحياة وتبتهل إلى الله أن يكون ابنها الغائب إلى جانبها في تلك اللحظة؟! ومعاني المسرح والشعر والنثر والموسيقى أضيق كثيرا، رغم عمقها، من فضاء الحياة والوجود الذي يستمد الفنان منه صوره وأشكاله ومعانيه وأحلامه وتصوراته.

ومن العوامل التي تزيد الفنان كمالا توفُّرُ جو الحرية وحرية الإعراب عن الرأي والتنشئة على الحرية واليمقراطية والشعور بالكرامة الإنسانية.

الشعب والاستنارة

من المفيد لسلامة الشعب والدولة أن يكون المرء مستنيرا عقليا. وتعني الاستنارة عدمَ التعصب والتطرف الفكريين، وعدم إصدار أحكام على الآخرين دون توفر الحيثيات الموضوعية المبيِّنة، وعدم الاعتقاد بملكية كامل الحقيقة وعدم الاعتقاد بافتقار الآخر إلى أي شطر من الحقيقة، وعدم تظاهر المرء بالجهل حينما يظن أو يرى أن هذا التظاهر مصدر فائدة له.

لا توجد صدامات بين الأفكار ولكن توجد صراعات فكرية. فقد لا يوجد صدام بين الأفكار، ومع ذلك تستعر صراعات ناشئة عن التوجهات الفكرية العقدية. ويجب التحذير من التفسير الثنائي للأشياء والظواهر من قبيل التطرف أو التعصب الفكري أو السلوكي. ومعنى التطرف أو التعصب أنه إذا كان مرء، مثلا، علمانيا يرى أن لديه كل الحق أو الحقيقة وما عداه الباطل، وإذا كان مرء ذا نزعة رأسمالية يرى أن لديه كل الحق أو الحقيقة وما عداه الباطل. بين فكرتين متطرفتين يمكن أن توجد أفكار كثيرة جدا. فمثلا يمكن لسلوك ألا يكون بنّاء ولكن لا يعني ذلك بالضرورة أنه هدّام. ينبغي لكل امرئ أن يترك هامشا لاحتمال خطأ تفكيره وهامشا لاحتمال صحة تفكير الآخر. ومن بالغ الخطر قبول فكرة أو الانصياع لها لمجرد بريقها ولمعانها. يجب عدم الانبهار بالبريق لأن ذلك الانبهار قد يكون غشاوة على التفكير والتعمق والفهم. ولا يمكن للفكرة أن تبلغ من الشمول ما يؤهلها لأن تكون الفكرة الوحيدة الصالحة، مقصية أية فكرة أخرى.

وتعيش البلدان النامية – وفي الوقع جميع بلدان العالم – أزمة. وتتسم تلك الأزمة – بما في ذلك البلدان العربية - بتعقدها البالغ. ومرد تعقدها الشديد ليس كثرة العوامل العاملة في نشوئها فقط ولكن أيضا نشاط أو دينامية هذه العوامل وعدم مراعاة هذه العوامل وعوامل أخرى غير بارزة في محاولة حل هذه الأزمة.

ومما يتعلق بالتخلف أيضا تدني مركز أو وضع المرأة. لا يمكن تحرير الإنسان وتحرير الأرض والانعتاق من الرق والاستعباد إلا بتحرير المرأة. الاستعباد وحس المرأة بالاستعباد يديمان الاحتلال والتخلف. لا يمكن تحرير الأرض إلا بالشعور بالاعتزاز بالنفس وبالثقة بالنفس وبالاعتزاز بلغة الأم الذي لا يسمح للمتكلم أن يدخل في لغة الأم عبارات أجنبية لا حاجة إلى إدخالها واستعمالها لوجود تلك العبارات في لغة الأم، وبالقدرة على التصدي للتحدي وبالاعتقاد بالقدرة على مواجهة التحدي وعلى استعادة الحقوق. ولا يمكن تحرير الإنسان دون التحرير الاقتصادي والاجتماعي والثقافي، وتحرير الذات والتحرير النفسي، والتحرر من الخوف والفقر والحاجة. شعب نساء غير محررات لا يستطيع أن يحرر الأرض والمجتمع. المرأة الحرة تنشّئ رجلا حرا وامرأة حرة.

وتشيع في العالم ظاهرة تبطئ تقدم المجتمعات وتزيد من صعوبة تحقيق الديمقراطية. وهذه الظاهرة هي المصاهرة بين الحكام ورجال الأعمال. أبناء وبنات الحكام يتزوجون بأبناء وبنات رجال الأعمال. بهذه المصاهرة تتعزز الروابط السياسية وروابط المصالح الاقتصادية بين طبقة الحكام وطبقة رجال الأعمال. وبهذه المصاهرة يتعزز انضمام رجل الأعمال إلى طبقة الحكام ويتعزز أيضا انضمام الحكام إلى طبقة رجال الأعمال.

ومما يسهم في عرقلة إضفاء الطابع الديمقراطي على البلد هو توريث الرئيس للسلطة السياسية لابن من أبنائه، والتمهيد لأن يتولى

الأخ الثاني أو الحفيد للسلطة. يمكن للحاكم أن يتولى الحكم مدة عقدين أو ثلاثة أو أربعة عقود، وبعد رحيله عن توجيه دفة الحكم لسبب من الأسباب يورث ابنه الذي يكون في أغلب الأحيان شابا، وبالتالي يمكن توقع أن ينفق عقودا أخرى وهو يتولى السلطة. ذلك ما فعله أو كان يعتزم فعله، على سبيل المثال، صدام حسين ومعمر القذافي.

البدعة

ومن العوامل التي تشل العقل العربي عن الابتكار وعن معالجة مواضيع كثيرة على نحو موضوعي وجريء ومباشر الخوف من أن تعزى إلى فكر من الأفكار صفة "البدعة" في الدين. من اللازم أن يوضح توضيحا كافيا شافيا معنى "البدعة" حتى يعرف الدارسون والمعنيون بشؤون الحياة المجالات التي لا ينطبق عليها أو لا يسري فيها مفهوم البدعة.

إن تطورات الحياة في الوقت الحاضر تتطلب الإتيان بأفكار جديدة تستجيب إلى هذه التطورات. وتوجد مجالات وتطورات تتطلب إعمال الفكر الجديد فيها دون أن يدرج ذلك الفكر في مفهوم البدعة، غير أن المفكرين يتخوفون من أن يعزى إلى فكرهم فيها مفهوم البدعة، ولذلك لا يجرؤون على الإتيان بفكر جديد فيها. فإذا وضح معنى البدعة وعرفت حدودها ووجوه انطباقها عرف المعنيون بشؤون الحياة المجالات التي لا يجيز مفهوم البدعة إعمال الفكر فيها.

محاربة الاجيال

ومما يضعف الحركة الثقافية والفكرية والنقدية أو يبطئها على الساحة العربية وساحات أخرى هو الميل لدى جيل من المثقفين إلى محاربة أجيال ثقافية سابقة والجيل الثقافي الناشئ أو القادم. وبدلا من أن يبني جيل ثقافي أو جيل فكري واحد على ما بنته أجيال سابقة

يحارب أفراد من ذلك الجيل الأجيال الثقافية السابقة. ولا أقول إن هذه الظاهرة عامة ولكنها ذات انتشار معين.

وهذه العادة أو الميل تنطوي على أبعاد مأساوية، إذ تبطئ تلك المحاربة حركة التطور الثقافي والفكري أو تضعفها. لا بد من أن تشتمل نتاجات جيل ثقافي معين على أفكار مفيدة أو بناءة بقطع النظر عن التوجه الفكري الذي يتجهه جيل ثقافي جديد. وفي الحقيقة أن عملية البناء الفكري والثقافي على ما هو منجز تهيئ ساحة يمكن فيها لأفراد الجيل الجديد أن يقدموا إبداعهم الفكري. وتحقيق أفراد من أجيال سابقة لإبداعات فكرية وأدبية وفنية وفلسفية لا يعني نهاية عملية الإبداع.

بهذه المحاربة يشهر أفراد جيل سيوفهم على أفراد الجيل الآخر. وبما أن الإبداع يتضمن التجريب والاختلاف والمغايرة فإن محاربة جيل ثقافي لجيل ثقافي آخر تعني محاربته للعملية الإبداعية.

الاستهداف

وللتطورات تاريخيتها. لها منطقها التاريخي. وثمة تطورات تحدث خارج سياق كون شعب أو بلد مستهدَفا. وليس من الصحيح الاعتقاد بأن كل تطور ضار بشعب من الشعوب ينبغي أن يُعتبر استهدافا لذلك الشعب.

الديمقراطية والمضمون والمفهوم

والديمقراطية، التي هي عبارة يونانية، معناها حكم الشعب. وكون هذه العبارة يونانية لا يعني أن مضمونها غريب بالضرورة عن ثقافات سياسية واجتماعية أخرى. فالمفهوم يمكن أن يضمّ مقاصد متماثلة أو متشابهة رغم الاسم الذي يحمله. فعلى الرغم من انتماء عبارة "الشورى" وعبارة "الديمقراطية" إلى لغتين فثمة جوانب متماثلة أو متشابهة في العبارتين: فمراعاة رأي الآخرين في اختيار الحكام

جزء من عملية الشورى ومن عملية الديمقراطية. وعلى ضوء هذا التحليل لا تُعَدّ ممارسة الديمقراطية مساسا بالخصوصية والأصالة.

المثقف وتطويع القلم للمصالح الشخصية

لا يصح، وفقا للقيم الأخلاقية التي يتبناها شعب من الشعوب، لأي إنسان أن ينسب إلى نفسه صفات وأن يمارس خلافها. وخضع وما يزال يخضع الناس، ومنهم المثقفون، لإغراءات مالية ومادية. ويبدو أنه قلّت، في الظروف العالمية القاسية ماديا ونفسيا ومعيشيا، نسبة المثقفين، مهما كان تعريفنا لفئة المثقفين، الذين يتوخون الموضوعية في تصوير مشاهد الحياة والذين لا ينتظرون ثوابا ماديا عاجلا.

إن لاستعمال المثقفين لأقلامهم وجوها مختلفة. ثمة مثقفون يطوعون أقلامهم وبياناتهم لخدمة مصالح ضيقة، ولا يراعون في كتاباتهم الصالح الشعبي العام ولا يجعلون من أقلامهم وسيلة لانتقاد السياسات والممارسات المستبدة أو الطاغية أو المناوئة للديمقراطية أو غير المراعية لترتيب أولويات البلد والشعب. هؤلاء المثقفون يشهدون التحديات الماثلة أمام شعبهم ولا يتناولون هذه التحديات بالتحليل للتوصل إلى استنتاجات موضوعية رصينة ومتسمة بالمسؤولية. وثمة مثقفون طوعوا أقلامهم خدمة لأصحاب السلطة الرسمية وغير الرسمية ولسلطة أصحاب المال، وفي قيامهم بهذا الدور لم يعبأوا بالنزاهة والأمانة والموضوعية في كتاباتهم عن مشاكل شعوبهم.

وثمة مثقفون يفتقرون في كتاباتهم وبياناتهم إلى الصراحة في الإبانة، وهم يتهربون من التصدي للمشاكل الحقيقية والعسيرة التي تواجهها شعوبهم. وفي الإعراب عن الرأي وتناول القضايا المطروحة يلوذون، في الدفاع عن مواقف التهرب، باتخاذ موقف غامض أو متهرب أو متشدق أو مُراء.

بعض وجوه معاناة المرأة

يجري في السطور التالية تناول بعض وجوه معاناة المرأة، وهي كثيرة، في البلدان المتقدمة النمو والبلدان النامية التي تشتد فيها وجوه تلك المعاناة، الأمر الذي يتطلب التناول المستعجل لمعاناتهن ومشاكلهن.

الإعانات والتدريب المهني

تتلقى نسبة قليلة من النساء المعوزات في عدد من بلدان العالم النامي قدرا من اعانات الرعاية الاجتماعية والمالية. وعلى الرغم من أهمية تلقي هذه الاستحقاقات ينبغي للسلطات المختصة وضع وتنفيذ برامج التدريب للنساء على أداء المهن التي تكون مزاولتها مصدرا للدخل، مما من شأنه أن يغنيهن عن الحاجة إلى تلقي الإعانات المالية الحكومية. من شأن ذلك التدريب المهني أن ينطوي على تحقيق الكرامة الأكبر للمرأة.

تدني مستوى التعليم

ويتدنى في البلدان النامية، وخصوصا أشد البلدان فقرا، مستوى التعليم للنساء على المستويين الثانوي والجامعي، وحتى المستوى الابتدائي. والأمية أكثر تفشيا بين النساء من تفشيها بين الرجال في هذه البلدان. ولا يمكن تأهيل النساء للدخول في القوة العاملة وللإسهام في التنمية المستدامة دون رفع المستوى الدراسي للمرأة وتخفيض نسبة الأمية، ثم القضاء عليها في نهاية المطاف.

القوالب النمطية

تعاني النساء أيضا من شيوع القوالب النمطية الجنسانية ومن العنف ضدهن. تبني هذه القوالب يمسّ بقدر ووضع النساء.

اغتصاب الزوجة

عانى عدد لا يستهان به من الزوجات، وخصوصا الزوجات الصغيرات السن، وما فتئن يعانين، من الاغتصاب في الحياة الزوجية.

الزواج المؤقت والسياحي

مما يستحق الشجب أيضا الزيجات المؤقتة التي حدثت وما انفكت تحدث في مناطق معينة في البلدان النامية، ومنها بعض البلدان العربية، تعاني من الفقر على نحو خاص. ومن السيء أن الأب يقوم في حالات غير قليلة بترتيب تزويج ابنته دون السن القانونية برجل ثري عادة يكون أحيانا هرما.

ومما له صلة بالزواج المؤقت الزواج السياحي، الذي يخالف الشريعة، ويجعل الفتاة عرضة للاستغلال لأن الزوج، الذي هو ثري أو ميسور الحال في معظم الأحيان، يرشو الفتاة أو أسرتها بالمال والهدايا، ثم يطلقها بعد أخذ وتره منها.

تشويه الأعضاء التناسلية

هذه العادة الوحشية، التي يُقصد بها إضعاف الحس الجنسي لدى الفتاة، شائعة في بعض أجزاء من البلدان النامية. من الآثار السلبية الكثيرة المترتبة على إضعاف الحس الجنسي لدى الفتيات حرمان الزوجين، لدى ممارسة الوصال الجنسي بينهما، من التناسب في الاستجابة الجنسية، ما يسبب الظلم للزوجة وعدم الانسجام بينهما.

سن الزواج

من غير المستحسن زواج أو تزويج الطفلات غير البالغات. وينبغي لقانون الأحوال الشخصية أن يحظر على الوصي على الفتاة الحق في إدخالها في عقد الزواج إذا كانت في سن مبكرة جدا أو لم تبلغ سن حمل الأطفال في بعض الحالات. ولتمكين المرأة من الحصول على حقوقها ينبغي توفر سبل الوصول إلى القضاء.

توطين العِلم واستخدام اللغة العربية
أداة للتدريس الجامعي في الوطن العربي

لا حاجة إلى التذكير بأنه يوجد علماء عرب متميزون في الوطن العربي. ولكن ثمة مشكلة وهي أنه لا تتوفر إمكانيات كافية لإجراء البحث العلمي. إن أحد العوائق الماثلة أمام النهضة العلمية عدم وجود عدد كاف من المؤسسات التي تُعنى بالبحث العلمي، وقلة الموارد المتاحة في المؤسسات القائمة، وعدم قيام نظم للحكم في الوطن العربي بوضع وتنفيذ سياسة تتبنى وضع وتنفيذ مشاريع النهضة العلمية، وعدم تكوين ما يكفي من الكوادر العلمية المؤهلة على نحو مستمر ومصمم فعلا لإجراء البحوث العلمية اللازمة في تحقيق النهضة العلمية. ومما من شأنه أن يسهم في توفير تلك المؤسسات والكوادر وضعُ المشاريع التطويرية النهضوية. وفي صدارة هذه المشاريع مشروع توطين العِلم في الوطن العربي.

وفي كثير من البلدان لا يوجد مفهوم المواطنة. والمواطنون هم الذين يمكنهم أن ينشئوا البنية الأساسية العلمية وليسوا الرعايا الذين لا احترام لهم. وحتى يتفانى العلماء العرب في إنشاء هذه البنية يجب أن يكفوا عن كونهم رعايا، ويجب أن يكونوا مواطنين. ومن شأن تعزيز

مفهوم المواطنة العربية وإنشاء البنية الأساسية العلمية أن يسهما إسهاما كبيرا في إنشاء ورعاية توطين العِلم في الوطن العربي.

ويمثل عائق آخر أمام النهضة العلمية، وهو عدم شيوع مفهوم شمولية البحث العلمي، بمعنى أنه، لتحقيق البحث العلمي، يجب الاهتمام الجاد بكل أجزاء أو مجالات النهضة العلمية: المجال الإداري والمجال التربوي والمجال الاقتصادي والمجال السياسي والمجال التكنولوجي والمجال الثقافي ومجال الدراسات النفسية ومجال علم الفضاء والفلك ومجال الفيزياء والكيمياء ومجال النواة ومجال الرياضيات والمجال الالكتروني. في ميدان البحث العلمي كل جزء من هذه الأجزاء يتأثر بالأجزاء الأخرى ويؤثر فيها من ناحية اكتمال جبهة أو دائرة البحوث العلمية. من شأن قيام المؤسسات الجامعية والأكاديمية بهذه البحوث التكاملية في كل مجالات الدراسة في الوطن العربي أن يعزز تنفيذ توطين العِلم في الوطن العربي.

وثمة في جامعات ومؤسسات حكومية عربية مَنْ يقيس النشاط العلمي قياسا كميا، أي يقيسه بطول الوقت الذي ينفقه الباحث في المكتبة أو في الحرم الجامعي. بيد أن طول الوقت الذي ينفقه ذلك الباحث ليس بالضرورة مقياسا صحيحا للنشاط العلمي. ما يفوق ذلك أهمية هو جو الحرية والانطلاق الفكري والبحثي الذي يتمتع ذلك الباحث به في وطننا العربي، ما من شأنه أن يعزز مشروع التوطين العلمي العربي.

ومما يعيق أو يؤخر تقدم البحث العلمي عدم وجود مجتمع علمي متطور وذي تقاليد راسخة وعريقة في مجال البحث العلمي. وينشأ المجتمع العلمي بنشوء مؤسسات علمية وبحثية ودراسية مترابطة ترعى البحوث الجادة التي لها عندها حرمة راسخة وعميقة، من قبيل الجمعيات والرابطات الدراسية العلمية. من شأن إيجاد مثل ذلك المجتمع العلمي المتطور المستلهِم لحضارتنا العلمية العريقة أن يسهم في تعزيز التوطين العلمي العربي.

وعلى الرغم من استحالة فصل العِلم عن المجتمع والعِلم عن السياسة يجب أنْ يُحفظ للمجتمع العلمي مكانه ومكانته المناسبان حتى

يستطيع هذا المجتمع أن يؤدي دوره العلمي النهضوي بقدر كبير من الحرية والخيال العلمي.

واستعمال اللغة العربية أداة للتعليم الجامعي جزء لا يتجزأ من توطين العِلم في الوطن العربي. ولا يمكن تحقيق ذلك التوطين دون جعل اللغة العربية أداة للتعليم في المؤسسات الأكاديمية والدراسات العربية، ولغة البحوث العلمية في تلك المؤسسات في مختلف العلوم، من قبيل الزراعة والطب والتشريح والهندسة والكيمياء والفيزياء والرياضيات. وقد لا نكون بحاجة إلى أن نذكر، على سبيل المثال، أن الصينية هي لغة التعليم في الصين، واليابانية هي لغة التعليم في اليابان.

ولتحقيق هذا الهدف يجب ألا تنافس أيُّ لغة اللغةَ الأصلية، لغةَ الأم والمولد، أي اللغة العربية في هذا المجال. فضلا عن أن اللغة العربية لغة الأدب شعرا ونثرا، فإنها لغة العلم والمعرفة والفلسفة. يجب أن تكون الكتابات باللغة العربية المصدر العلمي والفلسفي الدقيق الذي تُستقى منه التحليلات والمعلومات في مجال العلوم، ومنها العلوم الدقيقة من قبيل الرياضيات والطب.

ومن فاحش الخطأ القول إن هذا الهدف يستحيل تحقيقه. لا شك في أن اللغة العربية هي لغة العلم والفلسفة. كانت اللغة العربية اللغة العالمية لا تنازعها أي لغة مدة خمسة قرون، من القرن الثامن حتى القرن الثالث عشر. ولنا أن نعود إلى فلسفة ابن رشد ودراسة علم العمران (الاجتماع) لعبد الرحمن بن خلدون التونسي اليمني، وبقيت كتب عربية كتبا مقررة في الجامعات الأوروبية حتى القرن السابع عشر. يجب أن يكون التعليم بلغة المواطن، بلغة الوطن، بلغة المواطنة، بلغة الأم، بلغة الضاد، بلغة شعر طرَفة بن العبد وعنترة بن شداد وعمرو بن كلثوم وزهير بن أبي سلمى وغيرهم الكثيرين. نشر استعمال اللغة العربية وإعلاء شأنها ورعايتها في الوطن العربي وفي البلدان المتأثرة بالحضارة العربية والإسلامية من شأنها أن تسهم إسهاما كبيرا في تحقيق النهضة العلمية. لن يحقق التقدم العلمي العربي الذي ننشده بمجرد إنشاء جامعات أجنبية تستعمل لغات أجنبية أداة للتعليم. هذه الجامعات تستلهم بدرجات متفاوتة المنظومة المرجعية القيمية لثقافة

اللغـة الأجنبيـة المستعمَلة أداة للتـدريس. التعليم الجـامعي رسـالة وطنيـة قومية إنسانية ينبغي أن يستلهم القيم المرجعيـة العليـا للشـعب والمجتمـع. وحتـى يستنهض الأستاذ الجـامعي العربـي طلابـه يجـب أن يشـعر أنـه يؤدي تلك الرسالة. وبهذا الشعور تنشأ وتفيض لديه الرغبة في أن يبنـي هـو الإنسـانَ العربـي الموصـوف عـن جـدارة بالباحـث والمحقق والعـالِم والمكتشف.

وحتى لو افترضنا وجود أساتذة أجانب يقومون بالتدريس في جامعات عربية فإن من الممكن القول إنـه ليس من شأن كثير منهم أن يواصلوا التدريس مدة طويلة. ولا يخفى مدى الضرر الذي يلحق بعملية التدريس جراء قِصر مدة خدمة الأساتذة الأجانب. وينبغي ألا يفهم من هذا البيان الرغبة في استبعاد اعتماد تبادل الأساتذة العرب والأجانب على المستوى الأكاديمي. وينبغي ألا يؤدي تنفيذ برامج التبادل إلى القضاء على الأغلبية الكبيرة من الأساتذة الأصليين في هيئة التدريس. ويتطلب هذا الموضوع مزيدا من التناول تضيق رقعة هذا المقال عن القيام به.

النص وقراءته

يحب الكاتب في أغلب الأحيان أن تنشأ صلة فكرية أو عاطفية بينه وبين القارىء ولا يحب أن تنقطع صلته بالقراء، لان الكاتب يحب ان يوصِل رسالة أو مضمونا إلى الآخرين. وقد تنشأ هذه الصلة وقد لا تنشأ. وإذا نشأت فقد تدوم وقد تنقطع. وأحيانا يكون غياب الصلة عائدا إلى أسلوب الكاتب أو ضحالة فكره أو مضمونه أو صعوبة فهمه وأيضا إلى مستوى فكر القارىء والأسلوب والمضمون المفضلين لديه.

ولا يغطي النص في معالجته جميع جوانب المسألة المتناوَلَة لأنه لا يمكن للكاتب أن يقوم بذلك. إن تناول الكاتب لجوانب المسألة ليس نهائيا ولا مستنفدا. ويبقى للقارئ، إذن، فضاء يمكنه أن يملأه. ويتوقف مدى إسهام القارئ في معالجة المسألة على عوامل منها مدى وعيه الفكري وشخصيته: هل هي شخصية انقيادية أو موجِّهة ومُنبرية ومتصدية.

القراءة طريقة شخصية في الفهم. لكل امرىء طريقته في القراءة. هذه الطريقة الشخصية ضيقة الأفق. مما يضيق أفق هذه الطريقة ضيق الفهم البشري، فذلك الفهم تقيده الرغبات والحاجات

والظروف الاجتماعية النفسية التي يمر الإنسان بها. والاكتفاء بطريقة واحدة معناه الاكتفاء بطريقة شخصية ضيقة في فهم المعاني المتعددة الكامنة في النص.

والقبول بالنص على شؤون الكون والعالم والحياة نقص في الفهم لأن النص عبارة عن قراءة أو قراءات محدودة لهذه الشؤون التي تنفتح على نصوص وقراءات متعددة. ما معنى تعدد القراءات؟ تعدد القراءات معناه كون جميع الرغبات والحاجات الاجتماعية والنفسية والظروف والملابسات الاجتماعية والثقافية وتغير المزاج والتغير في التأكيد على الشيء والتغير في مدى التجرد والتحدد وغيرها والتفاعل فيما بينها جميعا والنتائج المترتبة علي هذا التفاعل – كون جميع هذه العوامل عاملة في انفتاح القارىء على النص.

القراءة الواحدة للنص غير مقيدة بمراعاة قسم من هذه العوامل. والقراءة الواحدة معناها أن قسما من هذه العوامل فقط يقرر مدى الانفتاح على النص. وبالنظر إلى كون هذه العوامل ليست العوامل كلها التي تقرر الانفتاح الأكبر فإن هذا الانفتاح ليس كاملا.

والقول بأن نصا واحدا يتضمن الحقيقة قمع لفكر ذلك القائل، لأن ذلك القائل لا يسمح بأن ينفتح على نصوص وقراءات أخرى في نصوص أخرى قد تتضمن الحقيقة أو قد تكون أقرب من معرفة الحقيقة.

والأخذ بقراءة واحدة للنص قمع لفكر الآخذ بهذه القراءة لأن للنص الواحد قراءات متعددة. وعزو الحقيقة إلى قراءة واحدة للنص قمع للفكر، لأن ذلك النص له قراءات أخرى أهملها الذي يأخذ بالقراءة الواحدة وطمسها وقمعها.

وكل مفهوم اقتصاري ينطوي على القمع الفكري. قصر التمايز أو الاصطفاء أو الامتياز على شخص بذاته أو شخصية بذاتها يعني استبعاد أو قمع أشخاص آخرين أو شخصيات أخرى.

القبول بقراءة واحدة للنص انغلاق، لأن هذا القبول يحجب القارىء عن قراءات أخرى للنص، بينما القبول بقراءات مختلفة للنص

انفتاح على الإمكانات المختلفة في النص. قبول قراءات مختلفة انفتاح على العوالم المختلفة الكامنة فيه.

اكتفاء القارىء بقراءة واحدة للنص هو قمع النص للقارىء، وانفتاح القارىء على قراءات مختلفة للنص انفتاح على المعاني المتعددة الكامنة في النص. إن ما يوصل إلى فهم المعنى الكامن في النص ليس القراءة الواحدة للنص ولكن تعدد قراءاته.

الاكتفاء بالقراءة الواحدة للنص انعكاس للقارىء على النص وتعدد القراءات للنص انفتاح للقارىء على النص وتعريض القارىء للمعاني المتعددة التي يحملها أو يحتملها النص. وبما أن المتعصب أو المتحيز ينغلق على قراءة واحدة للنص القابل لقراءات مختلفة فإن هذا التعصب – الذي يحرمه من قراءات أخرى – يحرمه من توسيع دائرة المعرفة، ويحرمه من الاطلاع على المعاني الممكنة الكامنة في النص. وبالتالي لا تمكّنه القراءة الواحدة للنص من الإحاطة بمعانيه الممكنة ومن فهمه على وجه أتم. ولا يمكن لمن يقرأ النص قراءة واحدة أن يزعم اطلاعه أو فهمه الأصوب أو الأتم عن طريق القراءة الواحدة لأن الخطأ والنقص كامنان أساسا في القراءة الواحدة للنص.

والتعصب مخالف للانفتاح، فالتعصب تقيُّد بما هو متعصب له، وبالتالي فالتعصب تقييد. والتعصب انغلاق، لان المتعصب يغلق نفسه أو ينغلق على ما هو متعصب له. والتعصب اقتصاري. التعصب لشيء يعني اقتصار القبول على شيء واحد. وعدم القبول بما هو ليس متعصبا له. وهذا التعصب أو الاقتصار يعني استبعاد ما هو ليس متعصبا له. والتعصب لقراءة من القراءات رفض للقراءات الأخرى. التعصب لقراءة هو عدم الانطلاق الى قراءات أخرى؛ إنه الانغلاق على قراءة واحدة. ولا أساس للاعتقاد بأن القراءة التي وقع الاختيار عليها أكثر تقريبا من معرفة الحقيقة من القراءات التي لم يقع الاختيار عليها.

وبالنظر إلى اقتران الانفتاح والانطلاق بتعدد القراءات فإن مما يقرب من تحقيق الانفتاح هو الأخذ بالمذاهب الفكرية الأكثر انفتاحا وعالمية وإنسانية وتحررا من قبيل التسامح ونزع الطابع الأيديولوجي

القوي والنزعة الإنسانية وقبول فكرة وحدة الجنس البشري وفكرة وحدة الكون ووحدة الألوهية وفكرة تكفل الألوهية بجميع البشر والمساواة بين البشر عند مستوى من المستويات، ومعرفة الطابع الانغلاقي لمذاهب من قبيل مذاهب التفوق العنصري ومعرفة نقص الفكر البشري والعقل البشري ومعرفة دور الغرور البشري في الإسهام في الانغلاق الفكري والعاطفي البشري والإقرار بوحدة الحاجات البشرية الأساسية.

وقراءة النص قراءة واحدة إحدى الطرق لنسبة الخطأ إلى الغير. فما دام الاطلاع الأكبر على المعنى يتم عن طريق القراءات المختلفة فعن طريق القراءة الواحدة والانغلاق على قراءات أخرى يستطيع القارىء أن يقرأ القراءة التي قد يظن أنها تؤيد فكره ولا يقرأ القراءات التي قد يظن أنها تؤيد فكر شخص آخر. إنه لا يقرأ المعاني التي يحتملها النص. هو يختار ما يبدو له أنه يؤيد الفكر الذي يتقبله وقد لا يعير انتباها يستحق الذكر للمعاني التي لا يريد أن يلتفت إليها رغم أنها كائنة في النص الذي قرأه.

التوافق مع الذات

من الطيب أن يخرج المرء أحيانا عن المألوف، فهذا المألوف قد يكون حابسا للمرء فكريا وعاطفيا. من طبيعة الإنسان أن يتوق إلى الانطلاق. وجدتني ممسكا برفقٍ قلمي، فسال القلم دمعا، وسالت ريشة المداد توقا إلى مسقط رأسي اللاّمتناهي.

التيار جزء من العالم. هل ينبغي للمرء أن يقف بفكره وعاطفته في وجه التيار أم على ضفة التيار. لو وقف المرء في وجه التيار فلعله يرى تيارات أخرى ذات اتجاهات أخرى. هل أساير ضفة النهر المتدفق وعاطفتي مع أنهار في وجداني تجري صوب عوالم أخرى.

ترفض نفسي البيت الذي جبلت أسسه من دموع المعذبين ودماء الأشقياء وتراب المحرومين، وقامت أركانه على عرق المنهكين الضعفاء، وسكنته الجواري حاملات المراوح على المستبدّ ليخففن عنه عبء التوق إلى تضخم الذات.

أغذ الخطى بحثا عن منزل تعبق جنباته برائحة الجمال السرمدي. أبحث عن ذاتي فأعثر عليها في مشاركة الثكلى، التي كسّر

عظام زوجها المحتلون، أساها؛ وفي اللعب مع الطفل الذي يلهو وحده ولا يدري – ومن أين له أن يدري – أن والده المحب الحنون ذهب واختفى ولن يعود لأن قوى الاحتلال دفنته حيا. أبحث عن ذاتي فأجدها في شعوري الجياش الذي يكسر القيود ويحطم الأسوار السميكة بأن الأرض تستصرخ السماء وتستغيث بالضمير من هجمة الصياد المتخم والطامع بالثروة على البحيرات الصافية والغابات الوارفة والفراشات الملونة البريئة.

أنأى بنفسي عن رسم اللوحة ذات الأشكال الهندسية المألوفة. لآ أعرف ولا أريد أن أرسم لوحة المستبدّ. لم ألقّن رسم صورة الباشا. ليست لدي ثقافة إقطاعية.

حياتي ليست رهنا بابتسامة المستبدّ. حياتي يُحقق الغرض منها بالسير على هدي أنّات البشر الذين يريد الوحش أن يغتال إنسانيتهم وعلى هدي آهات المعانين والمعانيات من الظلم الإجتماعي والسياسي والقمع النفسي والتمييز الطبقي والقانوني والطائفي.

أية وجهة يممتها الفراشات التي نقلت إليّ من الكرمل والجرمق وعيبال سر الخلود الفلسطيني؟ أين ذراعا الأم الأرض الحبيبة التي طوقتني بطهر الخليل وسمو الجليل وخضرة الوطن وشاطئ الأرض المقدسة بألف قبلة وقبلة؟

ستبقى نفسي سائرة على الدرب غير عابئة بموقف الذين يوزعون الدراهم ويلوحون بالعصا الغليظة أو بإتاحة الإقامة في الفندق ذي الخمسة أنجم على نفقة ذلك المستبدّ. سُخطُ هؤلاء مفتاح للانطلاق الفكري والنفسي وضمان للحرية وكفيل برضى الضمير.

الغُلُوّ في الإطراء والتقييد الفكري

تشيع ظاهرة لا تساعد في التوصل إلى الحقيقة. وتتمثل هذه الظاهرة في المبالغة أو الإفراط أو الإسراف أو المغالاة أو الغلو في المديح أو الإطراء. قد يتلقى الناس فردا بارزا أو متميزا أو منجزا مثلا قائدا أو كاتبا أو مفكرا أو أديبا أو شاعرا أو فيلسوفا أو رساما تلقيا طيبا ويرحبون به ترحيبا قويا. ولكن قد تكون لهذا التلقي نتائج سلبية. على سبيل المثال، الفيلسوف الذي يتلقاه الناس ذوو الخطابات المختلفة تلقيا حسنا قد يصبح حبيسا لهذه الخطابات. ويعني الإفراط في المديح تراخي معايير الاستحقاق، وقد يعني زوال هذه المعايير. أحيانا كثيرة تُستعمَل عبارات الإطراء لشخص إلى أبعد حد، إلى حد لا تمكن عنده زيادة في ذلك الإطراء، ويكون الإطراء كاسحا وشاملا دون تحفظ. على هذا النحو لا يمكن وصف شخص آخر يتفوق على الشخص الأول الممدوح بوصف أقوى من الوصف الذي استعمل في وصف الشخص الأول، على الرغم من أن الشخص الآخر قد يستحق ذلك الوصف لمواهبه وكفاءاته ومنجزاته.

بالمبالغة في حسن التلقي هذا قد يشعر الكاتب المفكر مثلا بأن هؤلاء الناس لا يفهمونه ولا يعرفون تفكيره، وبأن الناس يحسنون تلقيه لأنهم لا يعرفون تفكيره. وقد يعي أنه لو عرفوا تفكيره فقد لا يحسنون تلقيه. وهم قد يحسنون تلقيه على أساس تصورهم لفكره، وذلك التصور قد لا يتطابق بالضرورة مع فكره. وقد يعرف الكاتب مثلا أنه توجد فجوة بين فكره وتصور الناس لفكره. ومن المرجح أنه لا يريد ذلك. وحسن تلقيهم له على أساس تصورهم لفكره قد يقيده.

ومن الصعب أحيانا كثيرة أن يجعل الكاتبُ المفكر أو الفيلسوف الناسَ يعرفونه. أحيانا كثيرة فكره أقل تجزئة وأكثر تماسكا من فكر شرائح معينة من المجتمع. والانتماء إلى خطاب معين يعني تجزئة الفكر. إنه يعني الفكر الجزئي والمجزأ. ومصدر التلقي الحسن من قِبل ذوي الخطابات المختلفة استطاعة هؤلاء أن يجدوا في خطاباتهم متسعا لما يتصورونه أنه فكر المفكر, وبذلك فإن مراعاة فكره في خطابهم ترقى إلى تجزئة لفكره وتشويه وعدم فهم له. والمفكر قد يدرك ذلك. فبالنسبة إليه قد يكون الانتماء من قِبل أناس إلى خطاب ما منافيا لفكره ومقيدا له. وقد لا يطيق المفكر أن تقوم العلاقات بينه وبين الغير على أساس التصور الخاطئ لدى هؤلاء الغير لفكره، لأن قيام تلك العلاقات على ذلك الأساس يقيد حرية المفكر الغالية عليه.

الناس الأكثر نضجا وواقعية وتواضعا لا يقبلون بكيل المديح المبالغ فيه على أنفسهم وأدبائهم وشعرائهم وفلاسفتهم ومفكريهم وفنانيهم وقادتهم. ليس من السليم من الناحيتين الموضوعية والقيمية ومن ناحية التنشئة كيل المديح الكاسح الشامل لفرد لا يستحقه، أو لفرد لعله نبغ في لون من ألوان الإبداع والعطاء الفكري أو الأدبي أو الفني ولكنه لم ينبغ في ألوان اخرى. قد يكون فرد قاصا بارعا ولكنه قد لا يكون فيلسوفا مبدعا، وبالتالي لا يجوز أن يوصف بوصف يشمل جميع وجوه النبوغ والإبداع.

وإذا نبغ فرد أو تميز في لون من هذه الألوان فهو يستحق المديح والتقدير على نتاجه في ذلك اللون، غير أن ذلك المديح الذي يستحقه على نبوغه وإبداعه في هذا اللون أو ذاك يجب ألا يحظر على

النقاد أن ينتقدوه - إذا استحق الانتقاد، وهو لا بد من أن يستحق الانتقاد لعدم كمال البشر كافة – على نتاجه في ألوان أخرى. إن نبوغه في لون ينبغي ألا يعني أنه يجب أن تكون نتاجاته في مجالات أخرى معفاة من الخضوع للنقد، ويمكن للناقد الواحد أن يشير إلى جوانب نبوغ النابغة وإبداعه في لون وإلى وجوه تقصيره في ألوان أخرى. كيل المديح على كل جوانب نتاجات فرد لمجرد أنه نبغ في لون واحد أو ألوان محدودة من العطاء من أشد السلوك الفكري خطرا لأن هذا السلوك يقيد الفكر تقييدا قويا، مما يحد من القوة على الانطلاق الفكري وعلى التصدي للتحدي المتمثل في اكتشاف الواقع ومعرفته.

وللمجاملة علاقة ما بإبداء الاحترام. وتطغى النزعة إلى المجاملة على كثير من الناس، وبخاصة في صفوف الشعوب النامية. ويشوب المبالغةَ أو الغلو فيها عيب خطير لأنها تكون على حساب اكتساب المعرفة. المغالاة في المجاملة في التعامل تحول دون السلوك الذي تستوجبه المصلحة والحقيقة، بينما تتطلب إدارة العلاقات الاجتماعية السليمة توخي الصراحة والموضوعية والواقعية، وهي كلها لا تتفق مع المجاملة.

تدل هذه النزعة العقلية إلى التقسيم الثنائي الفكري على النقص في تطور العقل. العقل البشري لم يتجاوز في أدائه طريقةَ التقسيم الفكري الثنائي الأكثر بساطة. وتحول هذه الطريقة دون تطوير الفكر البشري ودون توليد فكر أكثر تعقدا.

الفتوى وموجبات تغييرها

الحكم الشرعي هو خطاب الله أو حكم الله المتعلق بأفعال المكلفين اقتضاء أو تخييرا. الحكم الشرعي يتضمن حكما من الأحكام الخمسة التي هي الواجب والفرض والمباح والمستحب والحرام والمكروه. وللشرع مقاصده. الشرع لا يأمر وينهى عبثا أو اعتباطا. إن أحكام الشرع معللة، ما يعني أن لكل حكم مقصده الشرعي.

الفقه الإسلامي هو عمل العقل الإسلامي. والاجتهاد والفتوى هما عمل العقل. الاجتهاد هو إعمال الإنسان الفقيه المسلم عقله في استنباط الأحكام الالفقهية الإسلامية من الأدلة الشرعية. وثمة أشياء عليها نصوص شرعية. وثمة أشياء غير منصوص عليها. والأشياء غير المنصوص عليها بحاجة إلى إعمال القياس، أي يقاس ما لم ينص عليه على ما نُص عليه إذا كانت بينهما علة مشتركة.

وثمة ثوابت المسلمات الدينية؛ أحكام شرعية ثابتة؛ القطعيات في الدين. وثمة ظنيات ومتغيرات. ثمة كليات وجزئيات، وثمة أصول وفروع. دائرة الكليات والأصول والقطعيات ثابتة لا تبديل ولا تغيير

فيها. إنها غير قابلة للتغيير بأي حال من الأحوال. ويمكن أن يحدث تغير في الأحكام المتعلقة بالفروع والجزئيات والظنيات. البُعد الرائع في الدين الإسلامي أنه يوفر المرونة في الفروع والجزئيات والظنيات.

وفي الحياة جوانب ثابتة وجوانب متغيرة. وواقع الفقه يبين أنه توجد أحكام ثابتة وأحكام متغيرة. ونشأت اختلافات وخلافات بين فقهاء منتمين إلى مذاهب إسلامية مختلفة وبين فقهاء ينتمون إلى نفس المذهب في فتاوى تتعلق بالفروع والجزئيات والظنيات. وصاحبا أبي حنيفة وهما أبو يوسف ومحمد خالفاه في قسم من المذهب. وقال كثيرون من الفقهاء إنه كان اختلاف عصر وزمان ولم يكن اختلاف حجة وبرهان وإنه لو عاش أبو حنيفة حتى رأى ما رآه أبو يوسف ومحمد لغيّر رأيه.

وأهل العلم المسلمون هم الذين يقررون من هو أهل للإفتاء. وثمة علاقة ثلاثية بين الفقيه المفتي والنص والواقعة. والفتوى هي تنزيل الحكم الشرعي على واقع الناس بحيث يصاب المحزّ في أن تكون الفتوى مناسبة للحكم ومناسبة للواقعة. والفتوى أمر عظيم. يُنسَب إلى الإمام الشاطبي قوله إن المفتي قائم مقام رسول الله في تبليغ الأحكام وفي إنشاء الأحكام بالاجتهاد. ويُنسَب إلى الإمام ابن القيِّم أن المفتي موقِّع عن الله تعالى. وإذا صدرت فتوى عن إنسان أهل لها فهي ملزمة لأنه يستدل على فتواه بدليل من الكتاب أو من السنة أو من القياس أو من المقاصد الشرعية. وفي اختلاف الفتاوى ينبغي للمسلم أن يأخذ بفتوى المفتي الأكثر اختصاصا والأكثر علما ورسوخا في العلم والأطول باعا في الفقه والأكثر شهرة بتوفر هذه الصفات فيه.

يقول العلماء والفقهاء والمحققون إن الفتوى تتغير بتغير الزمان والمكان والعُرف والحالة، ومنهم الإمام القرافي شهاب الدين المالكي في كتابين له: *كتاب الإحكام في تنفيذ الفتاوى من الأحكام* و*كتاب الفروق*، والإمام ابن القيِّم في *أعلام الموقّعين*، والإمام ابن عابدين علامة المتأخرين من الأحناف.

موجبات تغيُّر الفتوى

رأى فقهاء أن الحاجة، خاصة أو عامة، تُنزَّل منزلة الضرورة. ولا بد للمفتي أن يراعي في تغيير الفتوى موجبات التغيير. نص العلماء الأقدمون على موجبات لتغيُّر الفتوى. وهذه الموجبات هي تغير الزمان وتغير المكان وتغير الحال وتغير العُرف. قال الشيخ العلامة يوسف القرضاوي إنه أضاف إلى هذه الموجبات موجبات أخرى هي تغير المعلومات وتغير الحاجات وتغير القدرات والإمكانات وتغير الظروف والأوضاع الاجتماعية والسياسية والاقتصادية وعموم البلوى وتغير الرأي والفكر. قال الدكتور القرضاوي إن "... الإنسان قد يكون متشددا فينتقل إلى التيسير، وقد يكون حرفيا فينتقل إلى النظرة المقاصدية فيتغير".

ومن الممكن إدراج عدد من الموجبات التي أضافها الشيخ القرضاوي في موجب تغير الحالة الذي هو أكثر شمولا.

وفيما يتعلق بتغير الحاجات باعتباره موجبا لتغير الفتوى ذكر العلماء أن الإمام العالم إبن أبي زيد القرواني، أحد كبار علماء المالكية وصاحب كتاب *الرسالة* في الفقه المالكي التي شرحها كثيرون من العلماء، أن ابن أبي زيد، وكان له منزل في الأطراف، زاره بعض إخوانه من العلماء، فوجدوا عنده كلبا، والأطراف مهددة باللصوص وقطاع الطريق. فقال له إخوانه من المشايخ إن مالكا بن أنس يكره اقتناء الكلاب، فقال لهم: لو كان مالك في زماننا لاتخذ أسدا ضاريا ليحميه من اللصوص. يدل سلوك الإمام ابن أبي زيد هذا على تغير الفتوى بتغير حاجات الناس.

وجاء في صحيح مسلم أن الرسول الكريم نهى عن أن يطرق الرجل أهله ليلا أو أن يعود إلى بيته ليلا بعد أن يكون في سفر أو في ما إلى ذلك. في الزمن الماضي كان الرجل يتحكم بمجيئه وبقدومه وناقته أو بغله أو حماره تحته. كان يمكنه أن يختار السفر بالليل أو بالنهار وأن يحدد ساعة الوصول. وكان عنصر المفاجأة للأهل منطويا على ذلك القدوم أو الوصول الذي يحدده الرجل. وفي حالة المفاجأة هذه ما كان يمكن لذوي الرجل أن يستعدوا لاستقباله. ولكن اليوم يمكن للرجل أن يحدد مواعيد اقلاع الطائرات وانطلاق القطارات وإبحار

السفن، وأصبح من الممكن والمتيسر استعمال وسائل الاتصال بالهاتف والحاسوب المنقولين بالأهل. يمكن للرجل أن يتصل بأهله وأن يخبرهم بتاريخ وموعد وصوله. وبالتالي لم يعد قدومه نهارا أو ليلا مفاجئا. يُفهم من طرح الشيخ القرضاوي أن تغير الحالة قد يوجب عدم التقيد بالنهي المذكور أعلاه عن أن يطرق الرجل أهله ليلا.

ونص الفقهاء المسلمون منذ القديم على اختلاف المكان وظروفه. من أهم وجوه اختلاف المكان الاختلاف بين دار الإسلام وغير دار الإسلام، والاختلاف بين العيش داخل مجتمع مسلم ومجتمع غير مسلم. تتغير أحكام تبعا لما إذا كان المجتمع مسلما أو غير مسلم. المجتمع المسلم يعين المسلم على الالتزام. في عدد من البلدان الإسلامية المسلم مطالب بأن يحكّم الشريعة الإسلامية، بينما تختلف الحالة في البلدان غير الإسلامية التي يشكل المسلمون أقلية فيها.

العقل الغربي لا يتفوق على العقل غير الغربي

النظريات المزعومة، التي تنسب إلى نفسها خطأ وتحيزا الموضوعية والنزاهة والمعرفة، في أن عقول بعض البشر أرقى من عقول غيرهم نظريات لا تقوم على أساس سليم. ثمة تعريفات كثيرة للعقل. ومن هذه التعريفات ما يلي: يشير "العقل" إلى جوانب الفكر والوعي التي تتجلى بوصفها مجموعة من الفكر والإدراك الحسي والذاكرة والعاطفة والإرادة والتخيل، بما في ذلك عمليات الدماغ الإدراكية الواعية وغير الواعية. ويُستعمل "العقل" في أغلب الأحيان للإشارة على نحو خاص إلى العمليات الفكرية.

ومن التعاريف الأخرى "للعقل" ما يلي: الوعي البشري الذي ينشأ عن الدماغ ويتجلى على نحو خاص في الفكر والإدراك والعاطفة والإرادة والذاكرة والتخيل؛ والعمليات الواعية وغير الواعية الجماعية في نظام ذي حسّ يوجه السلوك العقلي والجسدي ويؤثر فيه؛ وملكة التفكير وتطبيق المعرفة؛ والعمليات الفكرية التي تسم شخصا أو جماعة. (1)

تبين هذه التعاريف وغيرها أن للظروف السياسية والاجتماعية والنفسية والتاريخية والاقتصادية والمناخية المتفاعلة أثرا في تشكيل العقل.

ولأن الفكر البشري يتكون من المكونين الذاتي والموضوعي فإنه لا يمكنه أن يفسر تفسيرا دقيقا كل العوامل المكونة لنشاط العقل في المحيطين الاجتماعي والطبيعي. ونظرا إلى نقص الفكر البشري لا يمكن أن يكون تفسير واقع أي مجتمع من المجتمعات صحيحا مئة بالمئة.

ومن الأكيد أنه ينبغي ألا يشرع المرء، في محاولة فهم فكر وعقول البشر الآخرين، في تفسير واقعهم إذا كان ذلك المرء ينطلق في تلك المحاولة من اعتقاده بتفوقه العقلي وبتدني عقول الآخرين، وذلك لأن اعتقاد ذلك المرء بذلك يجرده من الحق في القيام بتلك المحاولة ويجعله عاجزا عقليا وفكريا عن القيام بها.

ومن الخطأ الفكري الجسيم الاعتقاد بأن تجربة البشر في مجال التطوير العلمي والحضاري مدة بضعة آلاف من السنين تشكل مقياسا أو معيارا صحيحا يوصلنا إلى الاستنتاج بأن عقول بشر أكثر نضجا ورقيا من عقول آخرين، ناسين أو متناسين أن البشر كلهم متساوون، على الرغم من اختلاف تربيتهم ومسيرتهم الحضاريتين خلال بضعة آلاف من السنين، في تجربة التطور العقلي الذي استغرق مليارات من السنين.

ما هي منابع الحضارة اليونانية؟ هل يريد الكتاب المتحيزون أن ينفوا تأثر الفلسفة اليونانية بالفلسفة والحضارة المصريتين-الإفريقيتين اللتين نشأ بينهما وبين حضارة أرض الرافدين العظيمة والحضارة السريانية والآرامية والحضارة الهندوسية والحضارة الصينية تفاعل نشيط دام وقتا طويلا؟

وفي تحمّس الكتاب المتحيزين المغرضين هل يجوز لهم أن يغفلوا الأثر الكبير للحضارة العربية-الإسلامية المشرقة في الفلسفة والفكر الأوروبيين من القرن السابع حتى أواخر القرن الخامس عشر؟ إن الغلو في النزعة التركّزية العرقية الأوروبية لا يبعث على الطمأنينة

على توخي المغالين للموضوعية والنزعة العلمية في التأريخ وتحري الحقيقة وتواضع العلماء والنظرة الواقعية والنأي عن التعسف في إصدار الأحكام خدمة لخطتهم الاستراتيجية الغربية فيما يتعلق بالعالم غير الغربي.

مما يتمثل النهج العلمي حقا فيه هو الاستقامة أو الثبات في كيفية إصدار الحكم. ليس من السليم علميا أن تعزى إلى عقل شعب جميع وجوه التقصيرالتي يعاني ذلك الشعب منها، بينما لا تعزى إلى عقل شعب آخر أو عقول شعوب أخرى، أوروبية مثلا، وجوه التقصير التي تعاني تلك الشعوب منها. التناول الموضوعي لظاهرة من الظواهر – مثلا التخلف في بعض المجالات في العالم النامي، وهو قائم أيضا في العالم المتقدم النمو – يتطلب دراسة تاريخية الحالة وتاريخية مختلف الظروف التي أوجدت تلك الحالة.

مرت الشعوب النامية، ومنها الشعوب العربية، بظروف أوجدتها وأملتها عوامل سياسية واستراتيجية واقتصادية وتاريخية ونفسية خلال مئات السنين الماضية التي شهدت نشوء واستفحال قوى أجنبية معينة، منها الاستعمار والغلو في التوسع الرأسمالي، وتحالف تلك القوى مع قوى محلية من قبيل الإقطاع ومصالح تولي ومواصلة تولي السلطة الحكومية والجهات المستفيدة من الحالة القائمة. وأسهمت تلك القوى إسهاما خطيرا في تشكيل البنية الطبقية وتحديد توزيع الثروات لتلك المجتمعات وفي تحديد رؤاها ومواقفها القِيمية تجاه الشعب والمجتمع.

وليس من قبيل الإنصاف أو التحليل الرصين أو التناول العلمي الموضوعي أن يقول قائلون بالسببية وبالتأثير المتبادل وبالعملية الاجتماعية ثم يغفلون تأثير العوامل المذكورة أعلاه وغيرها في البنى الطبقية والثقافة الفكرية والأداء العقلي.

وعلى نفس المنوال نقول إن للتقدم التكنولوجي الغربي وللتفوق العسكري الغربي وللسيطرة السياسية الغربية على أقسام واسعة من الأرض تاريخيتها. فقبل عصر النهضة الأوروبية ما بين القرن الرابع عشر والسابع عشر شهدت بلدان من أوروبا مثل إيطاليا وفرنسا معركة

قوية بين الكنيسة والقوى العلمانية انتصرت فيها تلك القوى وشهدت طرد المسلمين من إسبانيا (الأندلس) في 1492 الذي أعقبه تزايد النشاط العسكري والتوسعي والاستيطاني الأوروبي خارج القارة، وشهدت المنافسة التجارية والمنافسة على المستعمرات وثرواتها الطبيعية بين دول أوروبية خارج أوروبا، بينما كانت أراض عربية وإسلامية تحت حكم السلطنة العثمانية التي دامت حتى إلغاء السلطنة في العقد الثالث من القرن العشرين. تلك الظروف أوجدت بدورها الظروف التي حددت الثقافة الفكرية والبنية الطبقية لشعوب جنوب غربي آسيا وشمال أفريقيا.

---

http://answers.yahoo.com/question/index?qid=(1)
20090119001342AAtuLnj

الفكر وحاجة البشر إلى الجرأة على كشفه

التفكير بطبيعته جريء لأنه نشيط ومتصدٍّ. إنه يمنح المفكر الإقدام على المراجعة والنقد. والمراجعة والنقد يتضمنان الصراحة وعدم المواربة على الصعيد الفكري، ويتضمنان التصدي و"الخروج من الخنادق" والتشمير عن الساعدين والدخول في غمار الاستنفار والحوار الفكريين. للتفكير القدرة على تناول الظواهر التي يشكل جوهرها مادة له. تتباين هذه القدرة تبعا لقوة التفكير، وتتعين قدرته على التناول تبعا لطبيعة الظاهرة. لا أشك في قدرة التفكير على تناول الأشياء التي يجهلها إطارنا الإدراكي. والظواهر التي لدى التفكير القدرة على تناولها يمكن أن تكون جلية أو خفية أو مسكوتا أو محظورا الكلام عنها.

ينبغي للإنسان أن تكون له الجرأة على الكشف عن أشياء مخفية ومسكوت عنها. تنشأ حالات اجتماعية ونفسية لا يمكن أن ينجز فيها التقدم الاجتماعي والفكري إلا بالكشف عن مثل هذا الأشياء. مثلا، ينبغي للناس أن يدرسوا بتعمق السبب في تخلف وضع المرأة في العالم كله، بما في ذلك العالم العربي، وأن يدرسوا العلاقة بين تدني وضع المرأة وسيطرة الرجال على العالم، والعلاقة بين طول الحكم الأجنبي

وزيادة ضعف النفس البشرية، والعلاقة بين الخلفية السياسية والاقتصادية والثقافية والذين يصدرون أحكاما قانونية.

وينأى أناس عادة عن محاولة الكشف عن أشياء خفية أو مسكوت عنها لأنهم يخافون من أن يعرضهم هذا الكشف للانتقاد وللعداء والملاحقة من مختلف الجهات ذات السلطة والتأثير في المجتمع. بيد أن من العار أن ينأى المفكر الناقد بنفسه عن الكشف عن تلك الأشياء إذا اعتقد بأن الكشف عنها من شأنه أن يسهم في تعزيز معرفة أفراد الشعب وفي تحقيقه للتقدم الاجتماعي والفكري الذي ينشده الشعب.

وتختلف المجتمعات بعضها عن بعض في مدى استعداد الناس فيها للكشف عن الأشياء المسكوت عنها. أفراد المجتمعات الأكثر انفتاحا اجتماعيا وفكريا وثقافيا هم أكثر استعدادا للكشف عن تلك الأشياء، ويقل ذلك الاستعداد لدى الأفراد الأقل انفتاحا أو الأكثر انغلاقا.

وعدم الكشف عن الظواهر والأشياء عامل في طمس البنى الفكرية وذلك لأن نشوء البنية الفكرية مرده كل من الظواهر المعروفة والظواهر الخفية. والقمع السياسي والفكري والاستبداد والتكوين النفسي والحكم الأجنبي عوامل في تحديد طبيعة البنية الفكرية على الرغم من عدم تناول دور تلك العوامل في نشوء تلك البنية. لتلك العوامل وغيرها أثر ذو شأن في الطمس والإقصاء والقمع والإهمال والتهميش في المجال الفكري. ولو لم توجد تلك العوامل، غير المتناوَلة، لما نشأت تلك البنى الفكرية المعهودة ولنشأت بنى فكرية غير البنى التي نعرفها، ولعل تلك البنى الفكرية المجهولة حلت كليا أو جزئيا محل البنى الفكرية المعهودة أو لعلها غيرتها.

ولعدم الاهتمام بالكشف عن الظواهر والأشياء المجهولة أثر في كيفية اتخاذ الموقف من تلك الظواهر. عدم اطلاع المرء على ظواهر وأشياء مجهولة ينزع به إلى إيلاء الاهتمام الأكبر لما يطلع عليه وإلى التشبث في بعض الحالات بما يطلع عليه. وعدم الاطلاع هذا يميل بالمرء في بعض الحالات إلى التسرع بإصدار تعميمات على ما لم يطلع عليه.

وثمة علاقة بين الجرأة على الإعراب عن الفكر وتوقيت توجيه الانتقاد اللازم أو الواجب. من الظواهر السلبية في كل المجتمعات، ومنها المجتمعات النامية، أن توجيه الانتقاد إلى أفراد أو جهات، خصوصا أصحاب السلطات الرسمية، يجري أحيانا كثيرة متأخرا. يجعل الخوف الناس يعزفون عن توجيه النقد الذي يشعرون بأنه ينبغي توجيهه إلا في وقت متأخر، ربما بعد انتهاء عامل الخوف. وقد يتمثل هذا الانتهاء في تغير الظروف التي أوجدت الخوف، من قبيل تولي فئة جديدة لمقاليد السلطة.

والواقع هو أنه في العلاقات الفعلية التي تقوم على القوة والتي تكون فيها الغلبة لطرف من الأطراف تنطوي أفكار من قبيل المساواة والتماثل والمراعاة والتبادل والحوار على قدر قليل أو كبير من الوهم. الواقع هو أن الغالب في هذا العالم الذي نعيش فيه لا يقبل بتطبيق مفاهيم المساواة والمراعاة والتحاور. لقد سيطر هذا الوهم وما يزال يسيطر على كثير من الناس، ومنهم قسم من المثقفين. واحتضن أناس أيضا مضامين التعمية الأيديولوجية التي يقوم الغالبون بها. وعن طريق طمس الغالب لحقيقة الصراع بينه وبين المغلوبين ينجح نجاحا متفاوت الأثر في إيهان عزائمهم وإضعاف ممانعتهم. وتكرار الأقوياء لما تسميه البلدان والشعوب المستضعفة "الكيل بمكيالين" دليل قوي على عدم استعداد الطرف الغالب القوي للمساواة والمراعاة والتحاور والإنصاف وإقامة العدالة.

التنشئة على الاستهانة بالثقافة الأصلية وعلى إكبار الثقافة الغربية وسيلة للسيطرة الثقافية الغربية

من التعاريف الأكثر انتشارا للثقافة هو أن الثقافة طريقة فرد أو جماعة أو شعب للتعامل مع الناس أو مع الأشياء. لأسباب منها زيادة نجاعة وسائل الاتصالات من السهل في الوقت الحاضر اختراق الفضاء الثقافي للدول. وهذا الاختراق واقع في بلدان كثيرة على النطاق العالمي. سيركز التناول في هذا المقال على الاختراق الثقافي للبلدان النامية في آسيا وأفريقيا وأمريكا الجنوبية. يتلقى كثيرون من أفراد الشعوب النامية من القنوات الفضائية والشبكة الدولية (الانترنت) والوسائط الأخرى لنقل المعلومات مختلف أنواع الصور والأفكار والقيم والتوجهات الأيديولوجية المنبثقة عن المرجعيات والخلفيات والأجواء الثقافية والقيمية الغربية التي تتسم بسمات منها الغلو في النزعة المادية الاستهلاكية. وبوعي أو دون وعي يُقبل قسم كبير من أبناء الشعوب النامية على هذه المضامين. وللاختراق الثقافي الغربي هذا آثار في حالة مجتمعات الشعوب النامية، منها أنه يضعف النسيج

الاجتماعي والخلقي والقيمي للشعوب ويسهم في عرقلة نشوء وتطور ثقافات تلك الشعوب وفي تعزيز تبعيتها الثقافية.

عن طريق القنوات الفضائية والشبكة الدولية التي من الصعب منع إيصالها لرسائلها لا يستطيع المتولون للسلطة الرسمية في البلدان النامية أن يكونوا المحددين الرئيسيين للسياسة الثقافية والتوجه الثقافي للمجتمع. بهذا الاختراق الثقافي المتسم بالقوة والاستمرار يزداد صعوبة تحكم البلد النامي بالمواد الثقافية التي تقدم إلى الشعوب، وتنشأ وتتعمق منافسة ثقافات أجنبية للثقافة الأصلية.

وعن طريق المراقبة التقليدية من قِبل البلد النامي على بعض البرامج الثقافية وعن طريق تبني ذلك البلد لبعض هذه البرامج وتحديده للمناهج الدراسية كان للبلد النامي دور يصعب تحديده في حماية ثقافات الشعوب النامية. وباختراق جوانب من الثقافة الغربية للفضاء الثقافي للشعوب النامية ضعُف أثر حماية البلدان النامية لثقافات شعوبها، ما جعل المجتمعات النامية عرضة لمزيد من التأثيرات الثقافية غيرالمراعية لخصائص تلك الثقافات.

والحاصل اليوم أن الشعوب النامية تتلقى وتقبل جوانب كثيرة من الثقافة الغربية على حساب ثقافات تلك البلدان. والضغط الكبير الذي تمارسه ثقافات غربية على ثقافات البلدان النامية يزيد من حجم وأهمية الدور الذي يتعين على الواعين من شعوب تلك البلدان أن يؤدوه لمقاومة هذا الضغط.

وتتباين الثقافات بعضها عن بعض فيما يتعلق بقوتها وشدة جاذبيتها وحيويتها وواقعيتها ومظهرها وشفافية أو عدم شفافية حقيقة فلسفتها، أهي مادية أو مفرطة في المادية أو محافظة أو تقليدية أو روحانية أو تأخذ سمات من مختلف أنواع الثقافات هذه.

وفي نشوء المنافسة بين ثقافات البلدان النامية والثقافات الغربية تكون جوانب من الثقافات الغربية غالبة على تلك الثقافات لأسباب منها ضعف التنشئة على القيم الوطنية والأصلية، على سبيل المثال الثقافة العربية الإسلامية، والجهل ببعض جوانبها، وبالتالي يسهل على قيم

أخرى منافسة هذه القيم، والميل الطبيعي لدى البشر إلى قبول الثقافة غير المقيِّدة وبريق مظاهر الثقافة الغربية دون اكتناه حقيقتها وآثارها.

ومن الجوانب الهامة جدا التي ينبغي الالتفات إليها إشاعة الغربيين لصورة طيبة عن أنفسهم ولصورة سلبية عن شعوب منتمية إلى ثقافات وأديان معينة والتحاملات ضد العرب والمسلمين وكثير من الشعوب النامية وثقافاتها، وهي التحاملات التي تتخلل قسما كبيرا من النتاجات الثقافية الغربية. فنظرا إلى هذه التحاملات والتحيزات ترتسم للشخص من البلدان النامية وشخصيته وثقافته صورة سلبية في تلك النتاجات. وبقبول الشعوب النامية، عن وعي أو دون وعي، لجوانب الثقافة الغربية تقبل مضامين هذه الصورة السلبية عن نفسها. وبالتالي تنشأ لدى أفراد تلك الشعوب نظرة سلبية إلى أنفسهم، وتنشطر شخصيتهم، ويصعب عليهم اكتشاف ومعرفة أنفسهم، ويميل عدد من الكتاب من الشعوب النامية إلى عزو خصال سيئة إلى تلك الشعوب دون أن تستحقها وإلى عزو خصال طيبة إلى الغربيين دون أن يستحقوها. ويتجلى هذا الموقف في حالات منها حالة المقارنة بين أنفسنا والغربيين، ويجرون هذه المقارنة دون أن تتوفر لديهم معلومات كافية عن الشعوب النامية والشعوب الغربية اللازم توفرها لتأمين سلامة إجراء تلك المقارنة. وبذلك يفتقر موقفهم إلى التوازن والصحة.

ومن الوسائل التي تتوسل الدول الاستعمارية بها لتسهّل الهيمنة الثقافية، ولتسهّل بالتالي السيطرة السياسية، قتل أو إضعاف روح الابتكار والإبداع وإشاعة الجدب الثقافي. وقد حققت تلك الدول قدرا من النجاح في ذلك عن طريق وسائل منها تفادي أو منع وضع مناهج تعليمية وبرامج تدريبية على مستوى المدارس الابتدائية والثانوية والجامعية تشجع التفكير المستقل والابتكار والإبداع. ومنها أيضا تفادي ومنع إنشاء مؤسسات تدريسية تكنولوجية، وإشاعة الشك لدى أفراد الشعب الخاضع للاستعمار في نفسه وفي أهمية ثقافته وحضارته وقدرته على الإبداع الفكري والأدبي والفني وتشجيع التشكيك في التراث الحضاري العلمي والعمراني للبلد المستعمَر.

ومن العوامل أيضا التي يعزى إليها نشوء هذا الموقف فكر قسم كبير من الناس، وهو الفكر الذي يتضمن اتخاذ الموقف الثنائي، أي فهم الموقف على نحو متطرف أو متعصب. وحسب ذلك الموقف، ظَنَّ شخص أن وجود خصلة سيئة لدى شعب لا بد أن يعني أن تكون لشعب آخر خصلة طيبة، وبالعكس.

ومما له صلة بإشاعة الغربيين للقوالب النمطية المتحيزة ضد الشعوب النامية نظرة الغربيين إلى العالم النامي باعتباره ملقى النفايات الخُلقية والمعنوية، وليست النفايات المادية فقط. لقد أبرمت اتفاقات بين جهات رسمية في العالم النامي وجهات غربية تقضي بإلقاء نفايات نووية وكيميائية في البلدان الأخيرة مقابل تلقي تلك الجهات لمبالغ مالية. ويسبب عبور آلاف السفن الغربية الواقعة بالقرب من البلدان النامية التلوث الكيميائي والإشعاعي للمياه الإقليمية التابعة لتلك البلدان. وفضلا عن ذلك، فإن العالم غير الغربي هو "الآخر" الذي يلقي العالم الغربي فيه نفاياته في المجالين الثقافي والنفسي.

وكان الاستعمار الغربي وما فتئ يسعى إلى تحقيق الهيمنة السياسية والعسكرية والاقتصادية وأيضا إلى تحقيق الهيمنة الثقافية. وإحدى وسائل تحقيق الهيمنة الثقافية إفقاد الشعوب النامية لثقتها بنفسها، ما يسهّل التغلغل في ثقافة الشعوب المستعمّرة. ومن الوسائل الهامة أيضا لتحقيق التغلغل تحري ثقافات هذه الشعوب لمعرفة وجوه الضعف في هذه الثقافات ولمعرفة الثغرات التي يمكن أن تتغلغل عن طريقها تلك الثقافة. والعملاء والمأجورون والوصوليون وكثير من المستشرقين هم أدوات الدراسة المتحرية لعيوب تلك الثقافات. والعولمة – التي تتضمن الاختراق الثقافي وعدم مراعاة الحدود السيادية للدول – إحدى الآليات المخططة وغير المخططة التي يحقق الاستعمار بها هيمنته. والهيمنة بمختلف أنواعها تسهل الاختراق الثقافي والتغلغل الاستعماري.

وقد عزز المستعمِرون شعورهم بالاختلاف عن شعب البلد الخاضع لاستعمارهم. وكان القول باختلاف المستعمِرين عن شعب البلد المستعمَر أحد الأسس التي قام عليها موقفهم. وكانوا يعتبرون ثقافة

الشعب المستعمَر ثقافة دنيا وضيعة وأن ثقافتهم ثقافة راقية رفيعة. وزيادة التأكيد على الاختلاف الثقافي توجد التفرقة بين جانبين ثم توجد مفهوم كون الآخر شيئا منفصلا عنا وعن انتمائنا الإنساني الأوسع. وذلك ما أحدثه ويحدثه الاستعمار في موقفه إزاء الشعوب المستعمَرة، وكان ذلك تطورا لا بد من حدوثه توطئة وتسهيلا لبدء عملية الهيمنة الثقافية.

وعن طريق قيام الاستعمار بسلب ثقة الشعوب بأنفسها سهُل الغزو الفكري والقيمي الغربي، إذ بتضعضع الثقة بالنفس ازداد زيادة كبيرة استعداد كثير من الناس للانجراف وراء محاكاة الدول الغربية في ثقافتها على الرغم من أن قدرا كبيرا من جوانب هذه الثقافة لا يتفق مع ثقافة الشعوب الخاضعة للاستعمار ولا يتمشى مع مصالحها بل يتعارض معها. وذلك الاستعداد للمحاكاة والتقليد المقصود وغير المقصود سهَّل على الدول الاستعمارية دخولها في البلدان المستعمَرة وحكمها لها وإحكام قبضتها عليها.

ومن الصحيح يقينا أن يُعزى قسم من الدراسات التي شككت – دون وجه حق – في قيمة الحضارة الإنسانية المشرقة السامية لتراثنا العربي الإسلامي العظيم إلى تأثر الواضعين لتلك الدراسات بالمقولات المغرِضة التي قالها في الغرب أناس كانوا يروجون لحملة معادية للعرب والمسلمين أو إلى محاكاة أولئكم الواضعين للثقافة الغربية أو رغبتهم في إرضاء مختلف الجهات الغربية التي لها برنامجها الرامي إلى تحقيق الأهداف الاستعمارية أو خليط من هذه العوامل كلها. ويتجلى في هذه الدراسات استحواذ الشعور بالنقص على الذين وضعوا تلك الدراسات بتوجيه أو تأثير أو وحي المواقف الغربية التي تستلهم الفكرة الداعية إلى بسط النفوذ والثقافة الغربيين.

الهجمة الثقافية الغربية ووجوب التصدي لها

في التاريخ العربي والوقت الحاضر العربي (وهذا الطرح ينطبق على سائر شعوب العالم النامي) فترات حافلة بالإنجازات والأحداث المجيدة والمضيئة والمشرقة التي شكلت وما انفكت تشكل مداميك قوية في الوجدان القومي العربي والذاكرة القومية العربية. هذا الوجدان والذاكرة العربيان يتعرضان اليوم لهجمة ثقافية غربية، سعيا لإضعافهما وطمسهما. ومن آثار هذه الهجمة الثقافية القوية والمتواصلة فقدان بعض التوازن لدى العرب والمساس بوجدانهم القيمي والروحي والقومي المرشد والملهم لهم في تقرير طريقة حياتهم وفي تحديد هوية أهدافهم القومية والدينية العليا وتحديد رؤاهم القومية والإنسانية بوصفهم جزءا من هذا الكوكب المعمور.

ومما يجعل الضرر المتأتي من هذه الهجمة أشد أثرا هو أنها تحدث في وقت لم يحقق العرب فيه أهدافهم القومية والثقافية والاقتصادية والإنمائية. بهذه الهجمة يزداد تحقيق هذه الأهداف صعوبة. ولا تجعل هذه الهجمة العملية الإنمائية تسير سيرا طبيعيا وتحرفها عن مسارها الطبيعي السلس التدرجي. وتلك الهجمة تسهم إسهاما ذا شأن في تجزئة المرجعية القيمية العربية وفي تشتيت الجهود العربية الإنمائية وفي فقدان قسم من العرب لمنظورهم التاريخي والمعاصر. هذه الآثار كلها وغيرها تعرقل تحقيق الأهداف العربية العليا التي تتطلب توفر المنظور التاريخي الصحيح والشامل وتتطلب التخطيط والرؤية المتكاملة والتماسك القيمي المرجعي.

وبشن هذه الهجمة الثقافية تضاف مهمة إلى المهام التي يتوجب على الأمة العربية – شأنها شأن أية أمة أخرى – القيام بها، وهي مهمة التصدي لهذه الهجمة ومعرفة كيفية التصدي لها. وتستلزم هذه المهمة دراسة حقيقة وطبيعة الظروف السياسية والاقتصادية والتاريخية والثقافية التي تمر الأمة بها لاستقاء الدروس ولاستخلاص العبر ودراسة سبل ردم الفجوة بين المتولين للسلطة الحكومية وأبناء الأمة ودراسة سبل تحقيق الحكم القائم على الديمقراطية والحرية ومراعاة حقوق الإنسان والنهوض بالمصالح العربية القطعية والثابتة. من شأن هذه الدراسات أن تفيد هذه الأمة في عملية تطويرها لنفسها وفي عملية التصدي للتحديات الكثيرة التي تواجهها على مختلف الجبهات وفي سعيها الذي ينبغي أن يكون حثيثا إلى تحقيق أهدافها العليا.

ومهمة التصدي لهذه الهجمة ليست يسيرة نظرا إلى ضخامة الهجمة واستفحالها وإلى تفتت الإرادة السياسية العربية أو عدم تجليها وإلى سوء إدارة الثروة المالية والبشرية العربية وإلى انكماش دور مفهوم الانتماء العربي – ثقافيا طبعا وليس عرقيا بالضرورة – في الحياة العامة العربية وإلى افتقار إدارة الحياة العربية - لأسباب منها نمط سلوك نظم السلطات الحاكمة – إلى الأساس العلمي. ويتضح من ذلك أن محاولة التصدي العربي لهذه الهجمة تشكل مصدر ضغط آخر على الموارد الفكرية والتنظيمية والمالية لدى الأمة العربية.

وهذه الهجمة الثقافية مظهر من مظاهر النشاط الفكري الذي له أثر عالمي. ويرمي القائمون بهذا النشاط إلى تحقيق أهداف، منها إضعاف التماسك الاجتماعي والثقافي والقيمي لدى الشعوب، وتغيير المراجع الثقافية والقيمية لديها، والقضاء على منعتها الثقافية والقيمية. وقد نجحت هذه الحملة في التحقيق الجزئي لبعض هذه الأهداف. وتواصل الجهات المعنية بهذا النشاط حملتها لإحراز مزيد من التحقيق لتلك الأهداف. وتأخذ زمام المبادرة في مواصلة الحملة وفي المواجهة ضد الشعوب النامية الفقيرة والضعيفة وفي تاكيد االذات الغربية والإرادة الغربية وفي ترسيخ الحضور الغربي برؤي الغرب على الساحة العالمية. وتنطلق تلك الجهات من ذلك كله من موقع القوة وتحاول ببعض النجاح فرض قواعد لعبتها وتوقيتها وتكلفتها على البلدان والشعوب النامية الفقيرة المستضعفة. وتشكل هذه الحملة تحديا للنظم الاجتماعية والثقافية والقيمية والاقتصادية غير الغربية.

ولكل نتاج فكري تطبيقاته. ومن تطبيقات النتاج الفكري الغربي النقل السريع للمعلومات والإعلان السريع عن المنتجات الفكرية والمادية والتسويق التجاري الناجع. بالمنتجات الفكرية الحديثة تروج الشركات الرأسمالية سلعها وتحقق المصارف دخولا أكبر وتزيد وكالات جمع المعلومات من المعلومات المجموعة وتنفذ الحكومات سياساتها وتحقق منظمات ومؤسسات أخرى كثيرة أهدافها الثقافية والإعلامية والإعلانية والتضليلية. هذه الأهداف الغربية توضح ضخامة المهمة التي يتعين على أمتنا الاضطلاع بها للتصدي لهذه الحملة ولحماية الكيان العربي المادي والمعنوي.

المعرفة والقيود الفكرية على نموها

تتجذر المعرفة البشرية في فهم الواقع الداخلي النفسي والواقع الخارجي الثقافي والاجتماعي والطبيعي. وثمة نقاط تماسّ وتداخل بين الواقعين وبالتالي فهما متفاعلان ويتأثر الواحد منهما بالآخر. وتعيق عوائق زيادة المعرفة البشرية بالواقعين الداخلي والخارجي. ومن هذه العوائق عوائق خارجية اجتماعية وطبيعية وعوائق داخلية نفسية. والعوائق الداخلية النفسية قد لا تقل أهمية عن العوائق الخارجية الاجتماعية والطبيعية. ودراسة الواقعين عبارة عن القيام ببيان حسي عن طريق عمليات دماغية وعقلية. ومن العوائق الداخلية والخارجية القيود الداخلية والخارجية التي تقيد الوصول الى بيانات، على سبيل المثال، المسافة الواقعة بين الأرض والكواكب الأخرى، مما يحول دون دراستها

بالتفصيل، أو المدن المندثرة منذ وقت أطول من أن تستطيع أن تخلف أي أثر لوجودها السابق، أو التهيئة الاجتماعية والثقافية والقيمية التي تردع البشر عن طرح أسئلة يتخوفون من أن يسبب طرحها أو الإجابة عليها إشكالات نفسية وواقعية.

ومن هذه العوائق الصفات المميزة للفرد. فبعض الناس يصيبهم الذعر إذا طلب منهم فهم تراكيب كيميائية. وبعض الناس يخافون – لأسباب منها تجارب الطفولة المؤلمة أو القامعة – من الإعراب عن أفكار قد تسخر من المؤسسات الاجتماعية القائمة أو قد تهزأ بالنظم الاجتماعية والثقافية الراسخة.

ومن هذه العوائق أيضا عائق مقترن باللغة. ليس من الممكن أن يعرب الناس عن مفهوم أو أن يصيغوا مفهوما لا يمكن لمفردات في اللغة أن تحدده. ليس من الممكن، على سبيل المثال، الإعراب في اللغة الانكليزية عن مفهوم "العِرض" في الثقافة العربية والإسلامية.

ومن العوائق أيضا وجود طرق أقدم في التفكير. من المستحيل، على سبيل المثال، فهم نظرية داروين في التطور إذا اعتقد المرء بأن عمر الأرض بضعة آلاف من السنين.

وتوجد مواطن ضعف تتجاوز خصائص الثقافات البشرية وتعكس بنى الدماغ البشري وعملياته. وبعبارة اخرى فإن مواطن الضعف هذه تكمن عميقا في تكوين ما نسميه "الطبيعة البشرية" نفسها.

ومن العوائق أيضا الميل البشري إلى تفسير كل الظواهر في المتسع الفضائي والزمني للكون بالأنماط المألوفة في المجال الوحيد الذي نعرفه من التجربة المباشرة لأجسامنا، أي تجربة أشياء تعيش عقودا قليلة ويبلغ طولها أقداما قليلة، وأيضا نزعة البشر إلى القيام باستنتاجات عامة من ملاحظات محدودة ومتحيزة، متجاهلين مصادر واضحة لبيانات لا تؤثر في حواسنا. ومما له صلة بهذا الموضوع الفكر المتجسد في القول المأثور إن الإنسان مقياس كل الأشياء. بشيوع هذا الفكر ينبغي ألا يستغرب البشر من وجود بصماتنا البشرية في كل تقييم تقريبا، وخصوصا في عباراتنا التجريدية.

وأحد أدواء مختلف الثقافات البشرية هو الاستكانة إلى قبول مقولات معرفية وثقافية وسياسية واقتصادية وتاريخية دون دراستها أو دون دراستها على نحو واف او مستمر. وعلى الرغم من أن كثيرا من هذه المقولات مبتذل وخاطىء فإن الناس يستمرون في قبولها وتداولها.

ومن الأسئلة البالغة الأهمية بالنسبة إلى العرب والمسلمين: هل من الممكن اكتشاف المنطق الداخلي للنسق الفكري والثقافي العربي الاسلامي؟ هل من الممكن للعرب والمسلمين التوصل إلى معايير تقع خارج القوالب الفكرية والنظرية الغربية المتحيزة التي قد تسعى إلى الغاء التاريخ العربي والاسلامي او التي تؤدي إلى سوء قراءته أو سوء تفسيره أو سوء فهمه والتي قد تنظر اليه – خطأ وتعسفا - من منظور مقولة تكرار التجارب الأوروبية في القرون الوسطى وفي القرون التي تلتها؟

قصة: من أجل الرئيس المفدى تتخذ المنظمة الدولية قرارا مصيريا حول الشعب العربي

انطلقوا بسرعة الريح، زرافات ووحدانا، كأن شخصا مجنونا يرش عليهم من الخلف مياها حارة على ظهورهم، فيتحركون كأنهم يطيرون: عبد الصبور يطير من سرعته طربوشه من على رأسه، ومطيع من اندفاعه ترتجف حطته فوق رأسه فتلتف حول رقبته كأنها تريد ان تخنقه، والست توكل من شدة تلهفها الى الانضمام الى القطيع المندفع الى الحافلة العامة تناولت جرابا وضعته على رأسها، ظانة أنه حجابها، وانتعلت إلهام شقتي حذائين مختلفين.

لقد تدفقوا في الحي المجاور لمدينة نيويورك تجاه الحافلة التي تكوم حولها دخان الوقود المحترق الداكن اللون المتصاعد بكثافة وكأنه عفريت ينطلق في الفضاء، كما تدفقت جموع غفيرة في ضواح اخرى متجهة الى المنظمة الدولية.

صاح عبد الصبور مخاطبا زملاء له قد سبقوه الى دخول الحافلة: "يا الله، افتحوا الباب الخلفي حتى ندخل بسرعة ونقصد الطريق". وقال آخر، وهو يظن انه يعرف ما لا يعرفه غيره، بينما يتدافع مع آخر على الدخول: "طول بالك يا شيخ، هذا ليس تصرف الآدميين. الباص سيأخذنا كلنا الى نيويورك، ورئيسنا الله يعطيه الصحة وطول العمر سيلقي بيانه بعد ساعة. لقد طارت قبل ثماني ساعات طائرة الخطوط الجوية العربية وهي تحمل الرئيس المفدى".

وهتف مطيع وهو يسعل سعالا قويا ويشير بيديه بقوة ليفسح له المجال للبصق: "ما شاء الله، الحاضرون سيكونون كثيرين. أنا وحدي أستطيع أن أحضر لكم ألف شخص".

عبد الصبور: "الله يحط البركة".

مطيع: "نحن كلنا متحمسون لسماع خطاب الرئيس".

عبد الصبور: "سيكون خطابا عربيا تاريخيا".

أمكن سماع صوت باب الحافلة يفتح من مسافة أميال. دخلوا الحافلة وكأنهم يقتحمون قلعة فارغة.

سائق الحافلة وهو يتثاءب: "يا ميسر لا تعسر. اجلسوا. المنظمة الدولية سنصلها بعد ساعة تقريبا. يا جماعة، لا تدخنوا كثيرا. من الدخان المتصاعد الكثيف أكاد لا أرى ما أمامي وحولي".

وراحت أصوات تجلجل في الباص المزدحم بالركاب الجالسين والواقفين: "عاش عاش الرئيس، عاش عاش الرئيس، المستقبل مستقبلنا. حققنا الآمال على يدك يا رئيس. الرئيس رئيسنا، الله يخلي رئيسنا. رفعتم رؤوسنا يا رؤساءنا. عاش الزعيم بن الزعيم، عاش البطل بن البطل".

وتراءى عن بعد من الحافلة التي كانت تمر في شوارع مدينة نيويورك المبنى المرتفع للمنظمة الدولية.

وقال أحد الركاب ساخطا – وقد فقد هو ومن معه من الواقفين توازنهم بسبب توقف الحافلة المفاجئ: "ضيع السائق تركيزه وهو ينظر الى الفتيات اللواتي يدخلن المتاجر في ايام الخريف هذه".

فرد عليه عبد الصبور: "هذا هو الفرق بينه وبين زعمائنا. انهم محتشمون وينظرون الى الفتيات خلسة فقط".

قال السائق: "تمهلوا عند الخروج من الباص. الساعة هذا الوقت التاسعة والنصف وخمس دقائق، وبقي أقل من نصف ساعة قبل أن يصل سيادة الرئيس وحاشيته لإلقاء بيانه التاريخي".

واندفع الركاب باتجاه الباب كأنهم يقفزون بعضهم فوق بعض ليقطعوا بسرعة الثلاثين مترا تقريبا بين موقف الحافلة وردهة انتظار مرور الرئيس. وسمع أحد الركاب يقول وهو يندفع باتجاه الباب: "لا بد أن مستشاره العسكري معه فالقضية قضية مصيرية".

قال مطيع والمطر هاطل: "هذا المطر علامة على أن مجيء الرئيس محظوظ وأنه سيكون موفقا في كل حركاته وسكناته".

لقد ازدحمت الردهة في الطابق الاول بالقادمين من شتى الضواحي والمدن. لقد كست البسط القسم الداخلي من الردهة بينما بقي القسم الخارجي عاريا كعري سياسيين يجامعون نساء ذهبوا من أجلهن الى الشمال الأخضر أو الغرب الأبيض أو الجنوب الأسمر أو الشرق الأصفر. لم يترك تقريبا حيز فارغا في الردهة. اضطر بعضهم إلى الإتكاء على الركبتين أو الإستلقاء على صدورهم، مستندين إلى أكواع أذرعهم وواضعين ذقونهم في أكفهم المشققة من عناء الأعمال التي يزاولونها في المطاعم والمقاهي والمصانع والمخارط وغيرها من الأعمال.

قال عبد الصبور وهو مستلق: "هذا هو الشيء الطيب الذي يعجبني في هذه المنظمة. تستطيع أن تتصرف فيها بحرية، أن تستلقي فيها على الأرض كما عودونا أن نفعل في بلادنا".

ولامست سيجارة شخص محترقة جارا شابا له فاصطلى بحرارتها المؤلمة فصاح متوجعا: "حرقتني يا نائم". وأردف الشاب قائلا: "لا بأس. لن أضع سيجارتك في أذنك احتراما اليوم للرئيس المفدى. تصور أنه قطع هذه المسافة الطويلة على الطائرة ليخطب خطابه".

وراح الغبار الذي كان راكدا مستقرا يجول كالزوبعة في فضاء الردهة من جراء صوت الصاجات النحاسية التي كانت تخطف السمع والبصيرة والتي كانت ضرباتها بعضها لبعض تهدر هدير المدافع المصوبة على أرض العرب والتي كان يحملها الحراس الذين امتدت سنان خوذهم ففجرت الفضاء وطالت شواربهم فكادت أن تبلغ أديم الأرض المكسو بغبار الأرض.

لقد امتد الشاربان الطويلان على الجانبين لدرجة أن أحد المستلقين على الأرض خامره التفكير في القفز على الشارب الممتد من ناحيته كخرطوم الفيل لعله يستطيع، بهذه السفرة المجانية، أن يبتعد عن طبقات الغبار الذي ألهب خياشيم أنفه وأن يرقى إلى مكان منه تملأ عينيه صورة الزعيم العربي المفدى جدا والملهم جدا جدا.

وبينما كان حراس الرئيس الضاربون الأرض ببساتيرهم الجلدية والمعدنية يمرون على نحو استعراضي كانت طبقات الغبار التي أثاروها تعود فتستقر على أحذية أفراد الجمهور المتجمع وملابسهم. وصاح مطيع منفعلا مبتهجا: "هذه علامة ميمونة. الغبار على بساتير الحراس كأنه غبار احذية الجنود العرب الذين خاضوا غمار المعارك. عاش الرئيس. عاش الرئيس".

فقال أحدهم وكان يسمع ما كان مطيع يقوله: "كان جنود لم يستقر الغبار على احذيتهم، كانوا حفاة واستقر الغبار على أقدامهم التي جرحها حصى وحجارة الصحراء والتلال والجبال".

وأطل الرئيس بوجهه المكفهر العابس وببذلته التي صعب تبيّن لونها من كثرة نياشين وأوسمة الدولة والبطولة والحكومة والجيش المتدلية عليه تدلي الملابس على حبل الغسيل أو تدلي المصير العربي من أعلى رقبته حتى أسفل ركبتيه.

ولدى بدو الرئيس صاح مطيع صيحة فرح ولولت في الردهة كلها من أولها إلى آخرها. وكانت دلائل استياء الرئيس من قوة صيحة الاستقبال هذه واضحة. وزمّ الرئيس شفتيه كأنه يقول لنفسه: "لو كنتَ في عاصمتي في بلدي في دولتي لأقعدتك لمنعك من الحضور للإعراب

عن إعجابك بصوتي هذا القوي الذي لا يراعي حضور الرئيس وهيبته".

أثارت مشية الحراس وضرب الصاجات الهواءَ في الردهة وهم يمشون كأنهم مهرولون، وراحت طرابيشهم تتطاير ذات اليمين وذات الشمال ومن خلفهم، وتحركت فوق رؤوسهم إلى الامام وحجبت جباه وعيون كثير منهم، وانشغلوا بضبط وضع الطرابيش على الرؤوس فانقطع لديهم رنين وأنين الصاجات. وفي هذه الأثناء تطايرت طرابيش قسم منهم فجرى أصحابها وراءها. والتقط بعضا منها متفرجون، معتبرين ذلك فرصة لتذكر الرئيس الخالد في هذا اليوم العظيم.

واختلطت أصوات كثيرين وقد اتخذ الرئيس مكانه لإلقاء بيان الإنقاذ الشعبي وهم يقولون صائحين: "الهدوء، الهدوء، يا شباب"، "استمعوا"، "اليوم يوم الإنقاذ"، "عاش الرئيس الخالد"، "عاش الرئيس أمد الحياة

وشرع الرئيس في إلقاء خطابه: "يا معشر العرب المكرمون".

قال أحد الحاضرين مندهشا ومستنكرا بصوت خافت مخافة أن يسمعه أحد: "لا بد ان الرئيس نعسان. لقد غفل عن مراعاة قواعد اللغة العربية. أنظر كيف رفع كلمة "المكرمين"".

فرد عليه شخص واقف إلى جانبه وتحمسه يغفله عن هذا الجانب في كلام الرئيس: "لا يا أهبل. الرئيس محق في ذلك. لم يستعمل حالة الجر لأن الرئيس لا يريد جر وكسر اللغة العربية وثقافتها".

وواصل الرئيس خطابه: "لقد بذلنا الجهود تلو الجهود تلو الجهود التي استغرقت وقتا طويلا طويلا لإصدار القرار الدولي. نعم، فإنه يطابق قرارات سابقة. ولكنه رغم ذلك اتخذ. وبسبب طول العناء والسهر كان المشاركون يلعبون الورق ترويحا لأنفسهم ليواصلوا المسيرة، مسيرة اتخاذ القرارات. إن لنفسك عليك حقا. وواصلنا المسيرة. لبى مدراء المطاعم والمقاهي طلبنا بأن تبقى مفتوحة حتى ساعات متأخرة. نحن نمتلك ارادة قوية وكلمة مسموعة. لقد انصاعوا لإرادتنا. ليست لديهم الجرأة على الرفض. ولو طلبنا إبقاءها مفتوحة طوال الليل لانصاعوا أيضا لذلك الطلب. الكلمة العربية مسموعة.

"بيّنا لأعضاء الهيئة الدولية أن القضية قضية عادلة. لقد شعر الأعضاء بالرياح المخترقة للنوافذ فقام الموظفون بإغلاقها تمشيا مع القول المأثور "الطاقة التي تأتي منها الريح سدها واسترح".

"وشعر الأعضاء بالتعب فوافقنا على تعليق الجلسة، واستجابة للدولة الصديقة وافقنا على استئنافها بعد ثلاثة أيام من شدة التعب. واستؤنفت بعد ثلاثة أيام كاملة، توخيا للدقة التي هي ديدننا. وطالت الجلسة فطلبنا من الأفراد المساعدين لي أن يمكثوا في فندقي هيلتون وهايات مدة أسبوع إضافي. ونزولا عند رغبة الرئاسة استجابوا ولبوا الطلب. عقدنا العزم على تحقيق النتائج. وقررت أنه إذا اختتمت المداولات والمفاوضات التكتيكية والإستراتيجية – وأنا أؤكد على التكتيك والإستراتيجية – قبل انقضاء الأسبوع فسنبقى مقيمين في الفندقين حتى ينقضي الأسبوع. وحققنا نجاحا باهرا. اعترف الأعضاء بأنه يوجد بشر عرب، وبأن العرب يأكلون ويشربون وينامون مثل سائر البشر. وإنهم يسعلون ويجوعون ويمرضون ويموتون. وصافحني صديقي العزيز أدامه الله مستر جاك قائلا : "أنا معجب بك أيها الرئيس، معجب بشخصيتك المتسامحة ونفسك الكريمة وبذلتك الوردية العنابية الجميلة وهندامك الأنيق وأسلوبك المجامل اللطيف ورباط عنقك الأرجواني الجذاب ودبلوماسيتك الرائعة وكياستك اللافتة للنظر. وحكومتي تعرف أنك الصديق لنا وقت الضيق". وشكرت جاك على هذه العبارات السياسية الصحيحة وعلى صراحته وقوله للحقيقة.

"وقال جاك اللطيف لي: "بعد المداولات الطويلة، سيدي الرئيس، يدعوك وفد حكومتي أنت وحاشيتك اللطيفة لحضور حفلة رقص متنوعة: رقص الفالس وروك ان رول وتانغو". وقبلت الدعوة شاكرا له جزيل الشكر على حسن ضيافة حكومته وقيامها بواجب الزعماء. ما ألطفكم أيها الغربيون.

"واختتمنا المداولات باعتماد مشروع القرار الذي اتخذ قبل سبع سنوات بنفس الصياغة مع تغيير تاريخه طبعا. فالمنطق يقتضي ذلك التغيير ومراعاة الوقت، فنحن لا نستطيع ان نعود عشر او سبع سنوات إلى الوراء. يجب أن نواكب المستجدات على الساحة الدولية. ينص

مشروع القرار على أن العرب أناس يأكلون ويشربون وينامون ويمرضون ويموتون".

فانفجر الحاضرون بالهتاف وقد بحت حناجرهم من قوته: "عاش الرئيس، عاش الرئيس".

وبعد أن ألقى الرئيس خطاب المجد غادر منصته العالية متجها نحو سيارة الكاديلاك الرئاسية. وجعل راكبو الباص وجهتهم نحو موقف الباص. وأسرعوا بالسير ليتخذوا مقاعدهم قبل أن تشغل المقاعد كلها ويصبح مزدحما. وحينما وصلوا وهم يكادون يلهثون اتضح لهم أن سائق الباص لم يعد الى الموقف بعد.

قصة : حوار خاص بين نورا وحيدر

في المطبخ الواسع المطل على حديقة الورود التي تكسوها الأشعة الباهتة في الحاضرة قالت نورا لزوجها بلهجة جادة يتخللها الغنج: "أنا مستاءة منك".

حيدر (مقطبا بين حاجبيه مستغربا): لماذا، يا حبيبتي؟

نورا (والكلمات منطلقة من فمها): الإشاعات تقول إنك تحب كاندي.

حيدر (بسرعة مع إبداء ضيق صدره بالجواب): هذا هراء. لستُ معجبا إلا بطاعتها لي. أنا أطيعها وهي تطيعني. أنظري كيف تشارك في توسيع حدود الدولة.

نورا (بعبارة مؤكدة): ولكن الدولة كانت قائمة بدونها.

حيدر (قال وإمارات السرور بادية على وجهه بينما كان يقترب منها): نعم، ولكن بالإصغاء إلى نداء التاريخ ستزداد الدولة نفوذا.

نورا: الرجاء ألا تدنو مني.

حيدر: لم أقبّلك منذ وقت.

نورا (وهي تنأى بنفسها عنه قليلا): لا أطيق رائحة النبيذ في فمك.

حيدر (متهيجا بعض الشيء): أنت زوجتي ومن حقي أن أقبّلك.

نورا (باعتزاز أنثوي): أنا زوجتك وليس من حقك أن تقبلني أو تلمسني رغما عني. أنا أعاف رائحة النبيذ.

حيدر (متذكرا): هذا ليس جديدا. ألا تذكرين تمتعي بالشرب قبل ثلاثين سنة. نفس العادة، غير أن النبيذ يبدو أكثر تركيزا في هذه الأزمنة.

نورا: الأوقات تغيرت. لا أحب أن تفعل الآن وأنت رئيس هذه الدولة العظيمة ما اعتدت على فعله وأنت في الثلاثينيات.

حيدر (مبيّنا): ما اعتدت على فعله وأنا شاب أواصل فعله وأنا في الستين في هذا البيت العظيم.

نورا: لا أدري ما إذا كان في مصلحة بلدنا أن يكون رئيسه رجلا معتادا على تناول هذا الكم من المشروب.

حيدر: هل تدرين يا حبيبتي أنني ازداد تمتعا بممارسة السلطة الرئاسية وأنا منتش. حينها أشعر كأنني محلق فوق السحب.

نورا (باهتمام باد): إذن الأفضل لك يا عزيزي أن تغادر مكتبك حينما يتملكك هذا الشعور. يا رب، ترتعد فرائصي من توجيه دفة السفينة من قِبل رجل رأسه مصاب بالصداع.

قصة: أنقاض المنازل

دكت الصواريخ والبراميل المتفجرة الفتاكة والمسعورة الملقاة من الطائرات الحربية والمدافع الثقيلة منازل المدنيين الجميلة من النساء والأطفال والمسنين واليافعين الذين لعلهم ظنوا أنها تحميهم من جنون المتفجرات والنيران المستعرة، فانهارت تلك المنازل عليهم وتحولت إلى ركام من الإسمنت الصلب الثقيل. سقط كثير من هؤلاء البشر المرعوبين قتلى وجرحى جراء القصف المتواصل الذي لا يرحم في ذلك الحي الواقع على هضبة خلابة في الريف السوري. وأعقب ذلك التفجير صعود ألسنة اللهب وأعمدة الدخان الكالح السواد في الجو الفسيح.

وبأعجوبة غريبة نجا بعض من السكان المنهكي القوى. وتجمع أبناء الحي الذين نجوا فوق ركام المباني الذي قد يزن أطنانا، يحاولون إنقاذ من يمكن إنقاذه وانتشال من يمكن انتشاله من تحت ذلك الركام.

سُمع صوت عادل يقول: يا إلاهي، ما الذي فعلناه حتى نكون ضحية لهذه الجدران المتهالكة.

عبد الرؤوف (موافقا): تقتلنا قوات النظام لمجرد أننا قلنا إننا نريد التمتع بحق التعبير عن الرأي.

عادل (متهيجا): أنظروا، أنظروا إلى تلك اليد بأصابعها الأربع المستندة إلى ذراع واهنة والمتجهة إلى أعلى كأنها تستنزل الرحمة من السماء، والجسم يلفه الركام الثقيل.

شخص آخر: لا أدري لمن هذه اليد. لعل صاحبها جارنا الذي كان يحيينا تحية طيبة كل يوم، ولعل صاحبها العم أبو أحمد الذي كان يطمئن قلوبنا بإجادته لتجويد القرآن الكريم.

وقال آخر: لعله الرجل الذي اعتدنا أن نكون في صحبته ونحن ذاهبون إلى بساتين المشمش والرمان واعتاد دوما أن يدعونا لتناول ثمار التين وهي ناضجة على أغصانها.

عادل (مقتربا من اليد ومحاولا انتشال الجسد): الإسمنت ثقيل. لا أقدر انتشال الجسد من هذا الركام الملعون.

أحد الحاضرين: لا أدري هل هذا الإنسان يتنفس أم انتقل شهيدا مكرما إلى جوار الله.

عادل: كأن الدم يتحرك إلى يده وأصابعه. إنها تبدو تنبض بالحياة.

عبد الرؤوف: أنظروا عن قرب. إنها تميل على نحو تدريجي، وهي تذوي وتصبح صفراء، كأن ابن حارتنا هذا يلفظ النفس الأخير.

شخص آخر: مشكلتنا أننا لا نستطيع أن نحرك الجسم من وزن الاسمنت والحجارة.

عبد الرؤوف (محبطا): نحن محرومون من توفير وسائل الإسعاف، محرومون حتى من الضمادات والأدوية.

عادل: أه، كم أحب أن أرى هذا الرجل قد نجا وعاد إلى منزله سالما.

ثقافة السلام

من اللازم، من المنظورين القومي والإنساني، النهوض بثقافة السلام وتعزيزها وإشاعتها. فالسلام عامل مهم في إيجاد الحس بالأمن. والسلام يشمل قيما، منها التضامن والتسامح وإقامة علاقة حسن الجوار وإقامة العلاقات الودية والتعاون بين الدول والشعوب وإجراء الحوار وإقامة العدالة الاجتماعية ورفع الظلم عن كاهل الطبقات الفقيرة والمستضعفة والمسحوقة واحترام حقوق الإنسان واحترام الشعوب بعضها لبعض واحترام إنسانية كل البشر بغض النظر عن الانتماء العرقي أو الديني أو الثقافي أو اللغوي واحترام حق البشر في الحياة وحرية التعبير عن الرأي وعدم التدخل في الشؤون الداخلية للدول ونبذ العنف بوصفه وسيلة لحل الصراعات الاجتماعية واحترام حق الشعوب في الاستقلال واحترام مبدأ سيادة الدول وفي الدفاع عن استقلالها

وأراضيها وثقافتها وسيادتها والحفاظ على رفات آبائها وأجدادها وغيرها من القيم. ومن نفس المنطلق فإن انتهاك حقوق الإنسان وسيادة الدول يتناقض مع ثقافة السلام. وتتضمن اتفاقات ثقافية وسياسية واقتصادية بين الدول قدرا كبيرا من قيم السلام. ونظرا إلى أن السلام وقيمه تتجاوز هذه الاتفاقات يجب أن تستوعب عقول البشر كافة القيم الأساسية لمفهوم السلام.

والواقع هو أن السلام لم يحل في العالم، ويتضح ذلك في البلاء الذي تبتلى به الشعوب في مختلف أرجاء العالم جراء الصراعات التي تجرح أو تقتل الملايين من الناس الضعفاء والمسالمين والأبرياء. وتاريخ البشرية حافل بالأمثلة على تراجع ثقافة السلام نتيجة عن انتهاك أعداء السلام لهذه الثقافة. ويحفل هذا التاريخ أيضا بالأمثلة على عيش الناس في ظل الوئام والسلام. لقد كان السلام الدائم والموطد الأركان على هذه الأرض الجميلة الحلم الذي داعب خيال كثير من البشر. ومن الطيب تحويل هذا الحلم إلى واقع ملموس يعيشه البشر في كل الأصقاع التي يعمرونها. والعلاقات القائمة على أساس احترام السلام بين الدول والشعوب والأفراد هي العلاقات البناءة والإيجابية. بيد أنه توجد جهات سياسية واقتصادية فاعلة قوية تطغى عليها الرغبة في السيطرة والهيمنة على الشعوب وفي نهب مواردها الطبيعية.

ومن شأن تنشئة البشر على ثقافة السلام إيجاد وتعزيز وعيهم بالسلام وبأهمية السلام. ومن شأن هذه التنشئة أن تسهم في إضفاء الطابع المؤسسي على ثقافة السلام. لقد أفسدت الصراعات وما برحت تفسد في أماكن كثيرة حالة السلام. لقد عانت البشرية طوال تاريخها وحتى الوقت الحاضر من نشوب صراعات قاسية ودامية ومدمرة بين الدول وداخلها أيضا.

إن استئصال شأفة الحرب والسعي إلى إحلال السلام إحدى المهام الجليلة التي ينبغي للبشر، وخصوصا أصحاب السلطات الحكومية في الدول الكبرى والقوية، أن يتوخوا تحقيقها. ويمكن للأمم المتحدة والمنظمات الدولية الأخرى أن تتصدى للتحدي المتمثل في إحلال السلام وإشاعة ثقافة السلام. بيد أن تلك المنظمات تقع تحت

التأثير القوي لجهات فاعلة سياسية ومالية قوية تعطي الأولوية في سياساتها لتحقيق رؤاها ومصالحها على مصلحة السلام والأمن البشريين.

وانخرطت منظمات دولية ووطنية وما انفكت منخرطة في تعزيز ونصرة السلام وثقافة السلام. ومن هذه المنظمات الدولية اليونسكو التي أدرجت في ميثاقها سنة 1946 الرأي المصيب في أن الحروب تبدأ في عقول البشر. وفي سنة 1993 وضعت اليونسكو برنامج ثقافة السلام وشاركت في النشاطات الرامية إلى النهوض بهذه الثقافة على الصعد الوطني والإقليمي والدولي بوسائل منها برامجها الإعلامية والثقافية والعلمية والتعليمية. وسلّم المؤتمر الثامن والعشرون لليونسكو في سنة 1995 بأن الانتقال من ثقافة الحرب إلى ثقافة السلام يشكل أحد أكبر التحديات التي تواجهها البشرية اليوم.

لقد ظن كثيرون خطأً أن نهاية الحرب الباردة سنة 1989 – هذا إذا كانت قد انتهت حقا في ذلك الوقت – تشكل بداية عهد جديد يبشر بانتهاء الصراعات. ولكن الأحداث المأساوية التي أعقبت تلك السنة اثبتت خطأ ذلك التفكير. بعد سنة 1989 انخفض مستوى عتبة التسامح بين عدد من الجماعات العرقية والجماعات المنتمية إلى ثقافات وأديان مختلفة. تكثر الصراعات العرقية والعقدية في أفريقيا، وينزف أفراد الشعب الفلسطيني في الضفة الغربية وقطاع غزة الذين يطمحون إلى استقلالهم وإقامة دولتهم ذات السيادة. أودت الصراعات في العالم بحياة مئات الآلاف من المدنيين الأبرياء من الأطفال والنساء والمسنين. وتنشب صراعات بنسبة عالية داخل الدول وليس فيما بينها. وحوالي تسعين في المئة من ضحايا هذه الصراعات من المدنيين.

تشير هذه الصراعات إلى ضعف ثقافة السلام وإلى الحاجة إلى تعزيز هذه الثقافة في العالم. من شأن ذلك التعزيز أن يسهم إسهاما ذا شأن في تحقيق هدف إنقاذ الأجيال المقبلة من البشرية من ويلات الحروب. ولتحقيق هذا الهدف من اللازم معرفة الأسباب الكامنة وراء نشوب الصراعات.

ومن شأن إشاعة ثقافة السلام أن تسهم في إحلال السلام وحفظه. ومن أجل خلق ثقافة السلام على أساس قوي يجب تعزيز العوامل التي تعزز هذه الثقافة والقضاء على العوامل التي تضعفها. من شأن ثقافة السلام أن تتعزز بتثقيف البشر بمقاصد ومبادئ القانون الدولي والإنساني، ومنه ميثاق الأمم المتحدة الذي يرفض التدخل في الشؤون الداخلية للدول ويرفض الاحتلال وسيطرة الجهات الفاعلة على موارد الدول وشعوبها. ويرفض هذا القانون السعي إلى إعادة النفوذ الاستعماري إلى تلك الدول. ولتعزيز ثقافة السلام يجب تحقيق التنمية الاقتصادية والاجتماعية التي هي حق من حقوق الإنسان. إذا حُققت التنمية أصبح من الممكن القضاء على الفقر والعوز والمرض والأمية، وهي عوامل من الجلي أنها تضعف ثقافة السلام.

ومما من شأنه أن يعزز ثقافة السلام أيضا الإحجام عن اتباع سياسات تعمق الفجوة القائمة بين الدول الصناعية والمتطورة تكنولوجيا الغنية والدول النامية غير المتطورة تكنولوجيا التي أفقرتها بنية العلاقات السياسية على الصعيد العالمي، فأمست عاجزة عن توفير فرص النمو والتنمية لرعاياها أو مواطنيها وفرص الاستثمار الأمثل لمواردها البشرية والطبيعية، ما أفضى وما برح يفضي إلى المديونية والبطالة اللتين تزدادان استفحالا سنة بعد أخرى.

والحضارة التي تنبثق عن ثقافة السلام حضارة من ملامحها مناهضة مظاهر الجهل والقهر والتخلف. لا يمكن لثقافة السلام إلا أن تكون مكافحة للاستغلال الأجنبي والاحتلال الأجنبي والهيمنة الأجنبية والفقر والتشرد. هذه الآفات كلها تشكل خطرا على سلام المجتمع الدولي وأمنه. ولهذه الظواهر أثر في إشاعة الفوضى على الساحة الدولية وتؤدي إلى الاعتماد على القوة العسكرية التي تناقض مفهوم ثقافة السلام. فثقافة السلام تناصر التعاضد والتعاون والتضامن والتآزر والمشاركة والمراعاة من أجل ردم الفجوة المتزايدة العمق بين مجتمع الشقاء والمعاناة والبؤس، من ناحية، ومجتمع الثروة والقوة، من ناحية أخرى.

وثقافة السلام بحكم تعريفها مناهضة لثقافة الحرب، ولا يمكن لثقافة السلام أن تكون محايدة تجاه التحديات التي تضعها ثقافة الحرب والسيطرة والهيمنة والعدوان أمام دول وشعوب عالمنا الذي يشهد الأزمات والأسباب التي تؤدي إلى نشوب الصراعات.

وقبول المرء بحالة تعدد الثقافات من شأنه أن يكون جزءا من ثقافة السلام وأن يكون مثريا لهذه الثقافة. وما ينافي ثقافة السلام فرض دول لثقافاتها على دول وشعوب أخرى وقيام الدول الفارضة المملية لسيطرتها بإضعاف ثقافات الشعوب الأضعف أو بتهميشها أو بطمسها.

وما من شأنه أن يسهم في نشوء ثقافة السلام وفي تعزيزها التقريب بين الثقافة الوطنية والثقافة الإنسانية التي هي بطبيعتها أعم وأشمل، وجعل الثقافات الوطنية تتضمن قيما إنسانية من قبيل الانفتاح على الغير وقبول الغير والإقرار بوجود حاجات أساسية لدى جميع البشر والسلوك من منطلق وحدة الجنس البشري ومراعاة متضمنات الاعتقاد بهذه الوحدة.

التقدم ونهج الفكر النقدي

للتقدم عدة معان. من معاني التقدم التحرك صوب تحقيق هدف من الأهداف. ويعني التحرك في سياق التقدم التغير الثقافي أو الفكري أو الاقتصادي أو مزيجا من هذه الجوانب. وللشعوب النامية هدفها الوطني والقومي والإنساني والاجتماعي والاقتصادي.

ومن معاني التقدم السير نحو الأمام من ناحيتي الزمان والمكان. من الناحية الزمنية تأمل الشعوب النامية في أن تنتقل من ظروف الحياة البائسة التي تعيش في ظلها إلى ظروف الحياة التي يريد أن يعيشها الإنسان الحر الكريم المكتفي اقتصاديا. ومن الناحية المكانية تأمل

الشعوب النامية في أن تقام في أراضيها البنية الأساسية الاقتصادية والاجتماعية والعلمية والصناعية والسياسية التي من شأنها أن تحقق لتلك الشعوب طموحاتها المشروعة في التخلص من الفقر والأمية والمرض وفي تحقيق حسها بالكرامة وصونها وفي الدفاع عن أنفسها وكيانها وأراضيها وحريتها واستقلالها ومواردها المالية والطبيعية والبشرية وفي المحافظة على القيم التي تعتز بها.

ومن معاني التقدم القيام بتحسين الظروف الثقافية والاجتماعية والاقتصادية بمراحل أو درجات ملحوظة، أي التحسين التدريجي الذي يعني أن الحالة القائمة يمكن أن تحسن عن طريق إجراء تغيير تدريجي فيها. ويشمل هذا المعنى مفهوم التطور التدريجي، أي الانتقال من طور إلى طور. والشعوب الإسلامية وسائر الشعوب النامية تحتاج التطور التدريجي للانتقال من حالة إلى حالة فضلى.

ومن معاني التقدم أيضا تبني مفهوم وجود الحاجة المستمرة إلى اكتشاف ما لم يكتشف بعد من حقائق المجتمع والنفس والطبيعة والكون، وإلى معرفة الظواهر الناشئة والمتغيرة في حياة الإنسان ونفسه وعيشه ومجتمعه ودولته، ودخول البشر في حالة نفسية فكرية تجعلهم متسائلين ومنتقدين دوما، ما لا بد من أن يؤدي إلى نشوء التفكير المتجدد باستمرار. ومفهوم المسلَّمات الإدراكية قد لا يشغل سوى حيز صغير في الفكر المتسائل والنقدي. والأبعاد الإلاهية الغيبية لا تنضوي في الإطار المفهومي الإدراكي. واتجاه الفكر النقدي العام اتجاه مناوئ لمفهوم المسلَّمات. بطبيعة الفكر النقدي أنه يخضع كل ظاهرة للدراسة والتحقيق والنقد. قبول المسلَّمات معناه استكانة الفكر النقدي وإخضاعه. قبول المسلَّمات معناه انتفاء الفكر النقدي. انتهاج نهج الفكر النقدي معناه رفض مفهوم المسلَّمات. قبول المسلَّمات معناه إضعاف النشاط الفكري أو إقصاؤه أو قتله. ولا يحقق التقدم باحتضان المسلَّمات. فالمسلَّمات تكتفي بقدر من الحقائق. والحقائق الكثيرة في الكون، التي لعل نهج احتضان المسلَّمات لم يكتشفها، لن تكشف إلا بالفكر النقدي.

ورؤيتي لتحقيق التقدم في مختلف المجالات تستند إلى منهج الفكر العلمي النقدي المتعمق النشيط (الدينامي) (من هذا التناول يستثنى

المجال الإلهي والعقدي، إذ يخضع هذا المجال لمقاييس أخرى ليس القصد تناولها هنا). والأفكار والمواقف المنتقاة والمفضلة هي نتيجة عن التفاعل الدينامي بين هذا الفكر العلمي النقدي والنظام القيمي العام السائد في المجتمع والصالح الفردي والجماعي العام كما يتصوره أفراد المجتمع.

وكما أن التقدم لا يحقق إلا على نحو تدريجي فإن التخلف لا يمكن أن يزال إلا على نحو تدريجي نظرا إلى أن التخلف حالة ثقافية ونفسية وذهنية بالإضافة إلى كونه حالة مادية وتكنولوجية. ونظرا إلى شدة تعقد حالة كهذه تتعذر إزالتها دفعة واحدة. وللإسراع بتحقيق هدف إزالة التخلف من اللازم إشاعة وترويج مفاهيم من قبيل مساواة الحقوق وفصل السلطات وتحقيق سيادة القانون والديمقراطية.

ويتطلب الأخذ بالنهج النقدي التناول المستمر للمسائل المطروحة والمسائل غير المطروحة. إن مواصلة تناول هذه المسائل أفضل من عدم تناولها. ونقد الأشياء والظواهر التي يحتمل أن يشوبها العيب والخلل أفضل من عدم نقدها. وتحليل الواقع بجوانبه كافة وفهمه واستكناه حقيقته ومحاولة الإشارة إلى البدائل للأمور أفضل من عدم القيام بذلك. ومن بالغ الأهمية أن يتناول هذا النهج الحالة السياسية لأن هذه الحالة من أقوى الحالات أثرا.

وعن طريق اتخاذ النهج النقدي يحصل التفاعل الفكري الذي يحقق الانفتاح الفكري، إذ عن طريق التفاعل الفكري يمكن التوصل إلى معرفة البدائل الفكرية. وعن طريق اتخاذ النهج النقدي يكون من الأسهل على الإنسان اكتشاف نقاط القوة ونقاط الضعف ومعرفة الأهداف المستحسنة اللازم تبنيها والأغراض المستهجنة في مرحلة إنمائية واجتماعية وثقافية معينة ومعرفة وسائل تحقيقها. وعن طريق هذا النهج يقل الارتجال وتزداد الدراسة أهمية، ويقل الأخذ بالقشور ويولى الجوهر أهمية أكبر.

ولا يمكن تحقيق النهضة بدون اتخاذ النهج النقدي لأنه بهذا النهج تنقشع الأوهام وتسقط السخافات والمجاملات والمراءاة الفكرية والأباطيل المنتشرة في المجتمع، وهذه كلها وغيرها طبقة سميكة أو

حاجز سميك ينتصب بين الإنسان والحقيقة. ولا يُزال هذا الحاجز إلا بالنقد الفكري. إذ بهذا النهج يصبح التفكير والسلوك أكثر عقلانية وانتظاما وذا سمة منطقية أقوى، ويصبح من الأسهل معرفة المصادر الفكرية العربية والإسلامية والأجنبية الأكثر إفادة لنا ومعرفة المصادر الفكرية المضرة بنا. بهذا النهج يواجه الإنسان الحقائق وهي معراة.

عن طريق اتخاذ النهج النقدي يكون من الأسهل اكتشاف العلاقات بين المفاهيم في مختلف مجالات الحياة واكتشاف الأفكار التي تنتظم في سلكها عددا أكبر من المفاهيم. وعن طريق انتهاج النهج النقدي يكون من الممكن معرفة وحدة الوجود أو الكون وانتظامه في فكرة وحدانية الخلق ووحدانية الخالق. وعن طريق انتهاج النهج النقدي يمكن الربط بين الأصل الفكري والمشتق الفكري، وبين الفلسفة والعلم والدين، وأيضا بين مفاهيم وتيارات اجتماعية تتباين في مدى اختلافها وتشابهها.

النفي

النفي ليس حالة جغرافية فقط ولكنه حالة ذهنية ونفسية أيضا. قد يكون المرء في النفي وهو بين أهله وفي بلده. هناك نفي قسري أو إكراهي. من الواضح أن هذا نفي غير إرادي. فالمرء يحمل حملا أو يجبر إجبارا على العيش في حيز ذهني أو حيز جغرافي. ومن أمثلة النفي القسري الحمل على العيش خارج الوطن أو مسقط الرأس.

وهناك النفي الطوعي الذي يختاره الإنسان. وهذا النفي يمكن أيضا أن يكون جغرافيا أو ذهنيا. والشعور بالنفي يعني عدم الاندماج في البيئة التي يكون الانسان منفيا فيها. وينفى المرء أو ينفي هو نفسه جغرافيا أو ذهنيا لأنه يريد الحفاظ على شيء يوليه أهمية خاصة: النفس

والثقافة والخصوصية والتفرد. فإذا اندمج المرء أو انصهر، أي خرج من حالة النفي، فمعنى ذلك أنه فقد الاهتمام بالمحافظة على الشيء الذي من اجل المحافظة عليه نفي أو نفي هو نفسه.

والمرء الأكثر ثقافة ووعيا ذو الحس النقدي الأقوى يكون على دراية أعمق بالعيوب التي تشوب البنية الاجتماعية والثقافية والسياسية. ولذلك فإن ذلك المرء يزداد نفيه عن المجتمع الذي يعيش فيه. ولطبيعة النظام الاجتماعي والسياسي أثر في مدى ميل الناس إلى الدخول في حالة النفي. يكون شعور المرء بالنفي أقوى في البلدان ذات الأنظمة الأشد ظلما اجتماعيا وسياسيا واقتصاديا.

والظواهر الاجتماعية تبدو متناقضة. وهي في الحقيقة ليست متناقضة ولكن العقل البشري يقصر، أحيانا كثيرة إن لم يكن دائما، عن اكتناهها. تسهم هذه الظواهر إسهاما كبيرا في تشتيت الفكر وتجيبه وفي الانتقائية الفكرية والاختلال الفكري وغموض طول المسافة بين الذات والموضوع وغموض العلاقة بينهما.

والنفي الذهني طريقة تساعد الإنسان في تبيُّن العلاقات بين الظواهر وفي ربط الأطراف التي تبدو غير متواصلة وفي الفهم الأفضل لتلك الظواهر. عن طريق النفي يزيل المرء الصفة الأيديولوجية عن فكره، ويتحرك في شعاب الفكر بحرية أكبر وبتمهل فكري أكبر ويكون لديه قدر أكبر من التحكم الفكري والتحكم بالزمن ويجنب نفسه الضغط النفسي على العقل والفكر والنفس، وقد يشعر بأنه يطوف في أرجاء أوسع من عوالم الفكر وهو يخلو إلى مدى أوسع من ضغوط الدنيا بوجوهها المتباينة، ويحدد لنفسه مسافة بينه وبين أي نظام اجتماعي أو سياسي أو خلقي أو قيمي، وبهذه الطريقة يستطيع أن يخلو إلى نفسه وأن يحاول بناء عالم أكثر كمالا من عوالمه الفكرية والفلسفية وأن يرتب، منطلقا من رؤيته ورؤياه، العلاقات بين الظواهر ترتيبا منطقيا.

ومما له صلة بموضوع الشعور بالنفي أهمية وجود مكان للجوء الآمن السياسي والفكري والعاطفي. من الطيب لأصحاب الفكر الحر والنظرة المستقلة ولذوي الجرأة على الإعراب بحرية عن عواطفهم

وأفكارهم أن تتوفر لديهم أماكن للجوء، يلجأون إليها عند نشوء الحاجة إليها. في هذه الأماكن يمكنهم أن يمارسوا حريتهم الفكرية بقدر أقل من الخوف، وبتوفير هذه الأماكن ينشأ لديهم قدر أكبر من الطمأنينة. ويمكن أن تكون هذه الأماكن دولة أو مقاطعة أو مدينة أو قرية قريبة أو نائية أو خيمة. وفي المناطق التي يفتقر فيها الناس إلى ممارسة الحرية الفكرية من الطيب لهم أن تتوفر مثل هذه الأماكن.

ومن السليم والطيب أن تتاح أماكن للجوء الفكري والابداعي في العالم كله، ومنه طبعا العالم العربي. ومن المؤسف أن تقل هذه الأماكن في عالمنا. وكانت بيروت مدينة للجوء في سنوات الخمسين والستين وربما حتى منتصف سنوات السبعين. في تلك السنوات كانت بيروت تعج بعدد كبير من السياسيين والمثقفين والمبدعين من الشعراء والأدباء والمفكرين وأصحاب الرأي الحر الذين كانت لهم آراؤهم في تيارات الحداثة والتقدم العربي والتأثير الفكري والحضاري، وكانت لهم أدوارهم على الساحة السياسية والأدبية والفنية في الوطن العربي. ولم تكن بيروت تشترط أن يكون اللاجىء إليها من لون سياسي معين.

وكانت القاهرة في عهد جمال عبد الناصر مكان لجوء، ولكن من نوع آخر. كانت عاصمة مصر تستقطب اللاجئين السياسيين ذوي الاتجاهات القومية الذين كانوا يظطهدون في بلاد لها أنظمة مختلفة.

هشام شرابي

رحل الأكاديمي والكاتب والمفكر العربي الفلسطيني الملتزم اللامع هشام شرابي عن 78 عاما حسبما أعلن أقرباؤه في بيروت حيث كان يقيم منذ ثمانية أعوام تقريبا. لقد وافته المنية بعد صراع طويل مع المرض. وُلد هشام شرابي في عائلة موسرة، وأنفق سني الطفولة في يافا وعكا. ودرس في مدرسة الفريندز في رام الله وفي الجامعة الأمريكية ببيروت. وتخرج من هذه الجامعة سنة 1947، حاصلا على البكالوريوس في الفلسفة. وحصل على الماجستير في الفلسفة سنة 1949، وعلى الدكتوراة في تاريخ الثقافة من جامعة شيكاغو سنة 1953.

بدأ النشاط السياسي لشرابي في سن مبكرة، حينما انضم إلى الحزب السوري القومي الاجتماعي 1947. وكان متأثرا تأثرا عميقا

بزعيم الحزب أنطون سعادة الذي راقت شرابي الشاب موهبته القيادية وتصميمه المتصلب القوي، بخاصة فيما يتعلق بقضية فلسطين.

وحينما كان شرابي يدرس في الولايات المتحدة، سقطت فلسطين في أيدي القوات الإسرائيلية سنة 1948. وبأمر من سعادة عاد شرابي إلى فلسطين سنة 1949 ليستأنف نشاطاته مع الحزب القومي الاجتماعي السوري، وأصبح محررا لمجلة "الجيل الجديد" الشهرية الصادرة عن الحزب. وبعد اتخاذ النظام اللبناني في حزيران/يونيه 1949 لإجراءات صارمة ضد هذا الحزب، ساجنا معظم أعضائه ومعدما لسعادة، فر شرابي إلى الأردن، ثم عاد إلى الولايات المتحدة ليستأنف دراسته. وفي سنة 1953 حصل على درجة الدكتوراة من شيكاغو، وبدأ في نفس السنة بتدريس التاريخ في جامعة جورجتاون. وحصل على الأستاذية الكاملة في مدة 11 سنة فقط. وفي سنة 1955 أنهى شرابي رسميا انتسابه غلى الحزب القومي الاجتماعي السوري.

وحتى سنة 1967 كان شرابي في ما دعاه "الصمت والاغتراب"، يكتب وينشر باللغة الإنكليزية للوفاء بالمتطلبات الأكاديمية فقط. وحولت هزيمة 1967 والحركة الطلابية سنة 1968 شرابي تحويلا فكريا وسياسيا. تخلى عن آرائه الليبرالية وأصبح يساريا أو اقترب من اليسار الفلسطيني والعربي، وعاد إلى قراءة ماركس وفرويد بنظرة جديدة وإلى إدماجه لأفكارهما في تحليله المتعمق للمجتمع العربي. وأصبح شديد النشاط في الشؤون الفلسطينية والعربية.

ورغم اقتراب شرابي من اليسار ما انفك وفيا لعلاقته بأنطون سعادة، وتردد ذكر اسمه في عدد من كتاباته. وكان له حضور قوي على الساحة الأكاديمية والفكرية العربية. وفي كتاباته ومحاضراته حاول أن يسهم في بناء الإنسان الفلسطيني والعربي. وبعد إلقاء شرابي لكثير من المحاضرات في مختلف الحرم الجامعية انتقل إلى بيروت سنة 1970. وخلال إقامته في العاصمة اللبنانية في السبعينيات من القرن الماضي أسهم في الجدل السياسي والفكري، وكان مقربا من منظمة التحرير الفلسطينية، وعمل في مركز التخطيط الفلسطيني، وعُيّن أستاذا مساعدا في الجامعة الأمريكية ببيروت من 1970-1971. وفي نفس الوقت

تقريبا بدأت الترجمة العربية لكتابه "المثقفون العرب والغرب"، الذي نشر أصلا باللغة الإنكليزية، في الظهور في الأسواق. وكانت له علاقات وثيقة بمثقفين عرب بارزين مثل ادونيس. وأحبط نشوب الحرب الأهلية اللبنانية في سنة 1975 خططه للاستقرار في لبنان. وبدلا من ذلك بقي في جورجتاون حيث كان أستاذا لتاريخ الفكر الأوروبي وشاغلا لكرسي عمر المختار للثقافة العربية.

كان لشرابي دور هام في بناء المؤسسات لتشجيع الوعي والفهم الأفضل لقضية فلسطين ولشؤون المجتمعات والشعوب والدول العربية. في سنة 1971 تولى تحرير "مجلة الدراسات الفلسطينية" التي نشرها باللغة الإنكليزية معهد الدراسات الفلسطينية. وفي سنة 1975 شارك شرابي في إنشاء مركز الدراسات العربية المعاصرة في جامعة جورجتاون. وفي سنة 1979 أنشأ المؤسسة الثقافية العربية-الأمريكية وغاليري ألف في واشنطون العاصمة. وفي سنة 1990 أنشأ مركز تحليل السياسة المعني بفلسطين، وهو مؤسسة تتخذ واشنطون العاصمة مقرا لها وتوفر معلومات وتنشر بحوثا وتنظم إجراء ندوات ومناظرات تتعلق بالصراع العربي الاسرائيلي. وكان شرابي أيضا مؤسس صندوق القدس ورئيسه، وهو منظمة خيرية فلسطينية تقدم منحا دراسية للطلاب الجامعيين من فلسطين. وكان من بين المؤسسين في التسعينيات، بعد إبرام اتفاقات أوسلو، لهيئة الدفاع عن حق اللاجئين الفلسطينيين في العودة. وتقاعد شرابي من منصبه في جامعة جورجتاون سنة 1998.

ويبقى شرابي ظاهرة هامة بوصفه عربيا مؤثرا كان يعيش في الغرب. وعلى الرغم من اغتراب دام نصف قرن حافظ شرابي على حوار نابض بالحياة مع العالم العربي عن طريق اسهاماته الكبيرة باللغتين العربية والإنكليزية. وكان أحد المفكرين القلائل الذين تجرأوا على القيام بالنقد. وكان يدعو إلى فتح أفق ابستمولوجي جديد للمفكرين العرب. وكان كتابه المعنون "مقدمة في دراسة المجتمع العربي" المنشور سنة 1975 عملا رائدا، وكان ولا يزال له أثر كبير في المثقفين والمفكرين العرب، وخصوصا الفلسطينيين. وانتقد شرابي الحياة الاجتماعية والسياسية العربية بسبب غياب الديمقراطية، وتجلى هذا

الانتقاد في كتابات له، وبخاصة في كتاب اتخذ طابع السيرة الذاتية بعنوان "الجمر والرماد: ذكريات مثقف عربي" الذي نشر في مجلدين سنة 1978، وفي "صور الماضي: سيرة ذاتية" الذي نشر سنة 1993. هذان الكتابان يصفان وينتقدان إلى حد كبير من الصراحة والدقة تجربة جيل كامل من المثقفين العرب، انتهى الأمر بمعظمه في منفى إكراهي أو مفروض ذاتيا؛ جيل كان مليئا بالأحلام وانقشع وهمه وبانت هزيمته. ونشر كتاب "النظام الأبوي الجديد: نظرية التغيير المشوه في المجتمع العربي" باللغة الانكليزية سنة 1988، ونشر في اللغة العربية سنة 1989 بعنوان "النظام الأبوي" وفي اللغة الفرنسية سنة 1996. لقد وفّر طريقا بديلا لفهم المجتمع العربي، وكان له أثر كبير في الأوساط العلمية والفكرية في العالم العربي. وكتاب شرابي الآخر، الذ1ي له صلة عضوية بكتبه المناقشة، هو "النقد الحضاري للمجتمع العربي" في سنة 1990.

وعند شرابي لا يمكن إحداث التغيير الاجتماعي عن طريق الثورة أو الانقلاب. في عالم ما بعد الثورة التغيير عملية معقدة وخطيرة، وهي تستتبع انتقالا تاما من النظام الأبوي الجديد إلى الحداثة على جميع المستويات. يجب على المثقفين العرب أن يسيروا على مسار مستقل يكونون قادرين عن طريقه على اختيار ما هو مناسب من أدوات ومفاهيم الحداثة وما بعد الحداثة بقصد تحقيق الحداثة.

وإذ وعى شرابي أن خطابا نقديا جديدا لا يمكنه بحد ذاته أن يُحدث تغييرا اجتماعيا سياسيا مباشرة وأنه يجب أن يرافقه التطبيق العملي، أكد أن خطابا كهذا هو الخطوة الأولى صوب التغيير الجاد. يمكن للمثقفين أن يؤثروا في المعارط من أجل التغيير الاجتماعي السياسي.ومن الشروط المسبقة لإجراء هذا الخطاب النقدي الجديد إنهاء هيمنة ما وراء الطبيعة والفلاسفة والانخراط في حوار أفقي في المجتمع وليس بين منظرين أيديولوجيين. والشرط المسبق الآخر هو فهم جديد وموقف جديد حيال اللغة والقراءة والكتابة. إن اللغة الأبوية طقسية وشعائرية، مما لا يترك حيزا للمناقشة والحوار. واعترف شارابي بأنه حتة هو نفسه يكتب وهو واقع تحت هيمنتها. القراءة تعادل الكتابة في

دورها الحرج وأهميتها. وحتى يحرر المثقفون العرب أنفسهم وحتى يقطعوا الصلة بالبنى الأبوية عليهم أن يتقنوا لغة أجنبية ليكونوا قادرين على ترجمة مفاهيم فكرية جديدة وعلى الإطاحة بهيمنة أي خطاب، حتى الخطاب العلماني أو الثوري-القومي. يجب أن توفر ما يتجاوز وصفا للبديل من البنى القائمة. يمكن للنص العلماني النقدي، إذا قرئ على نحو صحيح، أن يشكل تحديا وتهديدا خطيرا للقوى المسيطرة وأيديولوجيتها. وبالنسبة إلى الحركات فيجب ألا تواجه إلا بصفتها قوى سياسية. إن الانخراط في مناقشات لاهوتية أو استرضاء تلك الحركات معركة خاسرة.

إن قضية المرأة من القضايا الأكثر حسما بالنسبة إلى شرابي. لقد تأثر تأثرا عميقا بقراءاته للكتابات النسوية التي أحدثت عنده تحولا وأدرك مدى عدم الجدية في تناول هذه القضية، وأنها لم يجر سوى التشدق بها حتى من جانب المثقفين العلمانيين واليساريين. إن ظلم المرأة هو حجر الزاوية في النظام الأبوي والأبوي الجديد. ولذلك فإن تحرير النساء شرط أساسي للإطاحة بالهيمنة الأبوية والأبوية الجديدة. وقال إن المجتمعات لن تكون حرة إذا لم تعط النساء حريتهن وحقوقهن، وإن "مسألة حقوق النساء قنبلة موقوتة في مجتمع بطريركي (أبوي)، وإذا لم ندرك هذه المسألة فلن نكون أحرارا أبدا".

و زار هشام شرابي جامعة بير زيت سنة 1994، أي بعيد إنشاء السلطة الفلسطينية في الضفة الغربية وقطاع غزة.

وفي 28 أيار/مايو 2001 استضافت هشام شرابي جامعة بير زيت حيث ألقى محاضرة بعنوان "دور المثقف الفلسطيني والعربي في تشكيل مستقبل جديد". ولاحظ شرابي التغيرات التي حدثت منذ سنة 1994 وبداية الانتفاضة الثانية. وقال إن الشرق الأوسط يسكنه الآن مئات المثقفين والأكاديميين، كلهم متخصصون في ميادينهم. وفي ظل هذه الخلفية تكلم شرابي عن دور المثقفين والأكاديميين في الطور الجديد لتاريخ فلسطين. وقال إن في استطاعتهم أن يساهموا في بناء دولة فلسطين وفي المساهمة في إيجاد مستقبل أفضل. وقال شرابي إن جامعة بير زيت تؤدي دورا متميزا وهاما جدا في فلسطين في تربية وتعليم

آلاف الأشخاص الذين سيعملون في فلسطين. وقال: "إننا لن نفوز بحربنا ضد الاسرائيليين عن طريق القوى العسكرية، ولكن عن طريق الناس. إننا بحاجة إلى طرق غير كلاسيكية، ليس إلى جيش أو نظريات بسيطة، ولكن تغيير في المدركات ووضع نهج فكري حيال رؤيتنا للمستقبل". وذكر أنه "إما أن نصنع المستقبل بأيدينا أو أن ندع الحالة الراهنة تقرر مستقبلنا".

وقال إنه ينبغي للأكاديميين أن يتصلوا بالهيئات الحكومية لمساعدتها في تشكيل مستقبل جديد للفلسطينيين.

وبعد ذلك دُعي إلى لقاء طلاب وأعضاء من الهيئة التدريسية وإجراء مناقشات معهم حول علم الاجتماع والفلسفة والدراسات الثقافية والدراسات المتعلقة بنوع الجنس والقانون والتنمية.

ونوه شرابي بدور وسائط الإعلام والمحطات الفضائية التي تنقل الحقيقة عن الحالة الراهنة إلى منازل كثيرة، والتي تتيح أيضا للمثقفين فرصة للإعراب عن آرائهم على محطات التلفزيون، مشيرا إلى أن المنازل الخاصة كانت في الماضب مكان اللقاء لهذه التجمعات. ويرى أن ذلك يوجد حوارا فكريا فيما بين الناس ويحقق فهما للحالة ويحدث تغييرا للآراء.

وتضم أعمال شرابي الأخرى الحكم والسياسة في الشرق الأوسط في القرن العشرين (1962) والقومية والثورة في العالم العربي (1966) والمثقفون العرب والغرب (باللغة الإنكليزية) (1971) والرحلة الأخيرة (1987)، وهي رواية بالعربية. وقام أيضا بتحرير العقد العربي القادم: مستقبلات بديلة (1988) (بالإنكليزية) والتطوير والسياسة والعالم العربي: نُهُج نقدية (1991) (بالإنكليزية).

الخلل في تناوُل مستشرقين لمسائل إسلامية

من أجل زيادة معرفة الشعوب بعضها ببعض وبعضها بثقافة بعض من اللازم إجراء الحوار الفكري بين المثقفين العرب والمثقفين غير العرب، وخصوصا المثقفين الغربيين، نظرا إلى أن لدى كثيرين من المثقفين الغربيين صورة تنم عن الجهل بالعرب والمسلمين وعن التحيز ضدهم، والكثيرون منهم لا يتناولون القضايا العربية والإسلامية تناولا يتوخى الموضوعية. ويتجلى هذا الجهل أو التحيز في أن صورة العربي لدى هؤلاء هي صورة الشخص المتخلف أو الإرهابي أو الميال إلى العنف أو المتعطش إلى سفك الدماء أو المعتدي أو المتحرش بالنساء أو المتزوج بأكثر من مرأة. ولهذا الجهل والتحيز أسباب، وأحد هذه الأسباب انعدام الاتصال والحوار الفكريين بين العرب والمسلمين

وبينهم، ووجود جهات غربية قوية وثرية معنية بإبقاء الغربيين جاهلين بالقضايا العربية والإسلامية وبحقيقة الثقافة العربية والإسلامية.

وفضلا عن خطأ هذه الصورة وتحيزها فإنها تفتقر إلى التوازن. الحقيقة هي أن العرب لا يختلفون عن أفراد الشعوب الأخرى من ناحية أخلاقهم ونزعاتهم الطبيعية وميولهم الاجتماعية والثقافية. لا يوجد على وجه هذه المعمورة شعب يخلو من الأميين من ناحية القراءة والكتابة أو من الأمية الوظيفية، أو صفات أخرى. وابتغاء معرفة مدى شيوع هذه الصفات بين الشعوب من اللازم أن يطلع الدارسون، قبل إطلاق تقييماتهم وأحكامهم، على مراجع إحصاءات السلوك الاجتماعي التي تبين نسب انتشار هذه الصفات في مختلف المجتمعات في كل القارات.

ويعتقد كثيرون من الغربيين من المثقفين وغير المثقفين بأنهم متفوقون على غير الغربيين. ويصف غربيون مجتمعات في البلدان النامية بالدونية وعدم التحضر وخمول الفكر. وتوخيا للموضوعية والتوازن في الطرح من اللازم أن نذكر أن الحكم الأجنبي القاسي والاستغلالي الطويل للبلدان النامية كان وما يزال سببا رئيسيا في نشوء الحالة الاجتماعية والثقافية والاقتصادية المزرية التي تعاني منها مجتمعات نامية. وتسجيلا لنشاط الفكر العلمي للشعوب الإسلامية نقول إن ذلك الفكر المتفوق كان العامل الذي أثر في العصور الوسطى في الفكر والفلسفة والحياة في أوروبا وفي بعث أوروبا ونهضتها وتنويرها وانتشالها من حلكة الأساطير والخرافات. وكان فكر الفيلسوف العربي المسلم ابن رشد العامل في نهضة أوروبا الفكرية وذلك بأن أظهر للعالمين الإسلامي والمسيحي في القرون الوسطى أنه لا تناقض بين العلم والدين. وفكرة الهاتف الخلوي تعتمد على علم اللوغارتمات الذي أنشأه العالم المسلم الخوارزمي، وكلمة "اللوغرتمات"، كما لا يخفى على القراء، تحريف لاسم الخوارزمي. وفي القرون الوسطى زار وفد فرنسي بعض جامعات الأندلس ليحصل من العلماء المسلمين على معلومات عن كيفية إنشاء جامعة سُميتْ باسم السوربون. وقدم العلماء المسلمون قدموا المعلومات لأفراد هذا الوفد. ونظرة التفوق لدى الغربيين أحد الأسباب في جهلهم أو تجاهلهم لدور الحضارة الإسلامية

في بعثهم وأحد الأسباب الرئيسية في رفضهم الاعتراف بهذا الدور أو في الاستخفاف به.

والحقيقة أن التخلف السياسي والاقتصادي والاجتماعي والثقافي تعاني منه، على تفاوت، جميع مجتمعات الأرض بدون استثناء: المجتمعات الغربية (بما في ذلك مجتمعات أوروبا الشرقية) والمجتمعات النامية وغيرها. وما القول بغير ذلك سوى ضرب من الجهل أو التمويه. وإنكار حقيقة شمول التخلف البشري قد يكون دلالة على الافتقار إلى الجرأة على قول الحقيقة أو نتيجة غسل الدماغ. قد يتقدم الأوروبيون، مثلا، على المسلمين والأفارقة فيما يتعلق بمتوسط عدد أجهزة التلفزيون أو أجهزة الموجات الصغيرة جدا المستعملة في المطبخ، ولكنّ كثيرا من المسلمين يتقدمون على الغربيين فيما يتعلق بالمعرفة الحقيقية لشعوب وثقافات أخرى، فالغربيون أقل بالمتوسط علما بثقافات الشعوب الأخرى. وهذه الشعوب لديها معرفة أكبر بلغات الشعوب الغربية، وخصوصا الإنكليزية والإسبانية والفرنسية، وبثقافات تلك الشعوب نظرا إلى دراسة الطلاب والطالبات في المدارس والجامعات في البلدان النامية للغات الغربية وثقافاتها وتاريخها.

ولاستعمال كثير من المنتجات التكنولوجية الجديدة آثار إيجابية وسلبية. فاستعمال جهاز الموجات الصغيرة جدا في المطبخ يعجل بعملية التسخين والطبخ. ولكن عن هذا الجهاز تنشأ أيضا انبعاثات إشعاعية. وتنشأ انبعاثات إشعاعية عن جهاز الهاتف الخلوي. وللتجارب النووية الكثيرة التي أجرتها دول آثار سلبية في صحة الكائنات الحية ومنها البشر. وتنشأ آثار سلبية عن تشغيل المحطات النووية الكثيرة المنتجة للطاقة النووية والكهربائية وكثرة استعمال وسائل النقل من سيارات وقطارات وطائرات وسفن. هذه المحطات والوسائل، التي تلوث البيئة وتسبب الأمراض، تكثر، لأسباب، في البلدان المتقدمة النمو وتقل في البلدان النامية.

وما فتئ الغرب يعاني من ظواهر وتطورات من قبيل الغلو في النزعة الفردية وشدة تزعزع العلاقات الاجتماعية وتفكك الأسرة وحرية العلاقات الجنسية، لدرجة الإباحة الجنسية في بعض البلدان وفي بعض

الحالات، والسعي اللاهث وراء تكديس المال، وترتيب المتولين للمسؤولية لبعض جوانب حياة البشر بالآلة التي تؤدي وظيفتها دون مراعاة للمنظور الإنساني. ولهذه التطورات والظواهر آثار سلبية في نفس الإنسان وموقفه ونظرته وسلوكه. وعززت هذه التطورات والظواهر النظرة الأنانية والريبة التي لا يبدو أن لها ما يبررها وإزالة أو تضييق هامش احتمال الخطأ لدى إصدار الأحكام على سلوك الناس وطبيعة السلوك البشري وهشاشة أسس العلاقات الاجتماعية والإغراق في المادية والحيرة النفسية.

وللتخلف الذي يصيب جوانب معينة من حياة المجتمعات النامية أسباب، وأحد هذه الأسباب الأكثر بروزا هو سيطرة الجهات الأجنبية الرسمية وغير الرسمية على المجتمعات النامية في المجالات السياسية والعسكرية والاقتصادية، وتحكم تلك الجهات بمصائر ومقدرات تلك المجتمعات واستغلال قواها البشرية والتحكم بثرواتها وبالتجارة العالمية وبرأس المال العالمي، وفرض تلك الجهات لسياساتها على الشعوب النامية التي تعاني من حالة الضعف. ولا تتيح تلك الجهات للبلدان النامية أن تتخلص من الأزمات التي تعاني منها ومن وجوه تخلفها.

وممن تكلم طيلة عقود عن التخلف في الأراضي العربية والإسلامية عدد كبير من المستشرقين. اختلف المستشرقون بعضهم عن بعض في مدى الموضوعية التي توخوها في تناولهم للمسائل العربية والإسلامية. حاول عدد قليل نسبيا من المستشرقين أن يتوخوا الموضوعية في هذا التناول، وتحيز عدد منهم عن وعي أو بدون وعي ضد العرب والمسلمين وتحاملوا وتطاولوا عليهم وشوهوا صورتهم. وخدم عدد منهم ودعموا على نحو متعمد نشاط الجهات التسلطية في الأراضي العربية والإسلامية.

وفي محاولة تلك الجهات لتنفيذ سياساتها في تلك الأراضي وللتغلغل فيها وللتأثير في شؤونها الداخلية كانت تلك الجهات بحاجة إلى من يعرف اللغات التركية والعربية والفارسية والأوردية وغيرها من اللغات ومن يكون لديه اطلاع على الثقافة الإسلامية أو إلمام بها على الأقل. ووضع عن طيب خاطر عدد من المستشرقين معرفتهم هذه في

خدمة حكوماتهم وتحت تصرفها. واعترف قسم منهم بأنهم أدوا وظيفة المنفذ أو المعاون أو الوكيل أو المستشار للسلطات الغربية في نشاطها الدبلوماسي والاقتصادي والعسكري في الأراضي الإسلامية. وكان عدد لا يستهان به من القناصل والمبشرين والمستشارين العسكريين والتجار والسفراء ولا يزالون من المستشرقين.

ونظرة الحكومات ذات السياسات التسلطية اتسمت بالعنجهية والغطرسة وبإهمال مراعاة مقومات ثقافات الشعوب المخضعة للسيطرة الغربية. وأولئكم المستشرقون الذين أتاحوا أنفسهم لخدمة حكوماتهم في تنفيذ سياساتها وجهوا طاقاتهم الفكرية وهم يتناولون المسائل المتعلقة بالشعوب المخضعة باتجاه خدمة تلك السياسات. وفي أدائهم لتلك المهمة كان أحد أهدافهم معرفة مكونات نفوس الشعوب المخضعة لمعرفة الطرق التي يسهل بها عليهم السيطرة على تلك الشعوب، ولمعرفة بنى المؤسسات الاجتماعية التي تستلزم اعتبارات سيطرتهم على تلك الشعوب إخضاعَها أو تعزيزَها أو إبقاءها على حالها، ولمعرفة طبيعة النظام الطبقي ومصالح الطبقات بين الشعوب المخضعة، وذلك ابتغاء معرفة الأفراد المستعدين لتقديم مساعدتهم لتلك الحكومات. وقطع المستشرقون شوطا طويلا في تحقيق تلك الأهداف.

ومن الوسائل المفيدة في عملية التوصل إلى المعرفة توخي النهج العلمي الموضوعي في معالجة المسائل. بيد أن البيانات المكتوبة والشفوية لعدد من المثقفين والكتاب الغربيين وغير الغربيين لا تتسم بسمة النهج العلمي. وشهد القرنان التاسع عشر والعشرون دعوات من مستشرقين للمثقفين المسلمين إلى اعتماد النهج العلمي في معالجة المسائل المطروحة دون أن يدعوهم المسلمون إلى توجيه هذه الدعوة. وجه مستشرقون وما انفكوا يوجهون هذه الدعوة وكأن المفكرين والدارسين المسلمين لا ينتهجون هذا النهج، وكأن أولئكم المستشرقين انتهجوا هم أنفسهم في بياناتهم المكتوبة والشفوية هذا النهج. أليس من القمين بهم أن يحرصوا على انتهاج ذلك النهج قبل أن يقوموا باتهام الآخرين بعدم اتباع ذلك النهج.

لقد أسهمت عوامل في تكوين هذا التحيز المقصود أو غير المقصود لدى عدد كبير من المستشرقين. ومن هذه العوامل جهلهم بلغات الشعوب التي درسوا شؤونها أو عدم كفاية معرفتهم بها بصرفها ونحوها وعباراتها الاصطلاحية. ومن هذه العوامل أيضا التركة الاجتماعية والثقافية التي حملت شحنة من النفور من الإسلام والمسلمين والاستخفاف بهم وبثقافتهم وحضارتهم. وأوجدت هذه التركة أو الخلفية في أذهانهم صورة المسلم بصفات سلبية وبالتالي عزز لديهم الميل إلى التطاول على الاسلام والمسلمين وإلى عزو صفات إليهم لا يتصف المسلمون بها، وإلى الحكم بأحكام سقيمة وتعسفية في مجالات الفكر والثقافة والأخلاق. ويقع قسم من هذه الأحكام في المناطق الرمادية بالنسبة إلى أولئكم المستشرقين. والمقصود بالمناطق الرمادية المناطق التي يصعب، بسبب عدم تلقيها لقسط واف من الدراسة، إصدار الحكم اليقيني بشأنها.

وخلال مدة تناول المستشرقين للمسائل التي تناولوها كان كثير من المسلمين، ولا يزالون، في حالة من الضعف السياسي والاقتصادي والثقافي والاجتماعي، وكان كثير منهم خاضعين للسيطرة والاحتلال الأوروبيين. وكانت أمية القراءة والكتابة والوظيفة ولا تزال متفشية في صفوفهم، وما زالوا لا يحسنون الدفاع عن أنفسهم. هذه الحالة من الضعف كانت عاملا شجع تشجيعا كبيرا على اتخاذ عدد لا يستهان به من المستشرقين لهذه الطريقة في تناول المسائل قيد النظر.

ويبدو أن سلوك هؤلاء المستشرقين مثال على الميل لدى البشر في حالات معينة إلى التحيز ضد الضعفاء أو إلى التحامل عليهم أو القيام بعزو صفات سلبية إليهم لا يتصف أولئكم الضعفاء بها، والميل أيضا إلى إنكار وجود صفات إيجابية يتصفون بها، وإلى اعتبار الضعفاء مكانا لإلقاء النفايات النفسية والاجتماعية والاقتصادية لدى الأقوياء، فضلا عن النفايات الإشعاعية والكيميائية التي تشمل آثارها المهلكة مساحات شاسعة وما انفكت تفتك بكثير من البشر الأبرياء.

وميل مستشرقين إلى بث صورة مشوهة عن الإسلام والمسلمين يمكن الإسهام في إزالته بإزالة أسباب هذا الميل. وتشمل هذه الأسباب

الجهل بالثقافة العربية والإسلامية، والموقف الغربي القائم على الاعتقاد بمركزية الشعوب الغربية في العالم وما لهذا الاعتقاد من متضمنات سلبية بالنسبة إلى موقف الغربيين من الشعوب والثقافات غير الغربية. ويمكن الإسهام في إزالته بإضعاف دور المستشرقين المتحيزين عن طريق فضح تحاملهم وعن طريق الإبانة عن الأضرار التي تلحق بالدول الغربية والنامية من جراء قيام هؤلاء بدورهم الرسمي على نحو متحامل، وأيضا عن طريق تعزيز الشعوب النامية لقوتها الذاتية السياسية والاقتصادية والثقافية والفكرية وتحقيق الحضور الفكري والحضاري على المستوى العالمي، وتعزيز قوتها على الدفاع عن نفسها، وباكتساب الشعوب النامية لمعرفة كيفية طرح قضاياها وكيفية تبيان خطأ الطروح الفكرية الغربية عن تلك الشعوب وثقافاتها، وإقامة مؤسسات حكومية وغير حكومية في البلدان النامية للنشر المكتوب والشفوي والمرئي من قبيل مراكز البحوث والمجلات والمواقع على الشبكة الدولية يكون هدفها الرئيسي تبيان العلاقة بين الحضارة الإسلامية والحضارة الغربية، وما تدين الحضارة الغربية به للحضارة الإسلامية في خروج أوروبا من دياجير الجهل في القرون الوسطى. إذا حققت البلدان النامية هذه الأهداف أسهمت يقينا في تغيير الدول الغربية لمواقفها حيال البلدان النامية.

ضياع الروح وفقدان المعنى:
البُعد الديني لأزمة الثقافة الأمريكية

في القرن العشرين كانت الحداثة وما بعد الحداثة الموضوعين الثقافيين والفلسفيين الهامين (إن لم يكونا الرئيسيين) في الولايات المتحدة. ولم تحقق الحداثة وما بعد الحداثة في فراغ، فقد نتجتا عن عملية فكرية وفلسفية عميقة كانت تجري في أذهان أقلية خلاقة في الولايات المتحدة وأوروبا.

من الميزات الفارقة لمذهب ما بعد الحداثة منذ أوائل القرن العشرين قبوله للواقع باعتباره غير نظامي بأية طريقة موضوعية يمكن للعقل البشري أن يتبينها. وهذا النوع من القبول يفصل عقل ما بعد الحداثة عن عقل الحداثة الذي افترض بأن الواقع نظامي موضوعيا.

وذكر دانيئيل بيل، الذي يعد من أهم علماء الاجتماع الأمريكيين، بضعة أبعاد لمزاج ما بعد الحداثة في أواخر القرن العشرين. قال بيل إن الدافع والسرور هما وحدهما الحقيقيان والمؤكدان للحياة في ما بعد الحداثة. وفي الحقيقة أنه لا توجد حدود دقيقة جدا بين الظواهر وأن كل شيء مرتبط بكل شيء آخر. ورأى بعض الذاهبين مذهب ما بعد الحداثة أن البشر يصممون واقعهم سواء في الألعاب أو في أجهزة الكمبيوتر أو الفلسفة أو الفن.

ويرى لورينس كيهون، أستاذ الفلسفة في جامعة بوستون الأمريكية ومحرر خلاصة عن مذهب ما بعد الحداثة، أن الذاهبين هذا المذهب يعلنون "نهاية البحث العقلاني عن الحقيقة ... واستحالة المعنى الواضح الذي لا لبس فيه، ولاشرعية الحضارة الغربية والطبيعة القمعية لجميع المؤسسات الحديثة".

إن إحدى الحقائق اللافتة للنظر في العقود السبعة الأولى من القرن العشرين هي صعود علم النفس وانكماش المسيحية في نفس الوقت بوصفها القوة الداخلية النشيطة في الثقافة الغربية. ويبدو أنه توجد علاقة متبادلة بين هذين التطورين. لقد كان من الملاحظ على نحو خاص في النصف الأول من القرن أن بعض الناس الذين كانوا يواجهون مشاكل شخصية كفوا عن طلب النصيحة من القس وبدأوا، بدلا من ذلك، بالذهاب إلى المعالج النفسي. إن هذا التغير في الدورين النسبيين للقس والمعالج النفسي يخبرنا بالكثير عن أمريكا في العقود المذكورة من القرن العشرين.

ويوجد تعبير آخر عن إعادة التوجيه هذه. كان ذلك التعبير نشوء بنية علمية، هي مجموعة مركبة كبيرة من الطرائق والتخصصات دون أن تكون لها تقريبا بوصلة أخلاقية أو موجه أخلاقي داخلي. أصبح مفهوم "الفعالية" المبدأ والمقياس الغالبين. وفي هذه الظروف أصبحت الحضارة التكنولوجية نظاما خارجيا محضا. إنها لم توفر مقياسا أخلاقيا داخليا للفرد. لقد نشأت ثقافة عالمية علمية معقلنة، هي إلى حد كبير جسم بدون روح.

وفي نفس الوقت حافظ الدين حتى قبل عدة سنوات على وجوده المنفصل بوصفه مصدر سلوى ومواساة شخصية دون أن تكون له قوة اجتماعية كبيرة. لقد عانت أمريكا من انفصام الشخصية الذي قسم الفرد بين إرادة علمية على الحصول على القوة، إرادة تخدمها طرائق خالية من المبادئ الأخلاقية العليا الموجِهة، وعقيدة دينية ومثالية معنوية لعلهما عزيتا الفرد ولكن كان لهما حد أدنى من القوة على التأثير في مجرى الأحداث. وفي غياب التوجه الروحي المقبول عموما كانت النتيجة أن القوى العلمية الجديدة في أمريكا خدمت النزعة الاستهلاكية الاقتصادية التي مال الناس إليها على نحو متزايد، محاولة منهم لملء الفراغ الداخلي. لقد قبلت أمريكا اعتقادا معقلنا علميا مقترنا بإخضاع الإنسان للأغراض الاقتصادية. لقد تبنى الأمريكيون المادية الاستهلاكية التي لعلها أوجدت مستوى أعلى للمعيشة ولكن لا تبدو أنها لبت الحاجات الأعمق للروح البشرية.

وثمة مظهر ثالث لإعادة التوجيه هذه، وذلك المظهر هو انحلال الصور الداخلية الجماعية للكمال أو التمام لدى قسم من الأمريكيين. على سبيل المثال، اعتاد أمريكيون على الحديث عن الأرض الأم بجميع دلالاتها العاطفية الحيوية. وبعد ذلك أصبحوا يتكلمون عن الأرض الخالية من المعنى العاطفي. ومرة تحدث أمريكيون عن "السماء" التي دلت على المجال المتجاوز للوجود المادي، على الخلود، مكان سكنى الآلهة، المكان الذي كانوا يأملون في أن تنتقل إليه أرواحهم عندما يستوفيهم الله أجلهم. والآن يتكلمون عن الفضاء والكون. لقد تلاشى البعد المتجاوز للوجود المادي.

وهكذا فإن المعنى الذي اعتاد على نحو غير واع أن يديم الحياة الداخلية للفرد في أوقات سابقة ذهب واقعيا. قليلون هم الذين كان المصدر الرئيسي للقيمة العليا في الحياة يغذيهم. وما عناه ذلك من الناحية النفسية هو أن ذات الشخص (الأنا) فصلت عن المصدر المغذي، الذي هو المنبع الاصلي الحيوي للمغزى المتجاوز للأشخاص. يبدو أن قطاعات من البشر فقدت ما كان في السابق للحضارات المختلفة – رابطة بالأبدي وغير المتناهي - وما ينجم عن ذلك من الشعور بالتواضع

والمسؤولية، علاقة بالكل بوصفه كلا، علاقة بنظامه المتجاوز للطبيعة، بمعجزة الخلق.

إن هذا الانهيار لصور الكمال أو التمام الداخلية أدى إلى نشوء القلق والاغتراب الواسعي الانتشار. وانحلت أو ضعفت وسائل الأمان الداخلية. ونتيجة عن ذلك دخلت منذ بداية القرن الماضي مفردات الاختلال الوظيفي في اللغة الإنكليزية المستعملة في الولايات المتحدة: "الشخص المرهق" و"الموسوس" و"المكبوت" و"مركب النقص" و"أزمة منتصف العمر" و"أزمة الهوية". هذه كلها مصطلحات يعتبرها البعض مشاكل فردية ولكنها في الواقع تمثل حالة أعمق في الأوقات الأمريكية.

إن تلك المصطلحات هي أكثر من كونها مجرد مفردات لغوية. إنها لدى قسم من الأمريكيين ثقافة الفساد الوظيفي. فالثقافة التي تصبح منقطعة عن جذورها المتجاوزة للوجود المادي تصبح ثقافة فاسدة تمتلكها.

وهذه العملية كلها أسرعت وتسرع بها تكنولوجيات المعلومات التي تنقل صورا وحالات نفسية خلال وقت قصير، وليس خلال سنين كما كانت الحالة في أوقات سابقة. وهذه الصور تنقل عالميا وليس فقط داخل ثقافة واحدة. وبالتالي فإن قطاعات من الأمريكيين تواجه وباء نفسيا يزداد قوة.

هذا الكلام يقصد فقدان عقيدة جماعية شاملة وفرت تاريخيا للفرد والمجتمع قيما محددة ووفرت حلولا لمسائل البقاء النهائية. حينما يفقد نظام رمزي سائد قوته بوصفه القوة مصدر المعلومات في ثقافة من الثقافات يبحث الناس عن المعنى بطرق مختلفة أخرى.

وهذا البحث يشاهد في تعبيرات كثيرة في أمريكا اليوم – في "روحانية العصر الجديد"، وانتشار جماعات دينية مثل "باب السماء"، والأصولية، وفي كثرة انتشار العلاج عن طريق المساعدة الذاتية خلال العقود الأخيرة، وفي استكشاف ما هو غير طبيعي وما هو خارق، وفي الاهتمام بالبوذية والفلسفات الشرقية، وفي نشوء أديان جديدة كثيرة، وفي التطرف.

وعلى المستوى الروحي تمثل هذه التعبيرات تشظي التجربة الدينية الجماعية الأصلية لدى قطاعات من الناس والبحث عن شيء جديد. وعلى المستوى النفسي تعني تلك التعبيرات أن النموذج الأصلي، نموذج الكمال والكل الداخليين، وهو النموذج الذي هو المبدأ المنظم والموجه الأعلى في الحياة، يبحث عن تعبير جديد.

وحتى تكون الذات البشرية صحيحة ومتوازنة ينبغي أن تكون لها رابطة حية وعضوية بكل أكبر، بكيان يتجاوز الذات. ولذلك فإن كل حضارة خلال التاريخ كان لها شكل ما من التعبير الروحي. عن طريق الرمز والطقس والصورة عبرت الأديان عن الرابطة بالكيان السامي، بالإلهي، وعززت تلك الرابطة، وهو ذلك الكيان الذي هو تعبير عن الطراز الأصلي للتمام والكمال.

إن جزءا من إعادة التوجيه هذه التي تحصل في أمريكا هو البحث الفردي عن التجربة المباشرة للإلهي. لم يعد كثيرون من الناس يريدون تجربة غير مباشرة تتوسطها الكنيسة أو الكاهن. يريدون أن يتجاوزوا النظام الكهنوتي.

التهرب من مناقشة المسائل أو التناول الغامض لها

تتسم نشاطات بعض الجهات الفاعلة أو المتنافسة أو المتصارعة – سواء أكانت جماعة أو فردا أو دولة أو حكومة – بقدر من السعي إلى حجب أو إخفاء واقعها أو تمويهه. وذلك القول ليس مقصورا على ثقافة (وتُعرّف الثقافة هنا بكيفية تعامل الفرد مع الناس ومع الأشياء) أو قارة معينة. إنه ينطبق على ما تدعى المجتمعات النامية والمجتمعات المتخلفة والبدائية والمتطورة، والمجتمعات الريفية والمدينية. وهذه الجهات تنكر – على تفاوت – هذه الحقيقة. تحاول تلك الجهات حجب الحقيقة ابتغاء اكتساب وممارسة النفوذ والتأثير وتحقيق السيطرة في المجال السياسي

(وتُعرّف السياسة هنا بسعي جهة من الجهات إلى اكتساب القدرة على ممارسة التأثير ابتغاء تحقيق أهداف معينة). وأساليب الحجب أو الإخفاء يختلف الواحد منها عن الآخر ومن ثقافة إلى أخرى. ومن الناس مَن يعرفون هذه الحقيقة عن أنفسهم وعن غيرهم ولكنهم ينكرون وجودها. وأحد دوافع إنكارها هو السعي أيضا إلى إخفاء الواقع.

ومما يسهل على الإنسان أن يكتشف هذه الحقيقة أو أن يعرفها هو أن يكون لديه وعي أقوى بالحقائق وأن يكون عنده ضمير حي وأن يحاول توخي الموضوعية وأن يكون صريحا مع نفسه وأن يكون لديه حس أقوى بالمسؤولية حيال نفسه وتجاه الخالق وتجاه المجتمع والدولة والوطن والإنسانية التي ينتمي إليها.

ولإخفاء وتمويه الواقع تستعمل جهات فاعلة وسائل وآليات. وتقوم علاقة بين نجاعة هذه الآليات ومدى التطور الاجتماعي والسياسي للمجتمعات. كلما زاد هذا التطور زادت نجاعة هذه الآليات. وبالتالي فإن آليات الإخفاء والتمويه لدى الجهات الأقل تطورا أقل نجاعة. هذه الجهات أقرب إلى الحالة الطبيعية، وسلوكها أقرب إلى السلوك الطبيعي.

ومن أجل تعرية العمليات والوسائل التي تستخدمها تلك الجهات لحجب الحقيقة والواقع ينبغي تحليل خطابات تلك الجهات وتفكيكها.

وتؤدي كل مؤسسة بشرية عددا من الوظائف. وتختلف الوظائف التي تؤديها المؤسسة بعضها عن بعض في مدى أهميتها وحجمها بالمقارنة بالوظائف الأخرى. وإحدى الوظائف التي يؤديها بعض المؤسسات البشرية هي القيام بالإخفاء والتمويه: فالمؤسسات من قبيل ما يطلق عليه الانتخابات واستطلاع الآراء والمجالس النيابية والتمثيل ومؤسسات البحث والديمقراطية والعلمانية وإضفاء الطابع العصري والحداثة وإقامة العدالة وفصل السلطات والمساواة أمام القانون والدستور والصحافة ووسائط الإعلام وغيرها تؤدي وظائف إحداها أنها تخفي الواقع أو تموهه. وما تسمى الإيضاحات والشروح والتعليقات والتفسيرات التي تقدمها مؤسسة من المؤسسات تشكل محاولة للتغطية أو التمويه أو حجب الحقيقة.

وكثير من الناس في العالم أجمع، وعلى وجه الخصوص البلدان النامية، يتجنبون الخوض في بعض المسائل ومناقشتها. وتكرار هذا التجنب يؤدي – على الأقل أحيانا – إلى نسيانهم لهذه المسائل أو إلى نسيانهم أو تناسيهم للظروف التي استلزمت تفكير الإنسان بينه وبين نفسه في تلك المسائل مع تفادي مناقشتها مع الآخرين. وتختلف المجتمعات البشرية بعضها عن بعض في مدى استعداد أفرادها لمناقشة المسائل أو في مدى تجنبهم لهذه المناقشة أو نفورهم منها. ومن أسباب هذا التجنب اعتقاد المرء أو شعوره بأن مناقشة مسائل حساسة معينة من شأنها أن تثير سخط الناس أو استياءهم وسخط واستياء ذوي النفوذ على المستويين الحكومي وغير الحكومي وأن تؤدي إلى مخاصمتهم أو مقاطعتهم أو معاداتهم له. وحتى يتجنب ذلك المرء هذا الموقف الذي يتصوره من جانب الناس يؤْثر عدم الخوض في مسائل من هذا القبيل.

والنظم الاجتماعية، من قبيل المجتمع والدولة، تختلف بعضها عن بعض في مجالات أحدها كثرة أو قلة المسائل التي يسمح للناس بالخوض فيها. هذه الكثرة أو القلة لها دلالاتها على طبيعة النظام الاجتماعي، فكلما كثرت المسائل التي يحظر على الناس الخوض فيها ازداد هامش الحرية الفكرية ضيقا.

وظروف الحياة توجد الحاجة أحيانا إلى أن يفكر ويخوض المرء في مسائل غير خاضعة عادة للنقاش. وعدم الخوض في مسائل معينة لا يعني أن هذه المسائل غير قائمة. منع أو حظر مناقشة مسألة من المسائل لا يعني عدم وجود تلك المسألة في الفكر البشري وفي جانب من جوانب السياق الاجتماعي.

ونظرا إلى أن قسما من هذه المسائل لا بد من أن يكون من صميم الحياة والواقع فإنه لا يمكن تحقيق التقدم الاجتماعي والاقتصادي والثقافي والعلمي دون مناقشتها والبت فيها.

ومعنى تجنب مناقشة مسألة من المسائل هو عدم إخضاعها للدراسة لتحسين فهم الوظيفة الاجتماعية والسياسية التي تؤديها هذه المسائل ولتحسين فهم الفائدة التي يجنيها بعض الفئات المنتفعة من عدم إثارة مسألة من المسائل. ونظرا إلى وجود ظواهر ومسائل لا يقبل

النظام الثقافي والاجتماعي والفكري والنفسي السائد في مجتمع من المجتمعات بإخضاعها للمناقشة فلإثارة هذه المسائل ولتناولها يجب أن يتوفر المحللون الذين لديهم الجرأة الفكرية والنفسية والخُلقية على القيام بذلك. هؤلاء المحللون المتناولون لهذه المسائل يشكلون القوة المحفزة على التفكير والحافز على التحليل لطبيعة المسائل وعلى الإشارة إلى العيوب التي تنطوي عليها حالة من الحالات القائمة في المجتمع.

وطرح ولا يزال يطرح السؤال لماذا استطاعت شعوب ودول تحقيق الوحدة والنهضة والتصنيع وأخفق العرب في ذلك؟ وفي الحقيقة أن من اليسير الإجابة عن هذا السؤال، وقد قدمت الإجابة على نحو مباشر وغير مباشر. والمحللون العرب الذين يتظاهرون بأنهم لا يعرفون الإجابة عن هذا السؤال ليست لديهم الجرأة الفكرية والخُلقية والنفسية على توخي الصراحة والمصارحة. وهم يتخوفون من قول الحقيقة ووضع النقاط على الحروف. قولوا الحقيقة. لا تخافوا. أحيانا يقوم التقاء مصالح أو تحالف بين المتولين للسلطات الحكومية وغير الحكومية، ومنهم المنتفعون والوصوليون، بمختلف وظائفهم الذين يأتمرون بأمر المتولين للسلطات الحكومية ويتقاضون رواتبهم من خزانة الدولة وجهات فاعلة أجنبية ذات مصالح استراتيجية واقتصادية.

وتقوم علاقات متبادلة منطقية بين كل الظواهر في مجالات الاقتصاد والنفس والثقافة والسياسة وغيرها. ولترابط هذه الظواهر لا بد من أن يوجد ترابط بين الظواهر الاجتماعية التي يسمح بمناقشتها والظواهر الاجتماعية التي يُحظر أن تكون موضوعا للمناقشة.

من المسائل التي قد يحظر على الناس مناقشتها أو يخشون من مناقشتها مفهوم "العِرض" في الثقافة العربية والإسلامية ومسألة استقلال العِلم ووضع المرأة وممارسة الاجتهاد. إن حيوية البت في هذه المسائل بالنسبة إلى محاولة حمايتنا من التهديدات والتحديات التي تواجهنا تتطلب أن يطرح المفكرون هذه المسائل وأن يناقشوها. ونظرا إلى حيوية هذه المسائل ليس في وسع الشعوب ترف مناقشة المسائل غير الخلافية، ناسية أو متناسية أو مهملة طرح ومناقشة المسائل الخلافية.

دعوني أسوق فيما يلي مثالا على هذا الترابط بين الظواهر: من المواضيع التي يقل الناس الذين يخوضون فيها – على الأقل في بعض البلدان العربية – أخذ المرأة لزمام المبادرة إلى طلب يد الرجل. في فجر وصدر الإسلام لم تكن من العادات المقبولة أن يطلب الرجل يد المرأة فحسب ولكن أن تطلب المرأة يد الرجل أيضا. لم تكن غضاضة في ذلك. وأحد وجوه ضعف المجتمع العربي الإسلامي في الوقت الحاضر وفي قرون سابقة أن اقتصر طلب اليد للزواج على الرجل. وعندما يجري التفكير في صحة الحياة الاجتماعية العربية وفي عوامل قوة أو ضعف المجتمع العربي وفي العادات والتقاليد المرعية وفي مسألة الحقوق الممنوحة للجنسين وفي العادات والتقاليد التي كانت مرعية في فجر الإسلام وضحاه لا بد من أن يتجه التفكير أيضا إلى مسألة انعدام عادة طلب المرأة ليد الرجل في بعض البلدان العربية والإسلامية في الوقت الحاضر. ولكن بسبب غلبة العادات الاجتماعية التي كانت ولا تزال تثني عن الخوض في هذا الموضوع وعن مناقشته فإنه لم يجر على نحو واف بالغرض التأكيد على حقيقة أن طلب المرأة ليد الرجل كان من العادات المقبولة في عهد النبوة وعهود إسلامية أخرى.

لعل هذا المثال يبين أن عدم التناول النقدي لهذه الظاهرة أدى إلى عدم التناول الوافي بالغرض للحقيقة التاريخية، وهي حقيقة أن طلب اليد للزواج في عصور إسلامية خلت كان يشمل الجنسين كليهما. وبعبارة أخرى، يوضح هذا العرض أن التناول للظواهر المسموح بتناولها يجر إلى تناول الظواهر غير المفكر فيها أو المحظور اجتماعيا تناولها.

من المسائل التي يجب طرحها قضية استمرار النظام الطبقي الهرمي الأبوي الذكوري (البطرياركي). لا يزال المجتمع العربي، رجالا ونساء، منذ قرون كثيرة يعاني من سطوة هذا النظام. لقد أسهم هذا النظام ولا يزال يسهم في الحيلولة دون نشوء التفكير المستقل والشخصية المكتفية بذاتها والمستقلة بفكرها. وبتأثير سطوة هذا النظام طمست الآثار الجليلة للكثير من الرجال النابغين المفكرين العلماء ومن

النساء النابغات المفكرات العالمات، ومنهن ازيس، الفيلسوفة المصرية التي وصل أثرها من مصر إلى أوروبا والتي توفيت في القرن السادس الميلادي، وسخمت التي كانت نقيبة الأطباء في مصر القديمة.

يجب على المحلل أن يعالج دون وجل المسائل التي يحترس أناس من تناولها مثل قضايا الشعب في حاضره ومستقبله على الرغم من احتمال أن تثير هذه المسألة سخط قسم من الناس الذين قد لا يرون أبعد من أنوفهم والذين تعميهم المصلحة الفردية، مصلحة تولي منصب من المناصب او مصلحة جني فائدة مادية، عن رؤية ضرورة إطلاق الفكر وضرورة المناقشة الجريئة الصريحة للمسائل من أجل الحفاظ على الوجود المادي والحضاري.

ولدى المحللين، عربا وغير عرب، مستويات متباينة من فهم خصائص الحقائق والوقائع السياسية والاقتصادية والثقافية والنفسية والتاريخية ومن إدراك تعقدها. وأحيانا لا يبلغ المحلل لمسألة من المسائل بالاستنتاج المنطقي الرشيد الذي يتوصل هو إليه إلى مداه الكامل الذي ينبغي أن يوصله إليه تحليله المتسم بالقدر الممكن من الموضوعية. في هذه الأحيان يأتي الاستنتاج ناقصا. ولأسباب ثقافية ونفسية واجتماعية أحيانا يتأخر الناس – على تفاوت – في التوصل إلى الاستنتاجات التي تفرض الاعتبارات والضرورات الحياتية التوصل إليها. ولعدم البلوغ هذا أسباب منها تعقد الظواهر والمسائل التي تتسم بتعدد العوامل المنشئة لها. ومن هذه الأسباب أيضا وجود القيود والمصالح السياسية والاقتصادية والثقافية والخوف من نتائج التبيان التام لنتائج التحليل للمسألة قيد الدرس.

ولنأخذ مثالا على ذلك الهيمنة أو السيطرة الأجنبية. نحن نرغب في زوال السيطرة الأجنبية الاقتصادية والسياسية على بلادنا. وتتعزز هذه السيطرة بالتقاء مصالح الجهات المسيطرة الأجنبية بمصالح أصحاب النفوذ القلة المحليين. وبعض أصحاب النفوذ هؤلاء يستند حكمهم جزئيا إلى امتلاكهم لأراض شاسعة. وامتلاكهم لهذه الأراضي يزيل أو يضيق فرص النهوض الاجتماعي والاقتصادي لأفراد الشعب. وهذا التضييق يسهم إسهاما كبيرا في الاستقطاب الاجتماعي. على هذا

النحو يمكننا أن نضيف مزيدا من الحلقات إلى هذا المسلسل الذي تترابط أجزاؤه منطقيا. ومن قبيل الاستنتاج الناقص، الاستنتاج الذي لم يبلغ مداه التام، الاكتفاء، في سياق التحليل الاجتماعي الهادف إلى تحري العوامل في العملية الاجتماعية النشيطة، بإيراد قسم من الحلقات في المسلسل.

ولدى قسم كبير من المحللين العرب دعوة إلى التغيير الاجتماعي والاقتصادي والثقافي ومناداة بهذا التغيير. بيد أن عدم بلوغ المحلل بالاستنتاج إلى مداه الكامل يحد من قوة الدعوة إلى التغيير لأن التغيير قد يحتاج إلى أساس فكري لم يتناوله الاستنتاج الذي يتوقف به المستنتج عند حد معين ناقص. عدم بلوغ الاستنتاج الكامل يوجد اختلالا في نفس المحلل المستنتج بين هذه الصفة – صفة عدم بلوغ الاستنتاج إلى مداه الكامل – وهذه الدعوة، ما يعرقل الأخذ بالإجراءات العملية اللازمة لتحقيق التغيير.

وثمة دعوة إلى إنشاء مراكز لإجراء الأبحاث السياسية والاجتماعية والاقتصادية. ويجد فعلا عدد من هذه المراكز في الوطن العربي. ولم تراع مراعاة كافية أو لم تراع البتة البحوث التي أجرتها مراكز قائمة. ومن الغني عن البيان أنه لا فائدة من أبحاث لا يأخذ ذوو السلطة الحكومية وغير الحكومية باستنتاجاتها وتوصياتها الصحيحة.

ومما له صلة بالخوف من طرح ومناقشة المسائل الخلافية ما نشاهده من التناول الغامض غير المحدد الذي يقوم به بعض الكتاب للمسائل المطروحة أو لبعض المسائل غير المطروحة. عدم التحديد وسيلة من وسائل التهرب من التناول المباشر الصريح للمسائل. وعن طريق عدم التحديد تقل الفائدة المجنية من المعالجة. ما دام كاتب قد بدأ بمعالجة مسألة جوهرية خلافية فليبلغ دون وجل بالمعالجة إلى منتهاها. ولا ينبغي أن يحلل المحلل لمجرد اكتساب رضى الناس. يجب أن يحلل ليضع اصبعه على الجرح، وليضع النقاط على الحروف، دون مجاملة أو مواربة أو تردد أو خوف. وإذا سخط عليه الساخطون في الوقت الحاضر فلعل أجيال المستقبل ستكشف عن قيمة أفكاره ووجاهتها بالنسبة إلى مصلحة الشعب. ليمت ذلك المحلل مسخوطا عليه أو منفيا

نفسيا أو جغرافيا ما دام يعرف أن قلمه دوّن ما دار في خلده من وجوه التعليقات والانتقادات والتحفظات والاستنتاجات التي يزكم بها أنفه والتي تصاحبه خمسا وعشرين ساعة في اليوم والتي تقض مضجعه وتكاد أن تخنقه. وليكن عزاء المحلل وجود احتمال أن تتفهمه الأجيال في الوقت الحاضر أو في المستقبل.

ومن عيوب كتابات عدد كبير من المفكرين من شتى القارات، وربما على وجه الخصوص البلدان النامية، حدة النبرة التقريرية التي لا تدعمها البينات والنزعة الانتقائية في بياناتهم. أسباب هذه النزعة الانتقائية والتقريرية حضور العاملين الذاتي والأيديولوجي في طروحهم التي يصفونها خطأ بانها علمية موضوعية. إن للعاملين الأيديولوجي والذاتي حيزا في فكرهم. وهذا الحضور يفسد عليهم الطرح المتسق والمنتظم فكريا وعلميا وفلسفيا. وعن طريق الانتقائية والتقريرية المقصودة وغير المقصودة يراعون الاعتبار الأيديولوجي والعامل الذاتي وقد يسوقون في نفس الطرح البيانات التحليلية العلمية. وبذلك لا ترقى طروحهم إلى مرتبة الطرح النظري العلمي المنتظم المتسق.

وأحد أسباب النزعة التقريرية والانتقائية هو افتقار بعض الكتاب الى القدرة على الطرح النظري العلمي المتسق أو إلى التقدير لأهمية هذا الطرح لدى من يريد الأخذ بالمنهج العلمي كأساس لتحسين ظروف معيشة البشر. والسبب الثاني في ذلك خوف المفكرين من أن يساء فهمهم إذا توخوا في كتاباتهم الانتظام أو الاتساق الفكري والعلمي في الطرح. بهذا الاتساق تستبعد نقاط أيديولوجية لا صلة لها بالعرض الفكري العلمي الموضوعي. فمراعاة الجانب الأيديولوجي تفسد الطرح الفكري الموضوعي. وبهذه المراعاة لا يعود الكاتب متسق الطرح الفكري.

ومن العيوب التي تعتور كتابات بعض المفكرين أنهم يختتمون أحيانا الطرح الصحيح لفكرة من الأفكار بعبارة متداولة ومألوفة، وبلاغية مبتذلة أحيانا تنقض الطرح الصحيح للفكرة أو لا تتفق مع ذلك الطرح.

ولا يمكن للشعوب النامية أن تقيم الجسر الذي تحقق عبره التقدم المنشود الذي ترافقه المنعة دون أن تقر باستقلال العلم ودون إطلاق الفكر، بما في ذلك الفكر الفلسفي، وإتاحة الإبداع الفكري وإحقاق حقوق الإنسان، بما في ذلك حقوق المرأة.

ولإضعاف، إن لم يكن من الممكن إزالة، العامل الأيديولوجي ولتعزيز العنصر الوصفي والتحليلي والتفكيكي وللمساعدة في توفير الانطلاق الفكري في دراسة موضوع من المواضيع من اللازم تفادي أن تصنف الأشياء المدروسة تصنيفا هرميا أو أفقيا أو وضعها في علاقة تراتبية. فإذا أقام مرء علاقة تراتبية بين الأشياء سجن نفسه فكريا وأيديولوجيا.

الوظيفة والإبداع

موضوع العلاقة بين الوظيفة والإبداع جدلي. المفهوم البشري مفهوم مثالي، بمعنى أن المفهوم لا يمكن تحقيقه الكامل. على سبيل المثال، العدالة والديمقراطية والإبداع والحرية والكرم مفاهيم مثالية. على وجه المعمورة لا توجد ديمقراطية أو حرية أو عدالة محققة مئة بالمئة. من هنا فكرة سعي الساعين إلى تحقيق قدر أكبر من مفهوم من المفاهيم التي يُسعى إلى تحقيقها.

وللوظيفة معان. وأحد معانيها المعنى التقليدي المألوف، أي أداء الوظيفة لقاء أجر مالي أو عيني في البنى الإدارية الحكومية

وغير الحكومية والرسمية وغير الرسمية. بهذا المعنى الوظيفة مقيدة للإبداع وذلك لأن أداء الوظيفة له متطلباته من قبيل التقيد بإنفاق وقت محدد – طويل نسبيا – في مكان أداء الوظيفة وبمراعاة توجيهات الممسكين بدفة الإدارة وبمقاليد السلطة، والتنفيذ لخطة أو سياسة موضوعة، وذلك التقيد والتنفيذ والمراعاة تتنافى مع الإبداع الذي يتضمن الانطلاق الفكري والعاطفي. يجب توفر الانطلاق لتحقيق الإبداع ولا يتوفر الانطلاق في حالة التقيد والتنفيذ والمراعاة الوظيفية.

وثمة وجه آخر للاختلاف أو التناقض بين الوظيفة بالمعنى الذي أشرنا إليه والإبداع. الوظيفة شيء متصور أو موضوع أو موجود، والإبداع نشاط فكري نفسي يسعى المرء به إلى تحقيق ما هو ليس كائنا.

وكما أسلفنا فإن الوظيفة لا تقتل الإبداع ولكنها تقيده. وكلما ازداد المرء تقيدا بمتطلبات أداء الوظيفة ازداد إبداعه انكماشا بافتراض أن العوامل الأخرى محايدة.

وفضلا عن دور الوظيفة في تقييد التحليق الإبداعي في العوالم غير المجهولة والمجهولة تقوم قيود ومحظورات فكرية ونفسية وعقدية كثيرة على التحليق والانطلاق الإبداعيين.

وحتى يقل قيد الوظيفة على المرء من الطيب أن يكون مكتفيا بما لديه من الوسائل المعيشية أو أن يكون لديه مصدر دخل مالي غير الوظيفة. وانتماء المرء إلى حلقة أو وسط أو مجموعة تشاطره التوق إلى الانطلاق والتحليق والإبداع من شأنه أن يستمد منه التشجيع على مواصلة مسيرة الإبداع ومواكبة قافلة الذين تحدوهم رؤى الإبداع ومصاحبة الذين يعتلون بساط الريح الذي تغنى به المغني العظيم المرحوم فريد الأطرش، ولكن في حالتنا لن

ينقلنا البساط إلى كل أرض العرب فحسب ولكن إلى الغيوم والكواكب المتلألئة.

التقليد والعقل

الواقع أن إحدى صفات أو سمات نشاط العقل البشري هي النزعة إلى قبول الأفكار المعروضة أو إلى التسليم بصحتها أو إلى عدم تقليب الرأي فيها وعدم دراستها وعدم التحقق من خطأها أو صحتها. وتختلف الشعوب بعضها عن بعض ويختلف الأفراد بعضهم عن بعض في مدى شيوع وقوة هذه السمة. وثمة عوامل في إيجاد هذه السمة وفي قوتها أو ضعفها. من هذه العوامل المستوى الثقافي للفرد، فكلما ازداد مستواه الثقافي انخفاضا ازدادت لديه هذه النزعة قوة، وبالعكس.

ويوجد عامل آخر، وهو طبيعة النظام السياسي والاجتماعي والديمقراطي الممارَس. في ظل النظام الديمقراطي يجري تبادل الآراء

وتقليبها في المسائل والأفكار ودراستها ونقدها. وبالتالي، تساعد ممارسة النظام الديمقراطي على معرفة وجود البدائل الفكرية وخطأ أو صحة الأفكار واتخاذ النهج النقدي حيال القضايا المطروحة.

وهذه النزعة إلى القبول بالأفكار تنم عن الثنائية الفكرية التي ترى الأشياء على شقي نقيض. فالنزعة إلى القبول هي عكس النزعة إلى الرفض، والنزعة إلى اعتبار أفكار صحيحة هي عكس النزعة إلى اعتبارها خاطئة.

والحقيقة هي أن هذه النزعة خاطئة وذلك لأنه، نظرا إلى نسبية مناسبة الأفكار وإلى نشاطها (ديناميتها)، يمكن للمرء أن يتخذ مواقف عديدة تتراوح ما بين القبول والرفض. وتعني هذه النزعة التقييد الفكري، لأنه بهذه النزعة يحشر الفكر في بديلين أو شقين هما الفكر المقبول والفكر المرفوض، أو اعتبار الفكر صحيحا واعتبار الفكر خاطئا، بينما توجد درجات عديدة تقع بين قبول الفكر ورفضه.

ونظرا إلى القداسة التي ينسبها الناس إلى الأفكار أو التي يضفونها عليها أو يرونها فيها فقد نشأ واستقر لدى عقول بعض الناس تخوف من اتخاذ موقف نقدي حيالها أو ابتعد العقل عن تناولها تقليبا ودراسة، أو لم يتخذ العقل موقفا نقديا حازما.

إن إضفاء القداسة على الأفكار جعل العقل يتخوف من تناولها. ونظرا إلى سخف أو بطلان قسم من تلك الأفكار فإن العقل لم يعمل في نقدها وفي تبيان سخفها. وخوفا من أن يمس العقل بالأفكار المحظور تناولها تقيّد الفكر ولم يتناول العقل المجالات التي تقع تلك الأفكار فيها. وبالتالي، بقيت لتلك الأفكار السيطرة أو الهيمنة على قطاعات من المجتمع.

ونظرا إلى الدور الكبير الذي يؤديه العقل في تحقيق التقدم العلمي والاجتماعي وفي إنشاء الحضارة وتطويرها فإن تضييق المساحة التي سمح للعقل بأن يعمل فيها أسهم في التخلف العلمي والاجتماعي.

ولتصريف شؤون الحياة في شتى المجالات ينبغي أن تتوفر أدوات مصرِّفة وموجِّهة ومنظمة. وحظرُ إعمال العقل في مجالات من

حياة البشر أدى وما يزال يؤدي إلى تعزيز دور التقليد في تصريف شؤون الحياة.

والنزعة إلى قبول الفكر والتسليم بصحته واعتباره مقدسا وإضفاء النسبية عليه والمحظورات الفكرية – كل هذه أضعفت ولا تزال تضعف دور العقل في تصريف شؤون المجتمع.

ويتعرض مَن يدرس هذه النزعة وهذه الأفكار دراسة نقدية إلى الانتقاد وينشأ لديه كثير من الخصوم وتعاديه فئات كثيرة قابلة بالحالة الفكرية والاجتماعية القائمة. وبالتالي فإن كثيرين من الذين كانوا سيدرسون هذه النزعة دراسة نقدية أحجموا ويحجمون عن ذلك خوفا من الضرر المادي والاجتماعي الذي كان سيلحقهم لو قاموا بهذه الدراسة.

كان ذلك أحد الأسباب في أن مجالات غير قليلة من مجالات الحياة لم يعمل فيها العقل، مما قوى دور التقليد أو المحاكاة أو أدى إلى نشوء فراغ فكري في تلك المجالات، بمعنى أن الناس في تلك المجالات لم يتوفر لديهم الفكر الموجه الواضح. وأسهم ذلك الفراغ في تسهيل دخول أفكار غريبة كثيرة لم تتح لدينا الفرصة الكافية للتحقق من مناسبتها أو عدم مناسبتها لظروف حياتنا.

وفي حالات كثيرة وأوقات طويلة أعطيت الأولوية للتقليد على العقل، ودامت غلبة التقليد على العقل في المجتمعات قرونا كثيرة. طيلة قرون كانت مغالاة في التركيز على تقليد ما حقق بوصفه موردا للمعرفة في المجالات العلمية والإنسانية والاجتماعية.

وانطوت المغالاة في التركيز على التقليد على نتائج سلبية. فتلك المغالاة شجعت على نشوء ثقافة التقليد لدى كثير من المفكرين وداخل المجتمع. وجاء تعزيز دور التقليد على حساب دور العقل وإعماله. وفي جو التقليد السائد انصرف قسم كبير من الطاقات الفكرية العربية إلى الشرح والتلخيص والتفصيل والتقليد والاتباع، ما أدى إلى تقليل دور الإبداع والابتكار والتجديد والانطلاق في مجالات الحياة.

وأضعفت ثقافة التقليد المجتمع. فالحاجات الاجتماعية الجديدة والمستجدة تتطلب فكرا جديدا يقوم بالإفصاح عنها أو الإبانة عن

شرعية أو عدم شرعية تلبيتها أو بتهيئة الظروف الاجتماعية والسياسية والنفسية لإدراك أسبابها ومغزاها. وفي حالات كثيرة لا يستطيع الفكر المقلد أو المحاكي أو المتبِع أن يعالج الحاجات الناشئة عن الظروف الاجتماعية الجديدة التي توجد حاجات جديدة. وغلبة الفكر التقليدي حالت، في أحيان كثيرة، دون المعالجة الوافية الصحيحة للحاجات الجديدة في الظروف الاجتماعية الجديدة.

وكان لتغليب المغلّبين من المفكرين والعلماء للتقليد على إعمال العقل أثر كبير في إضعاف الاتجاه النقدي وفي الحد من انطلاق النشاط الفكري. ومما من شأنه أن يقلل دور التقليد في الحياة الفكرية العربية والإسلامية تعزيز النهج الفكري النقدي.

ومما يتفق مع القرآن الكريم والسنة النبوية أن يكون فهمهما وتفسيرهما معتمدين على مقاصدهما. ينبغي أن يكون للفهم والتفسير المعتمدين على المقاصد الأولوية على الفهم والتفسير المعتمدين على النص. وفي حالة وجود تفسيرين مختلفين، تفسير يعتمد على المقصد وتفسير يعتمد على النص، فينبغي أن يكون للتفسير الأول الأولوية على التفسير الثاني.

ومرد القول إنه ينبغي أن تكون للعقل الغلبة هو أن العقل أداة التعامل مع المحيطين الاجتماعي والطبيعي. والقرآن الكريم نفسه نزل في كلمات العقل هو الأداة لفهمها. وتبقى لهذه الأداة قيمتها خلال رحلة الإيمان. فالإيمان عن طريق العقل لا يعني أن يفقد العقل قيمته بعد دخول الإيمان في القلب.

وإذا اتخذ قرار باتخاذ النقل منهجا فذلك القرار قرار يتخذه العقل. واعتماد العقل منهجا لا يعني بالضرورة رفض العقل للأحكام الفقهية المنقولة، ولكنه يعني إعمال العقل في الظروف والملابسات، المتغيرة بطبيعتها، في الأمكنة والأزمنة المختلفة.

وفي القرآن الكريم والسنة النبوية إشارات كثيرة إلى أهمية العقل والتفكير. ولعلني لا أجافي الحقيقة إذا كتبت أنه لا توجد إشارات فيهما إلى أولية النقل. التسليم بأولوية العقل يبدو أنه أقرب إلى القرآن الكريم والسنة الشريفة.

والعقل بطبيعته نشيط، وتسلط التقليد على العقل فيه نيل من النشاط العقلي وإضعاف له، وفيه تضييق لنشاط العقل وتقييد وإخضاع له. والعقل يتغذى وينمو ويتعزز عن طريق التفاعل الفكري الإيجابي مع الظروف المتغيرة تبعا لتغير الزمان والمكان، والنهج التقليدي الذي ينطوي على الإخضاع العقلي يتنافي مع التفاعل الفكري الإيجابي.

والحقيقة أن التاريخ الفكري والحضاري الإسلامي يشهد على أن الحضارة العربية والإسلامية ازدهرت بإطلاق العقل في شتى مجالات الحياة.

ومرت الشعوب الإسلامية بظروف وأحوال كان فيها لأفراد الشعب دور أقل في إصدار الأحكام بالاعتماد على العقل وكان لديهم وعي أقل بدوره وبأهميته، وكان لعنصر التلقي الفكري حيز أكبر من حيز عنصر العطاء الفكري في نفوسهم. وكانت هذه الظروف والأحوال من العوامل المفضية إلى تغليب التقليد على العقل.

وتتباين أحوال وقيم المجتمعات باختلاف وتغير الزمان والمكان. والناس يتأثرون لدى إصدار أحكامهم بأحوال المجتمعات وقيمها المختلفة والمتغيرة. وفي مفهوم التأثر والتأثير تكمن النسبية. فالتأثر بالأحوال والقيم المتغيرة عند إصدار الحكم يعني أن مضمون الحكم جاء بالنسبة إلى تلك الأحوال والقيم.

وفي هذه الأيام يبدو أن لدى العرب والمسلمين قدرا أكبر من الوعي بأهمية دورهم الفكري ليس فقط بأهمية التلقي الفكري ولكن أيضا بأهمية العطاء الفكري، وبأهمية العقل وليس فقط بأهمية النقل، ويبدو أن لديهم وعيا بما للظروف الاجتماعية والنفسية بالمعنى الأوسع وللتنشئة من أثر في تأكيد أهمية واتساع دور الفكر في فهم الحياة بمختلف مناحيها، ووعيا أكبر بأن ظروف وأحوال المسلمين في الوقت الحاضر تختلف عنها في القرون الماضية، ووعيا بالحاجة إلى إعطاء دور أكبر للعقل في الاستجابة لحاجات المسلمين الجديدة.

تفسير القرآن الكريم والسنة الشريفة

نشأت في القرون الأولى من التقويم الهجري تفاسير عديدة للقرأن الكريم والسنة الشريفة من قبيل تفسير ابن كثير والزمخشري والجلالين. وثمة عدد من المذاهب الفقهية، وأكثرها شيوعا المذاهب المالكي والحنفي والحنبلي والشافعي والجعفري. يدل تعدد هذه التفاسير والمذاهب الفقهية دلالة قوية على أنه نشأت اختلافات في فهم المقصود من القرآن والسنة. قام المفسرون بهذه التفاسير وهم يستندون إلى فهمهم للمقصود من القرأن والسنة في ظروفهم الاجتماعية الاقتصادية النفسية التي عاشوها في زمن من الأزمنة وفي مكان من الأمكنة.

والذين تتوفر لديهم شروط الأهلية في الوقت الراهن للقيام بتفسير القرآن الكريم والسنة الصحيحة الصريحة المشرفة يقومون

بتفسيرهما في الواقع حسب فهمهم - المعتمد على خلفيتهم الاجتماعية والدراسية والنفسية وتكوينهم العقلي – للقرآن والسنة.

لنأخذ على سبيل المثال الآية الكريمة "وإن خفتم ألا تقسطوا في اليتامى فانكحوا ما طاب لكم من النساء مثنى وثُلاث ورُباع فإن خفتم ألا تعدلوا فواحدة ...". يجيز التفسير المألوف للمسلم الزواج بأربع نساء. ولكن في الحقيقة كان يمكن للمفسرين الأوائل الا يجيزوا سوى الزواج بامرأة واحدة من منطلق جزء الآية الذي نصه "فإن خفتم ألا تعدلوا فواحدة". ويمكن ألّا يوجد عدل في حالة الزواج بأكثر من امرأة. هذا الحكم القرآني مثال حسن جدا على امكانية اختلاف التفسير.

ونفس القول ينطبق على الحديث النبوي "إن أبغض الحلال عند الله الطلاق". ما دام الطلاق بغيضا إلى الله سبحانه وتعالى كان يمكن للمفسر أن يضع مزيدا من الشروط التي تجعل الطلاق أصعب وذلك بزيادة تقييد يدي أو، دعوني أقل، عضلة لسان الزوج التي قد تلهج بسرعة بلفظة الطلاق لزوجته، وهو قد يكون غاضبا أو متوتر الأعصاب، الزوجة التي لعلها عاشت معه في كنف الحياة الزوجية سنين كثيرة وأنجبت له أولادا يتجاوز عددهم أصابع اليدين. ولكن من الجلي أن المفسر أجاز الطلاق.

إن عددا لا يستهان به من المسائل الواردة في القرآن والسنة مسائل قابلة لتفسير مختلف من جانب المفسرين ذوي الخلفيات العقلية والفكرية والاجتماعية والنفسية الثقافية المختلفة.

ومن المبادىء الأساسية المعتمدة في فقه الشريعة الإسلامية المبدأ المعروف بالقياس، وهو استنباط حكم فقهي جديد استنادا الى حكم شرعي أو فقهي في مجال آخر. وللقياس احكامه التي تجب مراعاتها.

لقد أسهم عدم اللجوء إلى الاجتهاد او عدم اللجوء الكافي إليه إسهاما كبيرا في نشوء التزمت. والتزمت أحد الأسباب الرئيسية في التشنج الاجتماعي والنفسي. ومما يحمله التزمت من معان عدم تعديل أحكام المعاملات في الفروع لمراعاة الظروف والمستلزمات المستجدة في الحياة.

وجدير بالمسلمين أن يدرسوا تاريخ الفقه الإسلامي والفلسفة الإسلامية ودراسات الحديث النبوي وأن ينفتحوا على الفقه الإسلامي الواسع الذي يشمل المذاهب الفقهية الاسلامية وعلى التفسيرات والتأويلات الفقهية.

وفي العصر الحاضر لدى كثيرين من المسلمين حس إسلامي قوي ويحبون أن يستندوا في إدارة شؤون حياتهم إلى أحكام الشريعة. وهم يعيشون في ظل ظروف اجتماعية واقتصادية ونفسية جديدة. ومن هذه الظروف، على سبيل المثال، حاجة بعض الأزواج إلى العمل خارج المنزل للوفاء بحاجات الزوجين المعيشية، وضرورة تواجد الرجال والنساء في نفس مكان العمل أو المدرسة أو الجامعة، واختراع الشبكة الدولية للمعلومات، وهي الشبكة التي تتيح قراءة الأخبار والكتابات الأدبية ومشاهدة الصور ذات التوجهات القيمية المختلفة، وصيرورة العالم العربي، رضينا أم أبينا، جزءا من النظام الاقتصادي العالمي.

يحتاج العرب والمسلمون عموما في ظل هذه الظروف وغيرها حاجة ماسة إلى أن تصدر أحكام للسلوك تكون مراعية لطبيعة الظروف القائمة من ناحية ومراعية للشريعة والفقه الإسلاميين من ناحية أخرى. والعربي، في ظل الظروف الحياتية الضاغطة والقاهرة، يحتاج الآن إلى الأحكام الموجهة. ليس في وسعه أن ينتظر صدور تلك الأحكام مدة ليست قصيرة. فهذه الظروف تداهمه مداهمة وهي تفرض نفسها عليه. والتباطؤ في إصدار مثل هذه الأحكام يضع كثيرا من العرب والمسلمين في حيرة فيما يتعلق بطريق السلوك الذي يختارونه. ولعدم إصدار تلك الأحكام قد يكون أثر في مدى مراعاة الأحكام الشرعية والفقهية الإسلامية.

إن قسما من تفسيرات القرآن والسنة التي كانت مناسبة للمسلمين في العهود التي جرت التفسيرات فيها لا يناسب المسلمين في ظروفهم الحياتية الراهنة. ونظرا إلى أن التفسير انعكاس للفهم البشري فإن فهم المفسرين في القرون الغابرة لا بد من ان يختلف في قسم من

السور القرآنية والأحاديث النبوية والأحكام الفقهية عن فهم المفسرين في الوقت الحاضر.

وبعض الآيات القرآنية تشتمل في ظاهرها على تناقضات. وفي هذا السياق يجب إيلاء الاهتمام لمقاصد الشريعة ولظاهرة الآيات الناسخة والمنسوخة ولأهمية الأخذ بالأحاديث الصحيحة والصريحة. وتظهر خلافات أو اختلافات بين بعض الآيات والمقولات العلمية. ولإزالة ما يظهر أو يبدو من التناقضات أو الخلافات أو الاختلافات ينبغي اللجوء إلى التأويل، وبذلك يمكن الوصول إلى الحقيقة الروحية الإلهية الكامنة وراء النص الظاهر. والتأويل هو تجاوز الوقوف عند سطح اللفظ الظاهر للنص إلى التعمق في ما يكمن وراء هذا الظاهر إلى المعنى الحقيقي الذي قصده النص، إلى الحقيقة الأولى التي هي ينبوع الآيات القرآنية. فهناك المعنى الظاهر وهناك المعنى الباطن الروحي الحقيقي للنص. هناك الشريعة التي هي المظهر الخارجي للحقيقة وهناك الحقيقة التي هي البعد الداخلي الباطني للمعاني القرآنية. عن طريق التغلغل والتعمق في ظاهر النص القرآني ووراءه في معانيه الحقيقية الباطنة تمكن إزالة ما قد يبدو من التناقضات بين ما يظهر أو يبدو انه تناقضات بين بعض الآيات وإزالة خلافات بين النص القرآني ومقولات علمية.

ومما لها صلة بالتفسير مسألة العلاقة بين خطاب المتولين للسلطة الحكومية وخطاب رجال الدين. وهل الخطاب الديني يتأثر بالمناخ السياسي القائم؟ وهل يسخر قسم من المؤسسات الدينية الإسلامية خدمة للسياسات الرسمية؟ قد يبدو أن بعض المفتين أفتوا وبعض الذين عينتهم الهيئات الرسمية لشغل مناصب دينية تصرفوا، مراعين لمواقف الهيئات الرسمية.

وضع المرأة والعقبات الحائلة دون تحسين وضعها

فرض البشر على العقل القبول بتمييزات بين الرجل والمرأة وبقيود على المرأة. وهذه التمييزات، التي حرص عليها الرجال وقتا طويلا، تعسفية ما لم تستلزمها الفروق البيولوجية. تعاني المرأة من تحيز الرجال الاجتماعي ضدها. وينعدم تكافؤ الفرص بينهما. وضع المرأة متدن اجتماعيا واقتصاديا وقانونيا. وما يزيد من تدني وضع المرأة قيام أزواج بتطليق زوجاتهم بسهولة نسبية. ويجب على النساء أن يحررن أنفسهن من الحالة المتردية التي فرضها عليهن الكيل بمكيالين. جميع النساء تقريبا، بغض النظر عن الانتماء الطبقي، هن

ضحايا الأوهام والتقاليد والتحيزات التي تقر الكيل بمكيالين. التمييز ضد المرأة مساس بحقوق الإنسان. وإعمال مفاهيم تميز ضد المرأة مساس بحقوق الإنسان. وينبغي للرجال أن يساعدوهن في ذلك التحرير. ويمكن تحقيق هذا التحرير عن طريق تحقيق فردية المرأة واستقلالها الفكري وتحسين وضعها الاقتصادي وكسر القيود القانونية التي تقيدها وكسر أغلال التقاليد التي لا تنصفها واحترام نفسها.

وتدني وضع المرأة أحد أهم الأسباب – ولعله السبب الأهم – في ضعف المجتمع. ولا يمكن أن يحقق التقدم الإجتماعي والإقتصادي والسياسي وأن يتخلص العرب من حالتهم السياسية المزرية دون إيقاف التمييز ضد المرأة في مختلف الميادين مع مراعاة الفروق البيولوجية.

والواقع هو أن الرجل مسيطر على المرأة ومسيطر على إدارة شؤون العالم. وسيطرة بشر على آخرين تتضمن التحكم بسلوك وشؤون الآخرين. ومجتمعنا العربي، مثل عدد من المجتمعات الأخرى، مجتمع ذكوري أبوي، مجتمع تهيمن عليه الثقافة الذكورية. في المجتمعات التي تهيمن عليها الثقافة الذكورية تقمع شخصية المرأة وتتلاشى حيال شخصية الذكر المهيمن وتأتي الحلول في المجالات السياسية والاقتصادية والقانونية والقضائية على حساب المرأة. في هذه المجتمعات ينظر الرجل باستعلاء إلى المرأة ويعتبرها دونه حتى لو كانت أشد ذكاء منه وأكثر علما ومعرفة وانقى سريرة. وفي هذه المجتمعات تستبعد المرأة عن المشاركة في إدارة شؤون المجتمع والدولة أو تقل مشاركتها فيها ويقصر الرجل وظيفتها على نطاق حياة العائلة كما يراه الرجل. إنهن يقعن ضحايا النظام الأبوي الذكوري، ويقمن بالطاعة العمياء وهن أسيرات المجتمع الذي يمجد استبداد الرجال والذي يحرم النساء من تحسين الحالة الاقتصادية والذي فيه تنعدم المساواة وتسود التقاليد المتحيزة ضد المرأة.

وتعاني المرأة في المجتمع العربي – شأنه شأن مجتمعات نامية أخرى – من البطالة عن العمل الناشئة عن استفحال الأمية وعن البنية الاقتصادية والقانونية والسياسية للمجتمع التي تتيح قدرا من أداء الوظائف للرجل أكبر كثيرا منه للمرأة.

في هذه الحال القاتمة إمكان المرأة غير محقق، إذ ان هذه البنية تحول دون تحقيق هذا الإمكان، وبالتالي تُضعف المجتمعَ لأنها تشل نشاط قسم كبير منه. ولتحقيق الإمكان النسائي يجب تغيير هذه البنية. ونظرا إلى أن الرجال هم المستفيدون أو هم الذين يظنون خطأ أنهم المستفيدون من استمرار وجود هذه البنية فإن أغلبيتهم، على الأقل، ليست على استعداد لتغيير هذه البنية.

وتقوم هذه البنية أيضا على التقليد السائد المتمثل في هذه الحالة. وللتقليد قوته وقوة استمراره. ولتغيير هذه البنية ولكسر التقليد تجب الاستعانة بعوامل منها رفع المستوى الثقافي والعلمي للجنسين ليعرف المنتمون الى الجنسين الضرر النابع من استمرار هذه الحالة والفائدة المستقاة من تغييرها، ونشوء فئات قوية من كلا الجنسين تقوم بالدفاع عن حقوق المرأة وعن مصلحة المجتمع في تغيير هذه الحالة.

ومشكلة المرأة مشكلة سياسية. ومرد هذا القول هو أن المشكلة تنطوي على توزيع القوة السياسية في المجتمع. ونظرا إلى أن المرأة لن تحل مشكلتها إلا إذا اعتُبرت مشكلة سياسية وجزءا من الصراع السياسي فإن عملية تحرير المرأة تتطلب تغييرا سياسيا في المجتمع.

إن عزوف كثير من النساء، على سبيل المثال، عن الجهر بمشاعرهن بالحب – وهو شعور غريزي عام لدى الرجال والنساء كافة – نتيجة إلى حد كبير عن تحكم الرجل بالمرأة. بسبب ذلك التحكم تقل النساء اللواتي أعربن بحرية عن عاطفة الحب. ويتوقف عدد هؤلاء النساء وقوة تعبيرهن عن هذه العاطفة على المحيط الاجتماعي القيمي السائد الذي يحدده إلى حد كبير الرجال.

هذا الاستبعاد أسهم إسهاما كبيرا في إضعاف وضع المرأة القانوني والاقتصادي وفي الحيلولة دن تحقيق المرأة لذاتها وتأكيد وجودها ودون مواكبتها لمسيرة التقدم، وأسهم هذا الاستبعاد أيضا في تهميش دورها في المجتمع والدولة وفي إبعادها عن اتخاذ القرار في شؤون الحياة العامة.

وثقافة السيطرة الذكورية هذه تجعل الرجل أقل حساسية بحاجات المرأة المالية والاقتصادية والنفسية والعاطفية وأقل وعيا بهذه

الحاجات وأقل استعدادا لتلبيتها. وفي ظل هذه الثقافة أجاز الرجل لنفسه أن يصدر أحكاما برادع أضعف على المرأة وطبيعتها. وفي حالات كثيرة كانت تلك الأحكام ظالمة ومتحيزة وغير صحيحة؛ كانت أحكاما تنم عن التحيز والجهل. وفي حالات كثيرة كانت تلك الأحكام وسيلة توسل بها الرجل لإدامة ثقافة سيطرة الذكور على المجتمع. ومن هذه الأحكام السخيفة أن المرأة بنصف عقل. هل فكر هؤلاء الظالمون فيما يلي: إذا كانت المرأة بنصف عقل فإن عقول أولادها من إناث وذكور أيضا بحكم الوراثة ناقصة – كما يزعمون - أيضا. واعتبر قسم من النساء أن حكم الرجل هذا صحيح. إن الأدوار القليلة التي خصصها الرجل للنساء أغنتهن أو اعمتهن عن استعمال قدر أكبر من طاقتهن الفكرية والادارية.

في المجتمعات الذكورية تكون أغلبية رموز المجتمع الإيجابية رموزا مقترنة بالرجل وأغلبية رموز المجتمع السلبية رموزا مقترنة بالمرأة. فالفروسية مقتصرة على الرجل؛ تكاد الفارسات غير موجودات. والبطولة مقتصرة على الرجل. تكاد البطلات غير موجودات. وصوت المرأة عورة، ولكن ليس صوت الرجل، وكأن صوت الرجل لا يفتن المرأة كما يفتن صوت المرأة الرجل. وثمة فكرة هي أن عقل المرأة أضعف من عقل الرجل، على الرغم من أن الحروب والفساد والجوع والمرض وشرورا أخرى حدثت وتحدث في عالم يسيطر الرجال عليه.

وحق المرأة في الإبداع جزء لا يتجزأ من حقها في الحياة ومن حقها في أن تحقق ذاتها. وحرية الابداع تجل للنهضة والتقدم. ولا تقدم دون حرية الإبداع. والحرية حق من حقوق الإنسان والإنسانة.

ولا يمكن أن يحدث التغير الجذري السياسي والمادي قبل حدوث التغير الجذري الذهني، وقبل أن تتغير العقلية الرجعية المهترئة السقيمة. بتغير هذه العقلية يسهل وضع الأمور في نصابها وعلى مسارها الصحيح، ويمكن التصدي للقضايا المطروحة دون خوف ودون رادع ودون تردد، وجها لوجه في مختلف المجالات.

وعن طريق الحل الجذري يمكن القضاء على الظلم والاستبداد ويمكن تحرير القوى الذهنية للبشر. إن تحكم الرجل بالمرأة والكيل بمكيالين الذي يقع في صميم العلاقات بين الجنسين هما من الظواهر البارزة في المجتمع البشري. وتُبقي القيود الثقافية والتعليمية والعادات الاجتماعية النساء في حالة تهميش وتضعهن في حالة تبعية عبودية للرجل.

وإلى حد معين تؤدي النساء دور الدمى أو اللعب للرجال. ويسر الرجال عموما بهذا الدور الذي تؤديه النساء، وهم يشجعونهن على أداء هذا الدور. وعلى الرغم من أن النساء يؤدين أدوارا مختلفة فإن هذا الدور من الأدوار الهامة. ولعل من الطبيعي أن تؤدي المرأة هذا الدور. ولكن شغل هذا الدور لحيز أكبر مما ينبغي (وعبارة "أكبر مما ينبغي" مطاطة وبالتالي من الصعب تحديدها) في سلوك المرأة يسهم في زيادة اعتماد المرأة الاقتصادي والنفسي والاجتماعي على الرجل.

ويجب ألا يكون الزواج – كما هو حاصل في حالات كثيرة في العالم – مؤسسة توفر للرجل مادة أخرى من الممتلكات، هي الزوجة. ولعل تزيين أو تجميل المرأة لنفسها لزيادة حسنها ميل طبيعي فيها. غير أن المحيط الاجتماعي – الذي يسهم الرجال، كما هو معروف، في وضع أركانه إسهاما كبيرا – يشجعهن على القيام بهذا التزيين وينشأن عليه. وقد يظنن أنه بذلك التزيين يوقعن الرجل في حبهن. وهذا الظن صحيح. ولكن على الأمد الأبعد وعلى المستوى الأوسع فإنهن يوقعن أنفسهن في شرك الزوج الذي يخضعهن تدريجيا لاستبداده الذكوري ويطوعهن لمفاهيمه في الحياة.

إن للرجال اليد الطولى في التفريق بين الرجل والمرأة في تحديد معاني المفاهيم، وهم بقيامهم بذلك يسترشدون بقيمهم ومفاهيمهم وتصوراتهم ومصالحهم. وفي الحقيقة فإن الواقع هو أن الرجال أقل في حالات غير قليلة تمسكا بالقيم والمبادئ من تمسك النساء بها. ويظهرون استعدادا أكبر لغض الطرف عن إغفالهم لذلك التقيد من استعدادهم لغض الطرف عن إغفال النساء لذلك التقيد. ويلومون النساء ويقرعونهن ويوبخونهن ويعاقبونهن على عدم التقيد أكثر مما يفعلون

ذلك على عدم تقيدهم أنفسهم. ولديهم ميل إلى المبالغة في جسامة أثر وضرر إغفال تقيد المرأة. ويخضعون إغفال التقيد لدى المرأة هذا لتفسيرات كثيرة لا يحتملها ذلك الإغفال وتكون تلك التفسيرات مستجيبة لما في نفوسهم من الأهواء والميول والأفكار والتصورات والمصالح. وهم يفعلون ذلك، ناسين أو مغفلين الضرر الأكبر الذي يلحق بالمجتمع كله نتيجة عن الكيل هذا بمكيالين.

إن التنشئة والتعليم اللذين يعززان ملكة التفكير واستقلال الفكر من شأنهما أن يسهما إسهاما كبيرا في انعتاق البشرية من مختلف أشكال الخضوع الاقتصادي والسياسي والجنساني وغيرها وفي إتاحة تمتع البشرية بالحقوق التي منحها الخالق لها.

وثمة مشاكل كثيرة في القطاعين الخاص والعام تحول دون إنفاذ القوانين الاجتماعية الرامية إلى تحسين حالة المرأة. ولذلك يوجد اختلاف بين وضع المرأة القانوني ووضعها الواقعي الفعلي. ومن اللازم أن يتناول ذوو السلطة الحكومية وغير الحكومية وجوه تردي حالة المرأة هذه وأن يعالجوها ابتغاء محاربتها وإزالتها. ومن العوامل التي تزيد من صعوبة تحسين حالة المرأة بعض التقاليد والعادات والقيم الاجتماعية التي تؤثر تأثيرا سلبيا في المواقف المتخذة إزاء المرأة وبعض البنى الاجتماعية من قبيل النظام الذكوري الأبوي وبعض الأنماط الثقافية من قبيل عادة انتظار البنت لطلب شاب ليدها وعدم توفر بيانات كمية وإحصائية عن المتغيرات الاجتماعية والاقتصادية والدراسية وغيرها من المتغيرات المتعلقة بالمرأة.

إن نشر المعلومات وتعبئة الرأي العام وتوعية الرجل والمرأة بحقوقها والحد من الاختلال القائم بين التنمية الموجهة إلى الرجل والتنمية الموجهة إلى المرأة وزيادة فرص العمالة للمرأة وزيادة التسهيلات الاستئمانية المتاحة لها وتنمية مهاراتها القيادية والإدارية وتنمية مهاراتها في الحرف المختلفة والتدريب عليها – هذه كلها من الوسائل التي من شأنها أن تؤدي إلى تحسين حالتها. وفي معالجة قضية المرأة وفي نظر الناس إلى هذه القضية يجب أن ننطلق من منطلق أن

النساء جزء لا يتجزأ من المجتمع وأنهن، نظرا إلى دورهن الجوهري في الحمل والولادة والأمومة والتنشئة، أكثر من نصف المجتمع.

هل فقد الكتاب دورهم في التصدي؟!

تتكالب على الأمة العربية الرزايا وتعصف بها الأزمات، وتمثل أمامها التحديات والأخطار الداخلية والخارجية ويطمع بأراضيها الطامعون، ويمزق نسيجها الاجتماعي والثقافي الذين يريدون أن تكون هذه الأمة ضعيفة ومفسخة وممزقة الجسد ومنهكة القوى ومنتهكة الحقوق.

وتعيش هذه الأمة واقع الضعف والاستضعاف والهوان وواقع التبعية والتعرض للهيمنة الاقتصادية والسياسية والثقافية الأجنبية. ولا تحشد الموارد الفكرية والتنظيمية والمادية والمالية والسياسية – رغم توفرها – للدفاع عن القضية العربية والوطنية ودعمها.

لقد أثارت وتثير هذه الحالة البائسة همم عدد من الكُتّاب (والكاتبات يقينا. وفي ثنايا المقال، حيث يرد التذكير يكون التأنيث مقصودا أيضا) الذين انبروا لتحديد مواطن الضعف في هذه الأمة، ومصادر التهديد والخطر الداخلية والخارجية. وهبوا للمنافحة عن حقوقها بنشر أفكارهم بأقلامهم وبياناتهم الشفوية. وإنني أعترض اعتراضا شديدا على رأي عدد من الناس في أنه لا فائدة تجنى من هذه الكتابات في تجنيب هذه الأمة للمآسي التي تصيبها، وفي نخليصها من الواقع الذي تعاني منه.

من العلل التي يعلل أولئكم الناس رأيهم هذا بها أن القوى السياسية والاقتصادية الأجنبية ووسائط الاتصال الأجنبية وحجم الغزو الثقافي الغربي تبلغ من الشدة مبلغا يستحيل تقريبا عنده التصدي للتحديات الأجنبية التي تواجه أمتنا. بيد أن تلك القوى ينبغي ألا تثني الكُتاب، على الرغم من قوتها، عن تبيان الحقيقة وتبيان الخطأ في السياسات التي تتبعها جهات فاعلة غربية حيال الشعب العربي. وثمة أسباب للحاجة إلى قيام الكُتاب بهذه المهمة.

تقوم علاقة بين التصدي للتحديات والحفاظ على هوية الشعوب. لكل شعب خصائصه. وتسهم تلك القوى ووسائط الاتصال الأجنبية والغزو الثقافي في إضعاف خصائص الشعوب. وعن طريق التصدي لتلك القوى والوسائط والغزو يمكن الإسهام في المحافظة على تلك الخصائص، وفي تقليل النيل منها.

ومن الخطأ الجسيم أيضا أن يقبل أي كاتب بالرأي في أنه لا فائدة من هذه الكتابات. فللكتابة ينبغي أن تكون رسالة اجتماعية ووطنية وإنسانية باقية، وهي رسالة النقل الصحيح للمعاني حتى يعرف من تنقل هذه المعاني إليهم الحقائق الواقعة واحتمالات التطورات التي تهم مستقبل الشعب ومصيره، والطرق البديلة للتخلص من براثن الأوضاع

المزرية السائدة. وبهذا تكون الكتابة بمثابة نبراس يهتدي الناس به وهم في لجة المآزق الحالكة.

وللكتابة في العصر الحاضر دور مقارعة الأفكار الأخرى الصادرة عن مصادر لها برامجها غير الودية، ودور التصدي للخطط الأجنبية الرامية إلى الترويج لهدف من الأهداف غير الودية ودور تبيان طبيعة الأهداف الحقيقية لتلك الأفكار والخطط وتبيان طبيعتها، ودور الإشارة إلى مختلف البدائل المتاحة لأمتنا في المجالات الفكرية.

ولبعض الأفكار والخطط مظاهرها الجذابة المغرية. وحتى لا ينخدع بها الذين لا يدرون منا بحقيقتها ومراميها ونتائجها المحتملة، تقع على عاتق الكُتاب مسؤولية الكشف عن خبايا تلك الأفكار وأغراضها واستصواب أو استهجان قبولها أو رفضها. ومن شأن عدم اضطلاع الكُتاب بهذه المسؤولية أن يكون بمثابة مَنْ "يخلي الميدان لحميدان". ومن المنطلق الوطني والإنساني يجب ألا نخلي الميدان ولا الحلبة التي يقرر فيها مستقبلنا ومصيرنا لغيرنا.

وعلى الساحة الفكرية العربية تنتشر على تفاوت مختلف التيارات الاقتصادية والعقائدية والسياسية التي لها مضامينها. ومن حق الشعب أن يشجع على معرفة مضامين هذه التيارات وأن يطلع عليها بقراءة الدراسات التي تتسم بقدر أكبر من التحليل والتفسير والصحة والموضوعية.

وتحمل الكتابات مضامين هذه التيارات الاجتماعية. وإذا أخذ كُتاب ينتمون إلى تيار اجتماعي معين بالرأي الذي مفاده أنه لا جدوى من الكتابة في تجنيب الأمة مصائبها، وبالتالي كفوا عن الكتابة، أتيحت لتيارات اجتماعية أخرى فرصة التأثير الأكبر في الشعب، وهي تيارات قد لا تكون مفضلة لديه. وبذلك يحرم الشعب من الاطلاع على كامل الصورة الفكرية التي من اللازم أن تتوفر لديه حتى يكون في مقدوره دراسة مختلف التيارات القائمة في المجتمع والقيام باختيار ما يراه مناسبا للوفاء بحاجاته المادية والروحية والنفسية.

وكما أسلفنا يتعرض الشعب العربي في الوقت الحاضر لغزو ثقافي مستمر ومكثف، تؤازره قوى أجنبية لها أهدافها الخاصة بها.

وقدر كبير من القيم والأفكار التي يحملها هذا الغزو مستهجنة وغير سليمة من المنظور القومي العربي. وبسبب قوة هذا الغزو والصفات البراقة التي تتصف بها بعض القيم والأفكار التي يحملها، تسللت قيم وأفكار كثيرة في نسيجنا الثقافي العربي، وحلت محل قيم عربية كثيرة، ما أدى إلى إضعاف شخصيتنا الثقافية الأصيلة وإلى إفقادنا لتوازننا الثقافي، وإلى حرماننا من القدرة على معرفة شخصيتنا الثقافية الحقيقية الأصيلة.

ولهذه الأسباب من الضروري أن تسخر أقلام الكُتاب المفكرين منا في تبيان هذه المشكلة وتبيان الأخطار المترتبة عليها وتبيان الطرق التي تعالج بها. تسخير أقلام المفكرين منا من شأنه أن يكون خدمة جليلة لازمة يقدمها هؤلاء المفكرون للشعب العربي. ولذلك من اللازم تشجيع وصول المنشورات العربية التي تتضمن تبيانا وتحليلا للتحديات الشاخصة أمام الأمة العربية إلى مختلف بقاع الوطن العربي.

إن عددا كبيرا من الكتاب العرب في حاجة مالية. فالكتابة لا تدر الدخل الوافي بمتطلبات العيش في الوقت الحاضر. وبالنظر إلى ما للكاتب الموضوعي المستنير الحي الضمير من الأهمية في الاشارة إلى التحديات الماثلة أمام الأمة وفي تحليل التحديات وفي وصف الدواء لها فإن إفقار الكاتب، ما يؤدي إلى النيل من فعالية ممارسته لحرفته الكتابية، خسارة جسيمة تتكبدها الأمة ومساس بمصالحها الحيوية. من العوامل المؤلمة للكاتب والمؤثرة فيه سلبا أن يحتاج إلى رغيف الخبز ليقيم به أوده وأود أسرته، وأن يعرف أن هذه الحاجة تنال من قدرته وحافزه على الكتابة وتسهم أحيانا في تشتيت الفكر. وبالتالي على الدولة والمؤسسات الحكومية وغير الحكومية التي تقدّر أهمية الدور التثقيفي والتنويري الذي يؤديه الكاتب أن تعمل من أجل إقامة صناديق مالية خاصة لتقديم الدعم المالي للكتاب الذين يستحقون هذا الدعم استحقاقا ماليا أو مهنيا. وإذا فعلت الدولة والمؤسسات الحكومية وغير الحكومية ذلك أدت للشعب العربي خدمة جليلة.

اللامبالاة بالنزعة الإبداعية أو العداء لها

في أماكن كثيرة من العالم، ومنها أجزاء من البلاد العربية، لا يحظى التفكير بالتشجيع المادي والمعنوي ولا يحظى العلماء والأدباء والفنانون بالتشجيع الكافي. وثمة تخوف لدى شرائح كثيرة من الناس من حرية الفكر وعداء لتلك الحرية، مما يضعف أو حتى يزيل الميل إلى

التفكير أو يحبسه داخل صاحبه فيذوي ذلك الفكر تدريجيا ويتلاشى. ويتعرض المفكرون الناقدون المستقلو الفكر الذين لديهم الجرأة على الإعراب بحرية عن الفكر في أماكن كثيرة من العالم للمضايقة والملاحقة والأذى وللحرمان والتجويع.

وفي الوطن العربي قد ينشأ عالم أو أديب أو مفكر عظيم تكون له كتاباته الدالة على النبوغ والعبقرية والإبداع ويعيش ثم تنتهي حياته في هذه الدنيا دون أن يحظى بالاحتفاء الكافي أو التكريم الواجب أو الإقرار من جانب أصحاب السلطات الحكومية وغير الحكومية وأفراد الشعب بقيمة علمه وفكره وعبقريته.

وهذه الحالة تختلف عما هو حاصل في أماكن أخرى، منها بعض الأماكن الغربية. بسبب كثرة مؤسسات المجتمع المدني، العلمية والثقافية والأدبية والفنية وغيرها التي لديها قدر من الحرية والاستقلال في الغرب مثلا، يبدو أن هذه الظاهرة – ظاهرة إغفال الشخص المفكر المبدع الفذ – قد تكون أقل شيوعا في الغرب مما هي في أماكن أخرى تقل فيها هذه المؤسسات ويخضع ما هو كائن منها للمتولين للسلطة الرسمية القوية ولإملاءاتها. وكان لهذا الإغفال أثر سلبي في الحياة الفكرية والأدبية والفلسفية في الوطن العربي.

وبالتالي من اللازم أن تنشأ وتعزز المؤسسات الرسمية وغير الرسمية، ومنها وسائل الاتصال الجماهيري، التي يكون من مهامها تشجيع الإبداع والمبدعين في مجالات الأدب والعلم والفكر في الوطن العربي. ومن الطبيعي أن يشمل هذا التشجيع عنايتها بالكتابة والإعلان عن الإنتاجات العلمية والفكرية والنقدية التي يقدمها المبدعون في مختلف مراحل عطائهم.

عن طريق الكتابة عن المبدع (وهذا ينطبق على المبدعة) وعن إنتاجاته وعن طريق إشاعة اسمه وتشجيعه المادي والمعنوي ينشأ لديه شعور اقوى بالاعتزاز والثقة بالنفس وبأنه يوجد تجاوب بين عالم أفكاره والمجتمع الذي حوله وبأن المجتمع يكافئه معنويا وماديا على مجهوده الفكري والنقدي ويقدر عطاءه.

وبسبب إهمال قدر لا يستهان به من الإنتاجات العلمية والأدبية والفنية والنقدية المبدعة أو ملاحقة واضطهاد قسم من منتجيها أصيب كثيرون من المفكرين والعلماء والأدباء والفنانين بخيبة الأمل والإحباط وانكمش تحمسهم الإبداعي وأصيب أيضا قسم من الذين كان يمكن أن يكونوا مبدعين بالإحباط وبالتردد في دخول ميادين الاستكشاف العلمي والفكري والفلسفي.

المحطات الفضائية العربية والنقد

لقد نشأ في العقدين المنصرمين كثير من المحطات الفضائية التلفزيونية العربية، ولا شك في أن ظاهرة البث الفضائي التلفزيوني دخلت بيوتا كثيرة في العالم العربي. وبتقديم مختلف البرامج السياسية والثقافية ما تزال هذه المحطات تترك أثرا قويا يستحق الالتفات والدراسة. والدكتور فيصل القاسم، في مقاله المعنون "ما أحوجنا إلى

النقد التلفزيوني" المنشور في مجلة دروب، يشير بحق إلى عدم تلقي هذا الموضوع قدرا يستحق الذكر من الدراسة.

والحقيقة أن المجتمعات النامية – نظرا إلى كثرة مشاكلها، وخصوصا مشاكلها الاقتصادية، وإلى حداثة عهدها بالبث التلفزيوني الفضائي وإلى عدم كفاية رعاية الهوية الثقافية وعدم كفاية الالتفات إلى الأثر الثقافي في حياة الشعوب – لا تولي الجانب الثقافي الاهتمام الواجب.

وتختلف المحطات الفضائية العربية بعضها عن بعض في مدى أثرها الإعلامي والفكري والتثقيفي. ويبدو أن بضع محطات فضائية عربية، ومنها "الجزيرة"، قطعت شوطا طويلا في تنوع برامجها وجدة أخبارها وجدية وحيوية تناولها للمسائل المطروحة والنزعة التحليلية في قسم كبير من برامجها وفي سعة الرقعة الجغرافية التي يغطيها مراسلوها وفي صلة مراسليها وبرامجها بالأحداث الميدانية وفي مباشرة وصراحة الأسئلة التي يطرحها العاملون في مقارهم أو المراسلون في أماكن انتشارهم. وبفضل هذه الصفات وبفضل تناولها لقضايا تعتبر محطات أخرى تناولها محظورا تستحق هذه المحطات قدرا كبيرا من الإشادة. وفي نفس الوقت تشوب عيوبٌ تقديم بعض البرامج وترتكب أخطاء لغوية سأتطرق إليها في مقال لاحق أو أكثر من مقال.

ومما من شأنه أن يسهم في ترسيخ النقد المحترف الجاد المتعمق الاستغناء المادي لدى الدارسين. من شأن هذا الاستغناء أن يعزز لديهم (والتأنيث مقصود ضمنا) الاستقلال في الإعراب عن الفكر والاستغناء عن الاعتماد على الغير في الحصول على أسباب الرزق، وبالتالي القدرة على تكوين الفكر واتخاذ الموقف وإصدار الحكم على نحو أشد صراحة وجرأة وأكثر استقلالا وموضوعية.

ونظرا إلى تلقي عدد كبير من المراسلين والكتاب في الغرب لدخولهم المالية من الصحف التي يعملون فيها والتي لدى قسم منها قدر من الاستقلال عن الأوساط الحكومية يوجد في الغرب صحافيون

وكتاب يتخذون مواقف أكثر استقلالا وأكثر مراعاة للحقائق وأقل ميلا إلى إرضاء المواقف الرسمية.

ولعل الحالة مختلفة في بعض البلدان العربية. فاعتماد الصحف والصحافيين والكتاب على المصادر المالية الحكومية ضيق كثيرا هامش الإعراب بحرية عن الرأي والفكر. يراعي كثير من الصحافيين والكتاب العرب في كتاباتهم الخطوط التوجيهية الصادرة عن صحفهم التي تأتمر بأمر الجهات الرسمية الممولة لها. ولأسباب منها الضائقة المالية وتفشي البطالة وعدم احترام الذات يسخّر صحافيون وكتاب أقلامهم خدمة لأصحاب السلطات الذين يعطونهم المال. في هذا الجو اعتبارات أصحاب السلطات الرسمية الممِّولة هي التي تفرض على الصحف ما تنشره وعلى الصحافيين ما يقولونه. وأحيانا كثيرة فإن التمسك بمبادئ الصحافة المهنية يتعارض مع كثير من الاعتبارات الرسمية وغير الرسمية.

والمزاحمة القوية من جانب المحطات التلفزيونية العربية لوسائل الإعلام الأخرى من قبيل الإذاعة والصحف وغلبة هذه المحطات على الساحة الاعلامية والثقافية سبب في شدة هجمة قسم من الصحافيين على هذه المحطات. ومن الأيسر على هذه المحطات تحقيق هذه الغلبة نظرا إلى أن المشاهدة أسهل من القراءة وإلى أن كثيرين من المشاهدين لا يلمون بالقراءة أصلا فبات من الطبيعي أن يصبحوا مشاهدين للبرامج التلفزيونية، وأيضا نظرا إلى أنه يطيب للناس بطبيعتهم مشاهدة البرامج التلفزيونية التي تكون عادة نابضة بالحياة بحركاتها وألوانها وظلالها ومباشرتها مما يسهم في جذب الناس إلى المشاهدة. ويسهل على محطات تلفزيونية تحقيق الغلبة بسبب تناولها لمواضيع تعزف وسائل إعلام أخرى عن تناولها إما بسبب طبيعة الموضوع أو بُعد المكان.

حوار ثقافي أجري مع المؤلف – الخليج الثقافي

تناول السؤال الأول.

لعل من المتعذر علي أن أدري متى بدأت ملامح فكرة تحرير كتاب يضم قصائد من الشعر العربي المعاصر تدور في خاطري. ومهما كان وقت هذه البداية فقد بدأت قبل سنة تقريبا اتخاذ خطوات عملية صوب تحقيق هذه الفكرة.

هناك ميادين نشاطات ثقافية وأدبية وفكرية يمكن للحكومة أو المجموعة أو الفرد أن يقوم فيها بتلك النشاطات. وأحيانا غير قليلة أشعر أنه لا بد للفرد من القيام بتنفيذ مشروع من المشاريع لأنه تكثر على الساحات الثقافية والفكرية والسياسية والإجتماعية العربية الأمثلة على عدم القيام بتنفيذ مشاريع كثيرة تمس الحاجة إلى تنفيذها إذا لم تبادر إليها جماعة أو فرد من الأفراد.

يرمي هذا المشروع إلى أن تنشر سنويا مجموعة من الأشعار العربية من مختلف أنحاء العالم. في المكتبة العربية في الوقت الحاضر تقل المجموعات التي تجمع أشعارا نظمها شعراء عرب مقيمون في الوطن العربي وفي أماكن أخرى.

بنشر هذه المجموعة يجري تيسير وتعزيز الإتصال اللغوي والفكري والأدبي والوجداني بين الشعراء والقراء الناطقين باللغة العربية في مختلف البلدان والقارات. لتعزيز التناغم الثقافي العربي من اللازم إيجاد منتجات ثقافية وفكرية وأدبية يشارك في انتاجها المتكلمون بالعربية رجالا ونساء من مختلف بقاع المعمورة. بذلك يتخاطب الشعراء والمفكرون العرب على أساس قاعدة فكرية وأدبية وفنية أوسع تجمع إنتاجاتهم.

ولقلة الاهتمام الفردي في عالمنا العربي بمشاريع كهذه أسباب منها قلة الوعي من جانب عدد لا يستهان به من المثقفين وميسوري الحال بإمكانية تحقيق مشاريع ثقافية وأدبية تجمع الأدباء والمفكرين العرب. وثمة سبب آخر بالنسبة إلى قسم من المثقفين وهو التكلفة المالية المترتبة على تنفيذ مشاريع كهذه.

تناول السؤال الثاني.

أقوم أنا والشاعر قيصر عفيف في الوقت الحاضر بمحاولة للعثور على دار للنشر تتكفل بنشر المجموعة. وخدمة للمشروع وإنجاحه سأتحمل دفع بعض نفقات توزيع الكتاب على عدد من المكتبات الجامعية ومؤسسات البحوث في العالم، بما في ذلك طبعا الوطن العربي.

والنية متجهة إلى ترجمة قصائد عربية مختارة إلى اللغات الإسبانية والإنكليزية والفرنسية واليابانية والألمانية. وفي العمل على تحقيق هذه الترجمة من الأسئلة التي لا مفر من طرحها سؤال كيفية تمويل تكاليف الترجمة. ونحن القائمان على هذا المشروع منفتحان على اقتراحات متعلقة بذلك. وستوجه الدعوة إلى المراكز الثقافية والأدبية في العالم، ومنها الوطن العربي، لتقديم الدعم لتحقيق الترجمة إلى اللغات الأخرى.

تناول السؤال الثالث.

لا ينبغي أن يعتبر الشعر غير العمودي، من قبيل الشعر الحر أو المرسل أو شعر التفعيلة، أقل منزلة لمجرد أنه شعر غير عمودي من منزلة الشعر العمودي. وليس من الصحيح القول، كما يقول البعض، إن الشعر الحقيقي هو الشعر العمودي فقط وإن كون الشعر غير عمودي ينتقص من قيمته أو إن كل قصيدة عمودية لا بد من أن تكون، لمجرد أنها عمودية، أفضل من القصيدة غير العمودية. الساحة الشعرية العربية شهدت وتشهد كتابة شعر غير عمودي اتسم بالروعة وخصب الخيال وجمال الصور الشعرية والتعابير الوجدانية والمضامين الاجتماعية والإنسانية. وفي الولايات المتحدة من الشعراء العرب من يكتبون الشعر العمودي ومنهم من يكتبون الشعر الحديث او المرسل. ومنهم من يكتبون الشعر بالشكلين. ويبدو لي أن الشعر العربي غير العمودي يغلب على الشعر العمودي في أمريكا الشمالية. ولعل أحد أسباب هذه الظاهرة تأثر الشعراء العرب بالبيئة الغربية. هؤلاء الشعراء يتأثرون طبعا بسمات

البيئة الطبيعية والاجتماعية في أمريكا الشمالية، وفي قصائدهم يصفون جمال البحيرات والأحراش والشواطئ ويعرب بعضهم عن الحس بالغربة وعن الشوق إلى حياة الضيعة أو الاستظلال بشجر الزيتون والكينا والبرتقال في أوطانهم الأولى التي لم ينسوها قط.

وفي تقييم الشعر وتذوقه يدخل عامل اختلاف الأجيال. فالقصيدة التي قد لا تطيب لشاعر أو قارئ ولد قبل جيلين أو ثلاثة أجيال قد تطيب لشاعر أو قارئ لم تتجاوز سنه العشرين أو الثلاثين سنة.

ومن الطبيعي أن للبيئة الإجتماعية والطبيعية والنفسية أثرا متفاوتا في شعر الشاعر وكتابة الكاتب وفكر المفكر. لهذه البيئة أثر في أسلوب الشاعر أو الشاعرة في الإعراب عن المشاعر والمعاني. الاحتقان الإجتماعي يؤثر في طريقة معالجة الشاعر للواقع.

وأحد أسباب غلبة الشعر غير العمودي العربي في أمريكا الشمالية بيئتهم الجديدة التي لا تشجع على أن يتقيد المرء، وفي هذه الحالة الشاعر، بقيود الشعر العمودي: التقيد بالقافية الواحدة وببحر واحد من بحور الشعر وبعدد واحد من التفعيلات في كل بيت حتى لو بلغ عدد بيوت القصيدة الواحدة خمسين أو سبعين بيتا أو مائة بيت. كتابة هذا الشعر تتطلب حقا جهدا كبيرا، ولا يستعد كل شاعر لأن يكلف نفسه هذا العناء كله بينما يستطيع وهو يدرك أنه يستطيع أن يكتب شعرا بشكل آخر لا ينطوي على بذل ذلك المجهود الكبير. وعدم التقيد بقيود الشعر العمودي يمنح الشاعر قدرة أكبر على إيلاء قدر أكبر من الاهتمام للإعراب عن المضامين الشعورية والعاطفية والمعنوية وقدر أقل من الاهتمام للبنى اللفظية والهندسية للقصيدة. بعبارة أخرى، يقل دور البنية الهندسية واللفظية بوصفها مكونا من مكونات القصيدة، وتزداد أهمية الإعراب عن المشاعر والمعاني بوصفه مكونا من مكونات القصيدة.

أعتقد أن الشاعر العربي في الغرب لديه حس بتوفر قدر أكبر من الحرية الإجتماعية والنفسية، مما يجعل نفسه تعبر عن حضورها بوجود قيود أقل عليه وعلى شكل قصائده وطريقة تعبيره. وبسبب هذا الحس، وخصوصا قبل سنة 2001، اتسمت قصائدهم بجرأة أكبر في الإعراب عن تجاربهم الإجتماعية والذاتية. ووجود الشاعر العربي،

شأنه شأن المفكر أو الرسام أو الناشر العربي، في الغرب يتيح له يقينا إمكانية أكبر للانفتاح على المؤسسات والممارسات الغربية. وتنشأ التجارب الإبداعية للشاعر العربي في الغرب، متأثرة تأثرا قليلا أو كبيرا بالحس بالحرية الأكبر وبأن البيئة الغربية تتسم بها.

ويكثر في الوقت الحاضر الشعراء والشاعرات في المشرق والمغرب العربيين فضلا عن كثير من الشعراء والشاعرات العرب في سائر انحاء العالم. ولعل عددهم يبلغ الآلاف. ومن الطبيعي أن مواهبهم الشعرية تختلف قوة وضعفا، وأن قصائدهم تختلف أصالة أو تقليدا وجودة أو رداءة، شأن الشعراء في ذلك شأن المفكرين والمحللين والدارسين، وشأن الشعراء العرب شأن الشعراء في سائر أرجاء المعمورة. وعلى الرغم من افتقار كثير من القصائد العربية العمودية وغير العمودية إلى الجودة وإلى الخيال والصور الشعرية فثمة حقا شعراء وشاعرات عرب فاضت قرائحهم بأمهات القصائد صورة ومضمونا وخيالا، وتوجت قصائدهم المشهد الثقافي العربي، وتستحق أن تُستحسَن على الساحة الثقافية العالمية. هؤلاء الشعراء والشاعرات هم من المتقدمين بالسن ومن الشباب، وممن عاشوا في الوطن العربي أو في بلدان أخرى.

وليس من الصحيح القول، مهمن كان القائل، إن الشعر العربي يحتضر وإن الغناء العربي يموت. هذه تعميمات ينبغي الحذر من إطلاقها قبل التحقق من صحتها. وكل تعميم مبعث للتشكيك فيه.

وثمة في الوطن العربي ظروف اجتماعية وسياسية تثني الشاعر عن الإعراب عن مشاعره الحقيقية المنبثقة من الواقع المعاش أو تثنيه عن أن يتناول في شعره مواضيع معينة وتوجهه صوب تناول مواضيع أخرى لا تسبب له حرجا أو إشكالا مع السلطة الإجتماعية بالمعنى الأوسع. وقد لا أكون مخطئا إذا قلت إنه تقل ظروف من هذا القبيل في الغرب.

الدعم المادي للشعراء

ولا أجد أن الشعراء العرب، وخصوصا الشباب، يتلقون الدعم المالي أو المادي والتشجيع المعنوي اللذين يتلاقهما الشعراء في الغرب. وأرى أن الشعراء العرب تعاني نفوسهم من عبء نفسي ومادي وسياسي ثقيل، لعله أثقل من العبء الذي يشعر بوطأته الشعراء في الغرب. وفي حالة تلقي الشعراء في الوطن العربي للدعم المادي فيكون الدعم متفاوتا في حجمه تفاوتا كبيرا ولا يقدم ذلك الدعم بمعايير عامة لا تراعي اعتبارات أضيق. ويبدو لي أن هذه الظاهرة المقيتة أقل شيوعا في الغرب.

احتكار القلة للمشهد الشعري

ومن ظواهر الأزمة على الساحة الشعرية العربية، وذلك ينطبق على الساحة الفكرية والأدبية عموما، ظاهرة احتكار قلة من الشعراء للشهرة وشغلهم للساحة، شأنهم شأن أسماء في مناح كثيرة من الحياة العربية. تشيع في بيئتنا نزعة نخبوية حتى على الساحة الشعرية نفسها. وهذه النزعة تسهم في الحيلولة دون بروز اسم شاعر أو مفكر جديد يستحق قدرا أكبر من الاعتراف والتقدير والتشجيع والرعاية. يبدو أن هذه الظاهرة راسخة في الثقافة الاجتماعية العربية. هناك احتكار بعض الناشرين لساحة النشر، واحتكار من جانب بعض المفكرين للساحة الفكرية. يبدو أن لدينا في الوطن العربي ميلا إلى التصنيم وإلى خلق الرمز وإيجاد صورة الأسطورة، وإلى المبالغة في التمجيد والتقدير، وإلى الأخذ بفكرة تحديد المدى وفكرة بلوغ الشوط الكامل، البلوغ بالإنجاز المحقق إلى أقصى ما يمكن إنجازه، وكأن من المتعذر تجاوز أو تخطي ما بلغه ذلك الفرد المنجز في مناحي الأدب والفكر والفلسفة والغناء والموسيقى والرسم.

لهذه الظاهرة التي يرثى لها أثر سلبي في الحياة الفكرية والأدبية والعلمية العربية. فمن آثارها السلبية أنها تحدّ من طموح الشعراء

والمفكرين وتسهم في تقليل زخم العطاء والإبداع الفكريين والعلميين والأدبيين وفي الإبطاء بتوثبهم الفكري والأدبي.

وللنهوض بالأدب ولتعزيز الفكر ولرفع المستوى الفكري والأدبي ينبغي الإكثار من مؤسسات الفكر والأدب من النثر والشعر والموسيقى والغناء وغيرها وأن تكون هذه المؤسسات خالية إلى أقصى حد ممكن من الإعتبارات التي لا صلة لها بالتخصص الموضوعي لتلك المؤسسات. فمؤسسة للشعر سواء كانت حكومية أو غير حكومية ينبغي أن تعنى بالنهوض بالشعر شكلا ومضمونا بدون أن تعترض سبيل أداء هذه الوظيفة اعتبارات خارجة عن هذه الوظيفة.

الجواب عن السؤال الرابع.

صورة العربي، التي كانت سيئة قبل هجمات 11 أيلول/سبتمبر 2001، أصبحت أكثر سوءا بعدها وبعد هجمات أخرى وقعت في مدريد ولندن وبالي وغيرها. ثمة أوساط في الولايات المتحدة معنية ببقاء سوء صورة العربي. من الناحية الثانية، كثير من الأمريكيين لا ينظرون نظرة سلبية إلى العربي، ومنهم من يتخذ حيالهم موقفا محايدا أو إيجابيا. كثيرون منهم يعترفون بجهلهم للثقافة العربية. ويتزايد عدد الأشخاص الذين يقبلون على تعلم اللغة العربية ودراسة الثقافة والتاريخ العربيين والقرآن الكريم. وتحاول بعض المؤسسات العربية إبراز صورة أصح عن العرب، ولكن بسبب الجو الهائج السائد في الوقت الحاضر يقل أثر هذه الجهود.

وفي الحقيقة أن الأمريكيين العاديين ليست لديهم فكرة عن الشعر العربي. ولدى نسبة قليلة من الأمريكيين المتخصصين في الدراسات العربية بعض المعرفة بالتراث الشعري العربي. وفي عدد قليل من الرابطات الدراسية والمهرجانات العربية في الولايات المتحدة تنظم حلقات دراسية يحضرها عدد محدود من الأمريكيين والأمريكيين المتحدرين من الوطن العربي، وتكون هذه الحلقات الدراسية معنية

بدراسة الشعر العربي بمختلف أنواعه وعصوره أو بتلاوة أشعار عربية.

ومن هنا أهمية إنجاز المشاريع الرامية إلى ترجمة أشعار عربية إلى اللغة الإنكليزية وغيرها من اللغات الغربية.

النسق الفكري والقمع الفكري

للقمع مختلف الوجوه، منها القهر والكبت والحرمان والتقييد والتضييق. تختلف هذه الوجوه وغيرها بعضها عن بعض في مدى شدتها. ورد في المعجم الوسيط (الجزء الثاني، ص 919) أن "النسق ما هو على نظام واحد من كل شيء؛ وكلام نسق متلائم على نظام واحد". والنسق الفكري هو نظام فكري واحد. ونظرا إلى أن النسق الفكر نظام

فكري واحد فهو لا يقبل ما سواه، أي أنه لا يقبل بنظام فكري آخر أو نظم فكرية أخرى. النسق الفكري يستبعد نظما فكرية أخرى. شهد الفكر وما يزال يشهد كثيرا من الأنساق الفكرية. القول إن سعادة البشر تتعزز بالتطور التكنولوجي، أو إن الثروة هي المصدر الأكبر للطمأنينة، أو إن كثرة الأولاد ضمان للسعادة أمثلة على النسق الفكري. فهي طريقة في التفكير تقبل بالتضييق والتقييد والاستبعاد في المجال الفكري، وبالتالي فهي وجه من وجوه القمع الفكري. النسق الفكري لا يراعي المضامين الأصغر التي لا يغطيها النسق الفكري. فقصر تحقيق سعادة البشر على التطور التكنولوجي، رغم تقديرنا لأهمية هذا التطور، ينطوي على التقييد والاستبعاد الفكريين، لأن هذا القصر يستبعد تصور تحقيق السعادة دون التطور التكنولوجي. وثمة مصادر للطمأنينة غير الثروة، رغم إدراكنا لأهمية توفر الثروة. وأحيانا غير قليلة يكون الأولاد مصدر فقر أو قلق بدلا من أن يكونوا مصدر سعادة. والثنائية الفكرية والنزعة التقريرية والصيغة اللغوية الاقتصارية وعدم الانطلاق من دينامية (نشاط) الظواهر الاجتماعية، بما في ذلك الظواهر الاقتصادية والثقافية والنفسية، وعدم مراعاة هذا النشاط والانغلاق الفكري والشعور بالاكتفاء الفكري والإطلاق الفكري نظم أو أنساق فكرية.

وهذه الظواهر أو الأنساق الفكرية تجليات لعدم الاتساق الفكري الأعم. فمنطلق النسق الفكري ليس بالضرورة شاملا. وفي حالة عدم شمول منطلق النسق الفكري يكون هذا النسق غير متسق مع منطلقات أنساق فكرية غير شاملة. من الأمثلة على الأنساق الفكرية القول إن "الفكر موضوعي" وإن "العلوم الاجتماعية حيادية" وإن "العقل الآري أكثر تطورا من العقل السامي" وإن "العالم لا يمكن للنساء أن يُدِرنه".

النسق الفكري قيد على الفكر لأن النسق الفكري لا يراعي ولا يجاري دينامية (نشاط) الفكر ودينامية واقع الحياة المعقد والفهم البشري المتغير بتغير ظروف الحياة. من طبيعة الأنساق الفكرية عدم المرونة والانغلاق وبالتالي الجمود. وانغلاق النسق الفكري معناه أنه مقتصر على فكر دون أن يستطيع ذلك الفكر أن يتسع للدينامية (النشاط) الفكرية للواقع. النسق الفكري مقيِّد بنسقيته بمعنى أنه لا يتيح للفكر أن يتجاوز

نطاق النسق. إنه مغلق بنسقيته. ولكونه مغلقا فهو جامد، وبالتالي لا يتسع فكريا لإمكانيات واحتمالات الفكر النشيط. والنشاط الفكري أوسع من النسق الفكري. وتعقد الواقع، الذي يعني تعدد عوامل الواقع، يتجاوز فكريا النطاق الفكري النسقي. وفهم الواقع المعقد يقتضي الخروج عن النسق الفكري وعلى النسق الفكري المقيَّد. وتعدد عوامل الواقع يؤدي بالضرورة تفاعلها بها إلى تجاوز النسق الفكري.

والفهم البشري بطبيعته متغير بتغير ظروف الحياة. وكون الفهم مختلفا فهو تاريخي. وبالنظر إلى اختلاف ظروف الحياة الراهنة عن ظروفها التي كانت سائدة سابقا يختلف الفهم اليوم عنه في الماضي. وكون الفهم مختلفا لا يعني أن الاختلاف يشمل كل جوانب الشيء الذي أصبح فهمه مختلفا. في اختلاف فهم شيء، مثلا نص، يمكن أن يبقى فهم جوانب في ذلك الشيء غير متغير.

ومما له صلة بموضوع تغير الفهم مفهوم مثالية الفكر. يقصد بمثالية الفكر عدم إمكان التحقيق الكامل للفكرة. لا تتجسد في فكرة شجاعة الفارس وكرم الكريم، على سبيل المثال، الشجاعة كلها والكرم كله. ولا يمكن أن يتجسد في فكرة تغير فهم الفاهم التغير التام للفهم. هذا الطرح يؤكد على أن تغير الفهم بتغير ظروف الحياة لا يمكن أن يعني التغير التام للفهم ولا التغير التام لظروف الحياة. فالفهم البشري النابع من الحالات البيولوجية والنفسية – والحالات النفسية تشمل المسائل العقائدية - للبشر لا تتغير أو تتغير تغيرا جزئيا.

وحتى يخرج الفكر من إطار النسق يجب كسر النسق عن طريق تحليل وتفكيك الواقع المعقد. التحليل هو ضد النسق. والفهم يتضمن التحليل. لا يمكن فهم شيء دون تحليله. وكسر النسق الفكري يعني التحرير الفكري. وعن طريق ذلك التحليل يتضح انغلاق النسق وضيقه وتقييده ويتضح سخف اعتماد النسق الفكري لأنه يتضح قيام النسق بمنع الولوج في ثنايا الواقع ذي الأبعاد المتفاعلة النشيطة العديدة.

وسيطرة النسق الفكري هي أحد العوامل الرئيسية في المأزق الفكري والعقلي لأي فرد أو شعب يعاني من هذه السيطرة. والفكر النسقي بالمعنى الذي اعتمدناه في هذا السياق ليس علميا، لأن الفكر

العلمي لا يقبل التقييد الفكري. الفكر غير العلمي يمكن أن يكون فكرا ايديولوجيا وميثولوجيا. وتغليب الفكر الأيديولوجي أو الميثولوجي لا بد من أن يكون على حساب فهم الواقع، لأن الفكر الأيديولوجي أو الميثولوجي أضيق من الواقع. البنى الأيديولوجية للفكر تخفي إخفاء قليلا أو كبيرا الواقع البشري. وفي وقت مواجهة الحقائق على أرض الواقع يتضح عدم صلة تلك البنى والأنساق الفكرية بالواقع.

واتخذت هذه الأنساق الفكرية أشكالا مختلفة، منها المذاهب والأيديولوجيات السياسية والاقتصادية الجامدة من قبيل الطائفية والفاشية والنازية العنصرية والشيوعية وحمل الرجل الأبيض لرسالة أو "عبء" إشاعة الديمقراطية والحضارة في العالم أو البقاء للأصلح أو زعم تفوق الجنس الآري على الجنس غير الآري. فجعل الانتماء الطائفي العامل الوحيد أو المقرر في توزيع المناصب السياسية والمالية والعسكرية العالية في الدولة أو الولاية أو المحافظة ينطوي على القمع الفكري لأنه يحول قمعا دون أن تؤدي عوامل أخرى دورا في تقرير ذلك التوزيع بينما يرجح أن تكون تلك العوامل مصدر فائدة للدولة أكبر من الفائدة التي تجنيها الدولة من تقرير الانتماء الطائفي لذلك التوزيع. ويتجلى القمع الفكري في النسق الفكري المدعو بالنازية في استبعاد الحق في المساواة بين البشر بعقيدة التفوق العنصري التي لا تعتمد إلى أسس صحيحة. فلا توجد دراسات موضوعية وجادة حقا تثبت أن الشعوب الأوروبية تفضل الشعوب غير الأوروبية فهما وذكاء وإدراكا، والشعوب الأوروبية كانت في العصور الوسطى تمر بالظروف السياسية والاجتماعية والثقافية التي تمر بها شعوب العالم النامي اليوم.

ويتجلى القمع الفكري في النسق الفكري المدعو بالشيوعية في استبعاد قوى مؤثرة في التاريخ البشري غير العامل الاقتصادي، وبعبارة أكثر تحديدا، هوية المالكين لوسائل الانتاج. حركة التاريخ البشري لا تفسر بهذا العامل رغم أهميته. فضلا عن هذا العامل تفسر حركة التاريخ بعامل الجنس والدين والعقيدة والثقافة والنفس. ورغم تشدق المتشدقين من الغربيين بأداء الرجل الأبيض لرسالته، رسالة أو "عبء" نشر المدنية والحضارة، لم يقم ذلك الرجل بهذه الرسالة. وينطوي النسق

الفكري المتمثل في فكرة "البقاء للأصلح" التي كان لها رواج في الغرب على فكرة هيمنة الجهة القوية، سواء كانت دولة أو شركة أو منظمة، على دولة ضعيفة أو شعب ضعيف سياسيا وعسكريا واقتصاديا وثقافيا في العالم النامي. كيف يمكن لأفراد قبيلة تفتقر إلى المعرفة وإلى الثقافة والعلم الحديث أن يبقوا ويصمدوا حيال الرجل المتعلم الخبير المدرب المسلح؟ إنهم ضعفاء. وهلا يصلحون للبقاء ويتوجب إفناؤهم بسبب عجزهم عن حماية أنفسهم؟

واتخذت هذه الأنساق الفكرية أيضا شكل الغلو في النزعة الرأسمالية والمغالاة في النزعة العقلانية. إن القمع الفكري الذي ينعكس في الغلو في النزعة الرأسمالية يتجلى في استبعاد نزعات تؤكد على مراعاة اعتبارات الغير فيما يتعلق بكيفية توزيع الثروة وبكيفية تأمين استفادة جميع الشرائح السكانية – مع الإقرار بأن تلك الاستفادة تكون على تفاوت – من النظام الاقتصادي في البلد وعلى الساحة العالمية. والمغالاة في النزعة العقلانية تكون على حساب البعد الروحي والإنساني البشر وفي حياتهم وعلاقاتهم الاجتماعية على مستوى الدولة والمستوى العالمي. والقمع الفكري في المغالاة في النزعة العقلانية يتجلى في مضمونها الذي يبالغ في أهمية هذه النزعة في فهم وتفسير العالم والكون على حساب النهج المتزن المعتدل الوسط الذي يجمع العقل إلى الروح والإنسانية في تفسير العالم والكون. فالنزعة العقلانية المغالى فيها، بوصفها الأداة الوحيدة المفسرة للكون وباستبعادها لنزعات غير مغالى فيها في فهم وتفسير الكون، نزعة مصابة بالسذاجة وقصر النظر والغرور.

لقد أثرت هذه الأنساق الفكرية تأثيرا سلبيا في فكر الذين قبلوا بهذه الأنساق وأفضت إلى إقصاء أو إضعاف البُعد الروحي والإنساني أو القوة الروحية والإنسانية في البشر وفي سلوكهم. فقد أسهمت الرأسمالية والعقلانية المغالى فيهما فى نشوء الغلو في النزعة الفردية والنزعة الأنانية وفي النزعتين المادية والاستهلاكية المغالى فيهما. وبالنظر إلى أنه لا يمكن فهم طبيعة العلاقات بين الأفراد والجماعات والدول إلا بالتفسير الذي يراعي البعدين العقلي والروحي لتلك العلاقات

فإن تلك الأنساق الفكرية أبطأت ولا تزال تبطئ إبطاء شديدا تقدم العلوم الاجتماعية.

والتفسير هو إقامة العلاقات السببية بين الظواهر. ويكون التفسير ناقصا إذا لم يشمل كل تلك العلاقات. والتفسير الناقص نسق من الأنساق الفكرية. يعتري تفسيرَ منظِّرين غربيين وغير غربيين في السلوك البشري نقص جسيم حينما يحاولون تفسير السلوك البشري والتاريخ البشري بعامل واحد بينما يتطلب التفسير لكل من هذه الظواهر، بسبب طبيعتها النشيطة (الدينامية) والمعقدة، أن يؤخذ في الحسبان أكثر من عامل واحد في إحداث الظاهرة. فالظاهرة الاجتماعية، بالمعنى الأعم للعبارة، أي الظاهرة الاقتصادية والسياسية والثقافية والنفسية، يعود نشوؤها إلى مختلف العوامل. لم يكن سيغموند فرويد، على سبيل المثال، ناجحا في محاولته تفسير السلوك البشري بالحافز الجنسي، وحاول كارل ماركس خطأ تفسير السلوك البشري بالعامل الاقتصادي، أي تحديدا عامل هوية الذين يتحكمون بوسائل الإنتاج أو يمتلكونها. العيب الأكبر الذي يعتور هذه الصيغ أو الأنساق الفكرية وغيرها أنها أنساق لا تراعي تعدد الأبعاد لمنشأ الظاهرة عموديا، أي تغير أثر الظروف نتيجة عن مرور الأزمنة في قوة العوامل الباعثة على الموقف والسلوك البشريين، وأفقيا، أي تعدد العوامل المنشئة للظاهرة، ولا تراعي تعقد الفرد الإنسان، وهو التعقد المتمثل في كثرة أبعاده، ولا تراعي دينامية هذا التعدد ودينامية ذلك الفرد المتمثلة في استمرار التفاعل بين تلك الأبعاد. التنظير الناقص، أي التنظير الذي لا يأخذ في الحسبان سوى عامل واحد في نشوء الظاهرة رغم تعدد العوامل المنشئة لها، نسق فكري طغياني، بمعنى أن يُعتبَر خطأً العامل المذكور طاغيا على العوامل غير المذكورة. فتفسير السلوك البشري بالحافز الجنسي يتجسد فيه القمع الفكري لأن ذلك التفسير يقمع ويطمس عوامل غير العامل الجنسي في تفسير السلوك البشري. وتفسير السلوك البشري بهوية الذين يتحكمون بوسائل يتجسد فيه أيضا القمع الفكري لأن ذلك التفسير يقمع ويطمس عوامل أخرى في السلوك البشري.

بمرور الوقت تتغير العوامل الداخلة في نشوء الظاهرة ويتغير أيضا مدى حضور أو أثر كل عامل من هذه العوامل نتيجة عن التغير المستمر للظروف الاجتماعية والثقافية والاقتصادية والنفسية. وهذا التغير ناتج عن التفاعل المستمر فيما بين تلك الظروف الدائمة التغير التي أثرها دائم التغير أيضا، وعن التفاعل المستمر بين تلك الظروف والظاهرة والإنسان الفرد المعقد، بمعنى أن شخصيته هو أيضا تتكون من عناصر ذاتية وموضوعية متفاعلة دوما ومتغيرة الأثر في شخصيته. وكلما طال الوقت ازداد أثر التفاعلات بين جميع تلك الظروف والعوامل.

وبالأخذ بنسق فكري معين تجري مراعاة لمنهج أو مذهب أو اعتبار متضمن في ذلك النسق الفكري وتهمل، وفقا لذلك النسق، مناهج ورؤى ومذاهب واعتبارات أخرى على الرغم من حضورها في الظاهرة وفي الظروف والعوامل المنشئة للظاهرة أو المؤثرة فيها. القول بأن سمة التاريخ البشري هي صراع الحضارات فقط قول ينطوي على القمع الفكري، ففي رؤية صراع الحضارات العامل الوحيد في التاريخ البشري استبعاد لعوامل أخرى أسهمت في هذا الصراع واستبعاد وطمس أيضا لعوامل أسهمت في الحيلولة دون نشوب ذلك الصراع؛ بل إنه طمس لذكر دور العلاقات بين الحضارات في التقريب بين الدول والشعوب والثقافات وفي إضعاف أثر عوامل حضارية واقتصادية كانت ستجعل الصراع أكثر دموية لولا تلك العلاقات بين الحضارات.

ومما يناقض القمعَ الفكري ممارسةُ الديمقراطية. فهذه الممارسة تنطوي على الإقرار بالتعددية الفكرية الذي يناقض الاستبعاد الفكري والقمع الفكري. ومما يعزز هذه التعددية المؤسسات الديمقراطية من قبيل البرلمانات والأحزاب وحرية الصحافة.

ومما يناقض القمعَ الفكري أيضا نشوءَ المجتمع المدني من مختلف الهيئات من قبيل الرابطات السياسية والفكرية والثقافية والأدبية والرياضية والجمعيات الخيرية والتطوعية والنقابات والجماعات الإنتاجية والصناعية، وذلك لأن المجتمع المدني يتيح التعدد الفكري والتيارات الفكرية عن طريق إتاحة الأخذ والعطاء وممارسة الحوار في

بلورة الأفكار والمواقف وعدم قصر الإدلاء بالرأي والمشاركة على القلة. وفي ظل المجتمع المدني يسمح لكل تيار فكري بأن يكون له أتباعه، ولا يسمح لأتباع تيار بأن يفرضوا رؤاهم على أتباع تيارات أخرى. ومن وظائف المؤسسات الديمقراطية ومؤسسات المجتمع المدني كبح طغيان القمع الفكري الذي تمارسه السلطات الحكومية وغير الحكومية التي تأخذ بأنساق فكرية.

الحس بالمكانة والتخلف الاجتماعي والعلمي والاقتصادي

في النشاط الاجتماعي العامل الموضوعي ليس مستقلا عن العامل الذاتي في عدد من المفاهيم من قبيل الاستقرار والتحرر وإحلال النظام والنقد والرضى والضبط. ومن الصعوبة البالغة، إن لم يكن من المستحيل، الفصل التام بين العامل الموضوعي والعامل الذاتي في هذه المفاهيم. وكلما انخفض المستوى الفكري والثقافي للمرء ازدادت في المتوسط صعوبة الفصل بين العاملين الذاتي والموضوعي في حسه

بالمكانة. وعدم التمييز هذا أو عدم كفايته هو أحد الأسباب الرئيسية في التخلف العلمي والثقافي والاقتصادي للشعوب. ويستوجب التقدم في هذه المجالات مراعاة العامل الموضوعي أو إيلاء مراعاة أكبر له. ولا يستثنى من ذلك البيان مفهوم مكانة المرء (وطبعا يقصد هذا التناول المرأة ايضا) أو منزلته أو مركزه. وتوجد مساحة مفهوم مشتركة واسعة بين هذه المفاهيم الثلاثة. وبقصد الاتساق في العرض نقتصر في هذا التناول على استعمال مصطلح "المكانة".

والمكانة أو الحس بالمكانة مصدر تمتع للإنسان. صاحب المكانة يتمتع بها. إنها مصدر رضى نفسي لصاحبها لأنها ترضيه. ولأن المكانة أداة لتوليد وممارسة النفوذ الاقتصادي والاجتماعي والسلطوي يوليها صاحبها أهمية كبيرة. ولأن صاحب المكانة يعرف أهميتها في اكتساب التأثير ولأنه يتمتع نفسيا بها يحاول دائما المحافظة عليها وحمايتها وتعزيزها. وكلما ازدادت المكانة قوة ازداد صاحب المكانة تمتعا بها وحرصا على حمايتها وتعزيزها.

مكانة المرء تستند إلى عوامل أو أسس موضوعية، من قبيل المهنة أو الحرفة، وعوامل أو أسس ذاتية، من قبيل إيلاء الاحترام للمسنين أو الهيبة التي ينسبها الناس إلى مرء متحدر أو يُظَن أنه متحدر من عائلة عريقة أو من طبقة الشرفاء ونسبة أعمال خارقة إلى أشخاص معينين. والمقصود بالعامل الموضوعي هو العامل الذي تستوجب طبيعة الموضوع مراعاته والمقصود بالعامل الذاتي العامل غير المتعلق بالعامل الموضوعي علاقة عضوية. العامل الذاتي مقحم على العامل الموضوعي إقحاما. ومن المستحيل الفصل التام بين العامل الموضوعي والعامل الذاتي في مفهوم المكانة. وعلى الدوام تقريبا تسيطر العوامل الذاتية على العوامل الموضوعية في حس المرء بمكانته. هذه السيطرة أحد الأسباب الرئيسية في التخلف الذي تعاني منه شعوب كثيرة في المجال الاجتماعي والاقتصادي والعلمي والثقافي والإنمائي.

وتختلف الأسس الموضوعية والأسس الذاتية بعضها عن بعض في مدى حضورها أو نسبتها في مصدر المكانة. ويتوقف مدى هذا الاختلاف على عوامل منها مدى التطور الاجتماعي والسياسي

والتكنولوجي المحقق من جانب الشعب، ومدى تشرب افراد الشعب بالقيم المهنية والحرفية والعلمية، ومدى رسوخ وسيطرة النظام الذكوري الأبوي، ومدى شيوع التنشئة على قيم الحرية والديمقراطية وكرامة الإنسان، ومدى احترام وتوخي النهج العلمي التجريبي الواقعي.

لدى المرء نفسه نزعة إلى مراعاة العامل الذاتي ولديه قدر من مراعاة العامل الموضوعي في مصدر المكانة. يراعي المرء في المقام الأول العامل الذاتي وليس العامل الموضوعي. وفي حالة التناقض – كما يحدث عادة – بين شكلي المراعاة يميل المرء إلى تغليب العامل الأول على العامل الثاني. إنه يعتبر إيلاء الأولوية للعامل الموضوعي على العامل الذاتي مساسا بمكانته إذا كان حسه بمكانته يعتمد على العامل الذاتي أكثر من العامل الموضوعي.

وبسبب الاختلاف الواضح بين العامل الذاتي والعامل الموضوعي ينشأ تضارب بينهما في نفس صاحب الحس بالمكانة في سياقات اجتماعية وسياسية واقتصادية في كل بلدان العالم. ويتوقف نشوء هذا التضارب وقوته ومصيره على مدى حضور العامل الذاتي والعامل الموضوعي في نفس صاحب الحس بالمكانة وعلى طبيعة ذلك السياق. ففي حس المرء بالمكانة إما أن يكون العامل الموضوعي أو العامل الذاتي مسيطرا. وفيما يلي مثال مستمد من مجال التنمية على ذلك التضارب: من الناحية الموضوعية تتطلب التنمية الاقتصادية والاجتماعية توفر قدر لا يستهان به من مشاركة الناس في عملية التنمية. فلا مفر من أن ينطوي تحقيق التنمية على مشاركة الناس. غير أن الشخص المتولي للسلطة – على سبيل المثال الحاكم أو الوزير أو رئيس البلدية أو مختار القرية أو ضابط الشرطة أو قائد الجيش أو المدير – قد يتخذ، من منطلق رغبته في المحافظة على مكانته التي تتكون كما أسلفت من العوامل الذاتية والموضوعية، موقفا حذرا أو مترددا أو غير مبال أو متقاعسا أو معاديا حيال فكرة المشاركة الشعبية. إن مراعاة هذه المشاركة قد يعتقد هو أنها لا تتفق مع ممارسته السلطة التي تشكل، في نظره وفي نظر غيره، أساسا قويا من أسس مكانته. ومن الواضح أن هذا الموقف من شأنه أن يكون أحد الأسباب الهامة في منع أو تأخير التنمية.

والتقدم الثقافي والعلمي والاقتصادي والتكنولوجي يقوم على مكونات، منها المعرفة التي تعني السيطرة على الأشياء، ولا تضمن مراعاة العامل الذاتي في الحس بالمكانة اكتساب المعرفة، إنما تكتسب المعرفة عن طريق مراعاة العامل الموضوعي فيها. إن غلبة العامل الذاتي على العامل الموضوعي في المكانة لا تكسبنا المعرفة.

وكما أسلفتُ من المستحيل الفصل التام بين العاملين الموضوعي والذاتي في الحس بالمكانة لدى المرء. بيد أن من الممكن تحقيق قدر من الفصل. وكلما ضاقت المسافة بين العاملين الذاتي والموضوعي ازداد تحقيق المعرفة صعوبة لأن الغلبة للعامل الذاتي على العامل الموضوعي، مما ينال من النزعة إلى اكتساب المعرفة. وبنفس المنطق يكون من الأصعب اكتساب المعرفة عندما يندمج العاملان الذاتي والموضوعي بعضهما في بعض في حس المرء بالمكانة.

الإبداع: التجربة والانطلاق

ينطلق العمل الإبداعي عبر تجربة من التجارب النفسية المختلفة القوية. ومن هذه التجارب الشعور بالإحباط والغضب وبالنفي النفسي والفكري والإجتماعي والجغرافي، والظروف الباعثة على السخرية وعلى إعادة التفكير في الأشياء المقبولة أو المتواضع عليها أو المسلَّم بها. وبهذه التجربة يخرج المرء عن حالة استقرار أو سكون المعنى وعن حالة رتابة الفكر والشعور.

أحيانا يكون الإنسان في حالة الفقدان، فقدان الروابط، أو في حالة الرفض، رفض المسلّمات ورفض ما هو متواضع عليه، ورفض الأسلوب اللغوي المألوف، ورفض الرتابة، ورفض القيد اللغوي والمعنوي والاجتماعي. وأحيانا تكون النفس في حالة ثورة، الثورة على حالة القبول، وعلى حالة الإذعان والانقياد؛ تكون النفس في حالة الغليان، في حالة فيض وانبعاث، تبدأ بدايات جديدة، وقد لا تدري أنها تبدأ تلك البدايات، وقد لا تعرف كيف تسمي تلك البدايات، وتتطلع إلى الأمام، أو إلى اتجاه آخر، اتجاه جديد مختلف، تتطلع إلى اللامحدود، إلى الشمس، إلى غير المرئي، إلى أعماق ذاتها. هذه الحالات هي حالات تقترن بها في أحيان كثيرة تجربة الإبداع الفكري الذي يتجلى في العلم والأدب والفن والفلسفة.

وعندما تتلاشى أو تخمد هذه الحالة النفسية تتلاشى التجربة الإبداعية. يعود الإنسان إلى حالته التي اعتاد عليها، إلى حالة الإنسان المقيد بقيود الفكر والعادات والمؤسسات الاجتماعية المألوفة التي تحيط به وتطوقه.

وهذه التجربة الإبداعية الحادة الثورية يمكن أن تدوم وقتا قصيرا أو طويلا. وكلما زادت قوة تلك التجربة ازداد النتاج الإبداعي توهجا بوهج العبقرية وعمقا وأصالة.

يدل ذلك الطرح على الصلة القوية التي تصل الشخص المبدع بمجتمعه وعصره وبالقضايا الكثيرة المطروحة، ويدل على الدور الذي يؤديه الإبداع في معرفة المبدع بالمجتمع وبالطبيعة، وفي اكتشاف الحقائق المجهولة، وفي اكتناه طبيعة الأشياء، وفي الاطلاع على العلاقات السببية بين الظواهر.

ويمكن لتجارب الإحباط والثورة أن تطلق شرارتها شتى الظروف والمشاهد: مشهد طفل يبكي وهو جاثم على صدر أمه التي ماتت متضورة من الجوع دون أن يدري ذلكم الطفل أن أمه قد لفظت أنفاسها الأخيرة، ومشهد أم تهرع إلى العيادة تحاول إنقاذ طفلها الذي يوشك على الموت من الإشعاع النووي نتيجة عن إجراء التجارب النووية واستعمال اليورانيوم المنضب الذي لا يفرق تغلغل أثره الفتاك

بين الجنود الذين يسمع صوت نعالهم الضاربة للأرض من وسط البلدة والمدنيين الأبرياء العزل من السلاح، ومشهد طاعن في السن محبط الآمال وهو ينتظر رسالة طال انتظاره لها من ابنه المتغرب هربا من القمع السياسي والظلم والقهر الاجتماعيين ولا يدري ذلك الوالد الحنون أن ابنه لقي مصرعه في حادث سير مروع، ومنظر فتاة تضع نهاية لحياتها لأنها تحمل، وقد كانت عذراء، من جندي اغتصبها بالقرب من قبر جماعي حفره مقترفو التطهير العرقي الذين اعتادوا على أن يلطخوا، بإفلات من العقاب، أيديهم بدماء الأبرياء الضعفاء، ومشهد الشاب الذي يبحث عن حبوب الشعير في روث البقر والماعز والجمال بأصابعه التي غلفها الروث ليطعم أمه وامرأته الخاويتي المعدة، ومشهد أهل القرية الذين لا يجدون ملاذا يلوذون به من قذف الطائرات وعربدة القذائف التي تنشر الرعب في قلوبهم لأن لهم طريقتهم الخاصة بهم في الحياة أو يعتنقون ديانة أخرى أو يعلو بشرتهم لون آخر مختلف، أسمر أو أسود، ومشهد النساء الأخوات المتألمات اللواتي يتحلقن في حلقة النحيب حول جثة أخيهن الوحيد الذي قتله رصاص الغدر العنصري، ومشهد الأم التي تنزف دما وهي في عملية الولادة التي قد تودي، كما قال لها أطباء، بحياتها، وقد آثرت آلام الولادة على الإجهاض لتنقذ حياة من في احشائها، ومشهد المصلين المؤمنين المصطفين خشوعا لله الذين يصلون لله صلاة الاستسقاء في أرض احتبس غيثها فأصبحت جرداء لا تنبت القمح والشعير والذرة البلدية التي كانوا يتقوتون بها.

حينما تتجاوب وتتفاعل هذه الحالات مع الفكر المنطلق الوثاب المدرك ومع النفس المتقدة شعورا بما حولها والمرهفة حسا بأعماق النفس البشرية وبمعاني الأحداث والتطورات الاجتماعية تحدث عملية الإبداع.

ويوجد من ينقد ويرسم ويرقص ويمثل ويغني وينظم الشعر ويدبج المقالات ويضع الألحان في الوقت ذاته أو من يقوم بقسم من هذه الوظائف والنشاطات. القيام بهذه الوظائف والنشاطات تحقيق البحث عن الذات وتحقيق لها. عن طريق الفلسفة والشعر والرواية والنثر والرسم والموسيقى والنحت والغناء وغيرها يمكن هتك أسرار الوجود والنفاذ

إلى حقائق الكون، وعلاج أدواء الحياة والوجود. الشعراء والأدباء والفلاسفة والمفكرون والكتاب والرسامون والموسيقيون والنحاتون يكتشفون المجهول ويتناولون القضايا بأدواتهم الخاصة بهم. وكل منهم يوظف أداته الخاصة به في كشف المجهول وتناول القضايا والتحديات القائمة.

والحالة الطبيعية للإنسان هي الاندماج في الطبيعة، في الوجود الطبيعي. وسمة الحالة الاجتماعية أنها تبعد قليلا أو كثيرا عن الحالة الطبيعية. والتثقف القوي بالثقافة الواسعة طريق للكشف عن الشيء الطبيعي وللاندماج في الطبيعة. ويسمو الإنسان بالثقافة التي تتشابك فيها العلوم والفنون وتندمج بعضها في بعض. وبذلك يصبح الإنسان أقرب إلى الطبيعة والعودة إليها والاندماج فيها. وبينما تقيد الحالة الاجتماعية الإنسان لا تعرف الطبيعة القيد. ويتم تحقيق الإنسان لذاته حينما تنصهر في نفسه العلوم والفنون. وحينما يشعر الإنسان بأنه حقق ذاته يعود إلى الطبيعة.

ونفس المبدع الشاعر قد تتقاسمها زمجرات الطبيعة الغاضبة وأنين الموسيقى الآتية من بعيد. وقد تتجاور في نفس المبدع الشاعر الكبرياء والتواضع، وقد يجد خلاصه في الألم والبهجة. وقد يكون المبدع الأديب صديقا للبشر كلهم ونائيا عنهم كلهم. وقد يكون المبدع الاديب زاهدا ويذوب في الوقت نفسه حبا.

ولا ينطلق الإبداع بالضرورة من الأشياء ذات الانتظام الداخلي، والعملية الإبداعية قد تنشأ من الأشياء غير المنتظمة. وما قد تبدو فوضى لفرد قد لا تبدو كذلك لفرد آخر. قد لا ينطلق إبداع المبدع إلا من حالة غريبة عن الواقع، من شيء ليست له أبعاد واقعية ولا حقيقية، من شيء يبدو أنه لا تقوم علاقات بين أجزائه، أو تقوم علاقات خاصة بينها، أو علاقات ذات نمط معين أو غير معين، أو شيء تقوم أو لا تقوم علاقات بمحيطه. قد يهيم المبدع بما يبدو أنه لا شيء. قد يكون ما يبدو له فوضى في العالم وفي المحيط مبعثا لإلهامه ولانطلاقه. وإنشاء نظام معين للأشياء غير المنتظمة يمكن أن يكون نتيجة عن تفاعل المبدع بحسه بالجمال والفكر والخلق مع هذه الأشياء. وتتخذ هذه الأشياء أبعادا وتتلون

ألوانا وتتشكل أشكالا وتصبح ذات مغزى حينما يضعها المبدع في ترتيبه الخاص به حسب مزاجه ورؤاه وأدواته ومعاييره الخاصة به. قد ينطلق المبدع فكرا أو شعرا وهو يقف على حافة المجهول المثير الشيق، أو على مصب شلالات نياغارا التي تروي قصة الخلود، أو على جبال البلقاء التي تشعر معها بالخشوع للخالق العظيم، أو على قمة جبل الشيخ المطل على اللامحدود، أو على جبل عيبال الذي يقَرّب من النجوم أو على سفوح جبل الجرمق الشامخ بثباته رغم أعاصير الشتاء وجشع البشر والذي يتلو عليك قصة الشعوب التي كانت مبعثا للحضارة.

واذا تفاعل المبدع مع الشيء المنتظم جاءت النتيجة عبارة عن نفثات صدره على ذلك الشيء وعن بصمات روحه عليه، وعن رسم جديد بلون جديد لذلك الشيء. حينما يتفاعل المبدع مع الشيء المنتظم يقيس ذلك الشيء بمقاييسه، ويزنه بمعاييره، ويمسحه بوميض روحه ويهويه بانفاسها ويطهره بعرق سهره وبمياه انهاره المسرعة الجادّة.

حينما يتفاعل المبدع مع الشيء المنتظم قد يعاف انتظامه، وقد يمل من ملل انتظامه، ويزيح قشوره ويهتك قناعه، ويقف متأهبا في لجة نيران الشمس المسلطة على الزيف فيه. وحينما يتفاعل المبدع مع الشيء المنتظم يكتشف المبدع ذاته. بهذا التفاعل يعيد المبدع رسم قسمات الشيء ويتعهد بنور إبداعه الشيء المنتظم ويعيد انتاجه من جديد كي يرقى به إلى الأجواء السامية والسماوات العالية.

يشفق المبدع الأديب الناقد على البشر الذين ليس لديهم الوقت للتطلع إلى أشعة الشمس لأن مستغليهم يجبرونهم على إحناء ظهورهم وهم يعملون النهار كله لكسب لقمة العيش. والمبدع المفكر من طبيعته أن ينتقد المجتمع البشري. ففي هذا المجتمع محاسن ومساوئ.

وعدم سلوك المرء وفقا لمقتضيات فكره يعني الخضوع للواقع أو التكيف معه. وتقوم أسباب لهذا الخضوع أو التكيف، منها خوفه من مغبة السلوك المراعي لهذه المقتضيات. وفي الحقيقة تقوم على المستوى النظري والعملي علاقة بين مدى الوعي الفكري ومراعاة مقتضياته. كلما ازداد الوعي الفكري قوة ازداد تأثير هذا العامل في مجموعة

العوامل التي تعمل في اتجاه مراعاة المرء لمقتضيات الوعي الفكري. وبالعكس.

ويوجد مَنْ هو ساخط على الواقع. ويختلف الناس بعضهم عن بعض في مدى سخطهم على الواقع أو استيائهم منه أو نقدهم له. والناس الراضون عن الواقع لا يرحبون طبعا بانتقاده، ويعارضون الذين ينتقدونه. والذين يعيبون الواقع قد تحرمهم الفئات الممارسة للنفوذ في المجتمع والمستفيدة من ذلك الواقع من فوائد. وقد يعجزون، نتيجة عن ذلك، عن أداء دور كبير أو حتى صغير في تشكيل الفكر الذي يعتمدونه. هذه الحالة تطرح سؤالا: ما هو أفضل للمجتمع: أن يكون فكر المفكر الناقد أقل حدة، مما يقلل حدة معاداة الفئات ذات النفوذ له، مما قد يتيح بالتالي فرصة لأن يمارس تأثيره، أو أن يكون فكره أشد حدة وجرأة، مما يؤدي إلى حرمانه من الفرصة لممارسة هذا التأثير.

وتقوم علاقة بين الإبداع وزيادة المعرفة. تستند الثقافة البشرية إلى معرفة متشظية، إلى معارف مجزأة. تقوم علاقة بين الإبداع وتكامل المعرفة. الإبداع، بمعنى الانطلاق والشمول والانفتاح على المستوى الفكري، من شأنه أن يقضي على التشظي في المعرفة. فعن طريق الإبداع تمكن معرفة العلاقات بين الظواهر، بما في ذلك العلل، الاجتماعية والنفسية والسياسية والاقتصادية. عن طريق الربط بين الظواهر تتكامل المعرفة، وبذلك يمكن القضاء على التشظي المعرفي. عن طريق الربط بين الأمور تمكن معرفة أسباب الاعتداء على النساء وعلى شعوب العالم الثالث، وأسباب ظلم الفقراء والضعفاء.

جوانب من التراث الفكري العربي تتفق مع أسس التحديث الاجتماعي

يعاني المجتمع العربي – شأنه شأن المجتمعات النامية الأخرى - من علل منها الفقر والأمية والمرض. ويعاني العرب من الإهانة القومية على يد جهات فاعلة أجنبية من قبيل قوى الهيمنة. وتهدر الطاقات والموارد العربية. وحققت الجهات الفاعلة الأجنبية قدرا كبيرا من النجاح في محاولاتها لتجزئة الوطن العربي ولترسيخ تلك التجزئة ولإضعاف

أو تغييب وعي العرب بدورهم العالمي والحضاري التاريخي وبمصالحهم الحقيقية وبواقع عصرهم وبدور دول أجنبية في إخضاعهم وتجزئتهم وإضعافهم وسلبهم ونهبهم، وبمغزى وجودهم الحضاري وبرسالتهم وبعظمتهم وبعالمية وإنسانية ثقافتهم وحضارتهم.

والخطاب العربي المعاصر عن الانحطاط والتقدم والنهضة والحداثة تعتوره بعض الأخطاء. ومن هذه الأخطاء أن بعض أصحاب هذا الخطاب يؤكدون على حتمية سقوط الغرب، وبعضهم يجعلون المسؤولية عن تخلف الحضارة العربية مقتصرة على جهات فاعلة خارجية دون الالتفات إلى دور عوامل داخلية في ذلك التخلف، وبعضهم يعممون الانحطاط العربي الراهن على القسم الأكبر من التاريخ العربي دون الالتفات إلى عهود عربية مشرقة حضاريا، وبعضهم ينزلون بهذا الانحطاط إلى مستوى "الاندحار" و "الهزيمة".

وليس من الصحيح القول إن سقوط الغرب حتمي وإن المسؤولية عن التخلف الحضاري العربي الراهن يعود إلى جهات فاعلة خارجية فقط وإن جل التاريخ العربي كان متسما بالانحطاط وإن انحطاط العرب يبلغ مستوى الهزيمة او الاندحار.

والخطاب العربي ليس شاملا. إنه لا يتناول جميع المسائل والحاجات الاجتماعية والقومية الضرورية التي يحتاجها الفرد العربي. وبالتالي لا يحل الخطاب العربي بعض المشاكل التي يوجدها عدم تلبية هذه الحاجات. ومن هذه المسائل قضايا العاطفة في سن المراهقة ومقتبل العمر قبل الزواج ومسائل حرية الإعراب عن العاطفة، ومسائل مركز المرأة في الإسلام والمستوى الفكري والعلمي للخطباء في المساجد.

وبالنظر إلى أن الثقافة العربية هي إلى حد كبير ثقافة التستر والتكتم والكبت فقليل من الناس لديهم الجرأة الادبية والنفسية على تناول هذه المسائل. ونتيجة عن عدم كفاية تناول هذه المسائل تقل الكتابات عن ظواهر حساسة من النواحي التراثية والسياسية والقيمية، من قبيل التحالف بين النظام الذكوري الأبوي (البطرياركي) والدولة وبين القبيلة والدولة وبين جهات تتجلبب بالجلباب الديني والدولة.

وتختلف الكتابات العربية بعضها عن بعض في مدى تعبيرها عن الواقع العربي وفي نسبة الموضوعية والذاتية في تكوينها. قسم من هذه الكتابات عبارة عن طرح ذاتي لا يمتّ إلى الواقع بصلة كبيرة، ويعكس آمالا وأماني وأحوالا نفسية. وقسم لا يستهان به كتابات تتسم بالموضوعية ويتسم طرحها بالوصف والتحليل والتنبؤ على نحو عقلاني. وليس من الصحيح ما كتبه محمد عابد الجابري إن الخطاب العربي المعاصر فارغ أجوف، منفصل دائما عن الواقع. وليس من الصحيح ما كتبه أن الخطاب العربي المعاصر كان في جملته ولا يزال "خطاب وجدان وليس خطاب عقل ... لقد كان ولا يزال يعبر عما "يجده" الكاتب العربي في نفسه من انفعالات إزاء الأحداث، وليس من منطق هذه الأحداث". وهذه الكتابة التعميمية الخاطئة يجدها المرء في قسم كبير من الكتابات الغربية عن العرب والإسلام.

وفي الحقيقة أنه لا يوجد خطاب عقلاني مئة بالمئة في الكتابات الأدبية ولا في العلوم الإنسانية والاجتماعية ولا في الكتابات الفلسفية لأسباب منها أنه لا يمكن فصل العنصر الذاتي عن العنصر الموضوعي في الخطاب. والكتابات تختلف بعضها عن بعض في نسبة المكون الموضوعي والمكون الذاتي في الخطاب. وهذه الظاهرة نجدها في قسم من الكتابات في اللغات الأخرى. وذكر حقيقة وجودها في كتابات غير عربية ليس المقصود به ان يكون للعرب عذر عن وجودها في كتاباتهم. يقصد بهذا الذكر القول للذي يتعالى على العرب على أساس انطلاقه من توهمه بأنه لا يوجد سوى كتابات عقلانية القول إن ذلك الانطلاق خاطيء.

ولا يوجد فصل بين قسم من مفاهيم التراث ومن مفاهيم التحديث. فمفاهيم من مفاهيم التراث والتحديث متشابهة ومتماثلة. ولذلك ينبغي عدم اعتبار تبني التراث والماضي والتحديث متناقضين من جميع النواحي. إن التراث العربي الإسلامي يشمل عناصر تصلح لأن تكون أسسا للتحديث. وهو يتضمن كثيرا من المبادىء الفلسفية والعقلانية والعلمية ووجوه المعرفة القائمة على التجريب. فالتجريب والتخصص

والملاحظة والوصف والتحليل والمقارنة والقياس وغيرها كثير القائمة في التراث هي من أسس التحديث.

المحظور الفكري والانطلاق الفكري

لدى البشر كلهم والمجتمعات كلها توجد مجالات مجهولة غير مفكر فيها، ويُحظر التفكير فيها. لعل من طبيعة الإنسان أو العقل البشري ألا يخوض في كل المجالات التي يمكن أن يخوض فيها. ويبدو

أن من الأسهل على العقل البشري أن يخوض في المجالات المطروقة وألا يفكر في المجالات غير المطروقة.

والوجود والخليقة لا يمكن، بسبب لامحدوديتهما، أن يستنفد الفكر البشري فيهما. ولا يمكن أن يحقق التجديد الفكري إلا بارتياد الفكر لمجالات لم يدخل الفكر فيها.

وتقرر عوامل مدى اتساع أو ضيق المجالات غير المفكر فيها، وتقرر مدى تحفيز العقل على الولوج في هذه المجالات أو ثنيه عن الولوج فيها. ومن هذه العوامل قوة أو ضعف التنشئة على العمل لإنجاز الأهداف والاعتماد الفكري على الذات وتصور أو فهم الناس لموقف التفسرات الدينية من تحفيز أو منع التفكير في الوجود والكون والظواهر الاجتماعية، والحرص على تحقيق التماسك الفكري والمنطقي للطروح الفكرية في مختلف الميادين.

وعن طريق وصف النص بالمعنى الأوسع وتحليله وتفكيكه يمكن توسيع المجالات التي يسمح للفكر بالخوض فيها. ومما تعتمد عليه عملية التفكيك هو فقه اللغة والمواضيع المتعلقة به من قبيل علم النحو والصرف والبلاغة والاستعارة والمجاز. لقد وفر فقه اللغة نظرات ثاقبة في العلاقة بين النص واللغة والفكر. عن طريق التفكيك يجري الكشف عن وجود الإمكانات والبدائل والخيارات الفكرية.

تكرس نظم اجتماعية وثقافية وقيمية اللامفكرَ فيه. وتكرس تفاسير لنصوص دينية مقدسة ولتطبيقاتها في العالم أجمع ما هو غير مرخص بالتفكير فيه على الرغم من أن تلك النصوص نفسها لا تحظر ذلك التفكير. وتلك النظم، لدى تكريسها للامفكر فيه، قد تفسر نصوصا دينية مقدسة تفسيرا يجعل من المحظور التفكير في بعض المجالات على الرغم من أن تلك النصوص لا تحظر أو قد لا تحظر ذلك.

وفي الحقيقة أنه في أي نظام عقائدي أو قيمي – من قبيل النظام الاجتماعي أو الثقافي أو الاخلاقي أو الديني – مما يقرر المجالات المحظور التفكير فيها والمجالات غير المحظور التفكير فيها ليس بالضرورة النظام القِيَمي نفسه ولكن تفسير المفسرين لذلك النظام والمستوى الفكري والعقلي والإدراكي لدى الناس. ذلك المستوى هو أحد

العوامل الهامة في تقرير مدى استعداد الفرد للتفكير في هذا الموضوع ولدراسته على النحو السليم. والناس ذوو المستوى الثقافي المنخفض أو ذوو المستوى الفكري المنخفض أو ذوو الوعي أو الإدراك الأقل تتسع لديهم المجالات التي يُحظر التفكير فيها، ويسهل أن ينشأ لديهم الفكر الجانح إلى تكريس وجود مجالات يُحظر التفكير فيها وإلى توسيع هذه المجالات. وكلما ازداد ذلك المستوى ارتفاعا قلت المجالات التي يُحظر التفكير فيها وقلَّ الميل إلى تفسير النظام القيمي بأنه يحظر التفكير فيها.

ومن العوامل التي أوجدت تكريس اللامفكر فيه أن هذا التكريس حالة نفسية لدى الشعب الذي اعتاد فكريا ونفسيا على هذا الفكر والذي ركن إلى هذه الحالة واعتاد على قبولها دون أن يرد في نص ينطوي على نظام قيمي معين ما يطالب بتكريس غير المفكر فيه. ومن العوامل التي تعمل باتجاه تكريس وجود مجالات من المحظور التفكير فيها أن لدى بعض الناس ميلا إلى العزوف عن التفكير التحليلي والنقدي والتفكيكي. وبهذا العزوف ينشأ تفكير يجعل مجالات معينة محظورا التفكير فيها.

والتخصص في دراسة العلوم الاجتماعية والنفسية والطبيعية في الكليات والجامعات من شأنه أن ينشّط لدى العقل الحافز على الخوض الفكري في مجالات ما كان العقل يجرؤ على الخوض فيها. ومما من شأنه أن يوجد هذا النشاط العقلي أيضا تغلغل مضامين العلوم الاجتماعية والنفسية والتربوية والطبيعية في شخصية الإنسان وتفكيره وعقله وموقفه وسلوكه، مما يتيح لهذه العلوم أن تؤدي دورا أكبر في موقف الإنسان من اتساع أو ضيق رقعة المجالات التي يحظر التفكير فيها.

والعصور العربية الإسلامية يختلف بعضها عن بعض في مدى سعة مجال المفكر فيه أو سعة المجال الذي يُحظر التفكير فيه. ولعل من الصحيح القول إن الفكر العربي الإسلامي كان أكثر حرية في خوض مجالات خلال الخلافة الراشدة أو خلال فترات من العهد الأموي في سورية والعهد العباسي والعهد الأُموي في الأندلس من الحرية التي يتمتع بها الفكر في خوض هذه المجالات في الوقت الحاضر.

تعقد الشخصية والاستنفار الفكري

تنطوي أية ظاهرة اجتماعية على جوانب منها دور الظروف والحالات الداخلية والخارجية في نشوئها. ومن الصعوبة البالغة، إن لم يكم من المستحيل، رسم خط فاصل بين الظروف والحالات الداخلية والخارجية. وأثر كل مكون من المكونات الإقتصادية والسياسية

والعقائدية والثقافية والنفسية في نشوء الظاهرة الإجتماعية يختلف ضعفا أو قوة عن آثار المكونات الأخرى. ليس ذلك فحسب، ولكن هذه الآثار تتغير ضعفا وقوة حيال المكونات الأخرى في نشوء وتطور الظاهرة. وهذا التغير يتوقف ليس فقط على طبيعة العلاقات فيما بين هذه المكونات ولكن أيضا على طبيعة العلاقات بين تلك المكونات والظاهرة نفسها. ولا يمكن الفصل بين التاريخ والثقافة والسياسة والاقتصاد والإنتماء الجنسي. للبشر عموما أنماط سلوك مختلفة. وتحدد تلك الأنماط عوامل كثيرة الأهم منها هي الحاجات الإقتصادية والبيولوجية والنفسية والتهيئة الإجتماعية التي تشمل التنشئة العائلية والمدرسة والعلاقات الإجتماعية والتاريخ. ولكل إنسان موقف وسلوك يتخذهما عن وعي أو بدون وعي حيال شتى الظواهر الإقتصادية والثقافية والسياسية. ويسهم في تحديد تلك المواقف وأنواع السلوك العوامل المذكورة أعلاه. ويقوم تفاعل مستمر بين مختلف العوامل التي لها أثر مختلف في تحديد الموقف والسلوك.

وشخصية الإنسان معقدة ومتعددة الأبعاد وشاملة. ومعنى تعقد الشخصية أن لها مكونات مختلفة تتفاعل فيما بينها. وبما أن التفاعل قائم فهو مستمر. وهذه المكونات مزيج من الصفات الموروثة والمكتسبة. وتختلف هذه المكونات بعضها عن بعض قوة وضعفا، رهنا بعوامل منها طبيعة ومدى قوة أو ضعف الظروف السياسية والإقتصادية والثقافية والنفسية والتاريخية الداخلية والخارجية التي يعمل الإنسان تحت تأثيرها. ومن طبيعة هذه الظروف كلها أنها دائمة التفاعل وبالتالي فهي نشيطة (دينامية).

وتتأثر شخصية الإنسان بالعامل الطبيعي وبعوامل اجتماعية وثقافية واقتصادية ونفسية، لها آثار مختلفة في سياقات اجتماعية وتاريخية متغيرة. ويختلف البشر بعضهم عن بعض تبعا للخلفيات التاريخية والهويات الثقافية والظروف والملابسات الاجتماعية والاقتصادية والتكوينات النفسية لديهم.

ولا يجري التفاعل الأفقي بين الإنسان وبيئتيه الإجتماعية-الثقافية والطبيعية فحسب ولكن يجري أيضا التفاعل العمودي بين الإنسان

وتاريخه وتاريخ شعبه. ويجري أيضا التفاعل المستمر بين البعد الأفقي والبعد العمودي للإنسان.

وسلوك الإنسان حيال الآخرين لا تحدده شخصيته بأبعادها المختلفة الدائمة التفاعل ولكن تحدده أيضا المحركات الخارجية التي تتغير ضعفا أو قوة ويستجيب الإنسان لها على نحو من الأنحاء.

ويقوم تأثير متبادل بين الفرد والجماعة والدولة والمجتمع الدولي. وهذا التأثير إما أن يكون إيجابيا أو سلبيا. ينشأ التأثير الإيجابي بقيام المؤثر بعمل يؤدي إلى التأثير في ما يتعرض للتأثير. وينشأ التأثير السلبي عندما لا يقوم طرف بعمل مما قد يتيح لطرف آخر القيام به. وفي هذه الحالة يكون الطرف الأول هو المؤثر السلبي والطرف الآخر المؤثر الإيجابي.

ولا تتجلى شخصية الإنسان في تعامله مع البيئات الخارجية الاجتماعية والثقافية والطبيعية، وذلك لأن في ذلك التعامل، الذي يحدث في ملابسات اجتماعية أو اقتصادية أو نفسية أو ثقافية أو تاريخية نشيطة، لا يستنفر أو يحرك إلا البعد الأكثر مناسبة لأن يحرك في الإنسان حيال تلك الملابسات التي يمر بها، وتبقى الأبعاد الأخرى غير مستنفرة بما فيه الكفاية، بمعنى أنها لا تتجلى ولا تفصح عن نفسها في تلك المناسبات. إن البعد المستنفَر أو المحرَّك من شخصية الإنسان يكون طبعا متأثرا بالعلاقات النشيطة القائمة بينه وبين الأبعاد الأخرى وبقوة تأثير عوامل البيئات الخارجية النشيطة، غير أنه في الملابسات الخارجية التي يمر الإنسان بها لا بد من أن يُستنفَر أو يُحرَّك على نحو رئيس قسم من أبعاد شخصية الإنسان وتبقى الأبعاد الأخرى أقل تحركا وتجليا. طبيعة الملابسات الخارجية والنفسية هي السبب في جعل قسم من أبعاد الشخصية محور ذلك الإستنفار والتحريك.

وفي ضوء ذلك لا يصح إصدار أحكام معممة على البشر والشعوب على أساس ملابسات اجتماعية نفسية تاريخية محدودة. وما تصنيفات الشعوب إلى شعوب راقية ومتدنية وشجاعة وجبانة ومبدعة وخاملة سوى ضرب من الأخطاء والأوهام.

والأمثلة على ذلك كثيرة جدا. ونجد هذه الأمثلة على المستوى الفردي ومستوى الجماعات والدول خلال التاريخ البشري وفي الوقت الحاضر. وقد يكفي أن نسوق هنا أمثلة قليلة. إذا عانى الإنسان من خواء المعدة استنفر هذا الخواء في شخصية الإنسان تلك الأبعاد التي يكون محورها تأمين لقمة العيش، وتضم هذه الأبعاد المهارة في أداء عمل من الأعمال والتفاني في الأداء والطاعة لصاحب العمل، وبالنسبة الى أبعاد أخرى لها صلة أقل بتأمين لقمة العيش يكون استنفارها أقل. ففي حالة الباطل عن العمل تستنفر أبعاد الشخصية التي يكون محورها تأمين الحصول على فرصة عمل، وفي حالة الاختبار تستنفر الأبعاد التي يكون محورها تحقيق النجاح والتفوق من قبيل فهم المادة والاستعانة بالذاكرة والقدر الكافي من النوم أو من السهر. وفي حالة الاحتلال تستنفر الأبعاد التي يكون محورها التخلص من الإحتلال من قبيل الإشارة الى شروره وتبيان مخالفته للقوانين الدولية والطبيعية وجمع الموارد الفكرية والمالية للتصدي له. وفي حالة الإخضاع القومي تستنفر الأبعاد التي يكون محورها الإبانة عن مساوىء ذلك الإخضاع وعن الفائدة من الإستقلال الوطني والإشارة إلى أهمية المحافظة على الكرامة والعزة الوطنيتين.

وتجمع بعض الحالات في الوقت نفسه الصعيدين الفردي والقومي، أو صعيدي الفرد والدولة، أو صعيدي الفرد والشعب الذي ينتمي الفرد إليه. فالهيمنة الثقافية الأجنبية تستنفر الأبعاد الشخصية للفرد وللشعب. في هذه الحالة تستنفر أبعاد شخصية الفرد وأبعاد شخصية الشعب التي يكون محورها محاولة التخلص من الهيمنة. ومن تلك الأبعاد إحياء التراث والإبانة عن ثروة ثقافة الشعب وعن مفاسد الهيمنة وآثارها السلبية في حياة الفرد والشعب.

وبالنظر إلى أن الظروف الخارجية هي التي تحدد الابعاد المستنفِرة والمستنفَرة في الشخصية الفردية أو الجماعية فإن تلك الأبعاد تتغير تبعا لتغير تلك الظروف. والأوقات والأماكن المختلفة قد تكون لها ظروفها المختلفة. وبالتالي تتغير تبعا لذلك أبعاد الشخصية التي تُستنفَر. على سبيل المثال، كان السعي العربي إلى نيل الإستقلال السياسي بين

الحربين العالميتين الأولى والثانية وإلى التخلص من الإنتداب الفرنسي على سورية ولبنان والإنتداب البريطاني على فلسطين والأردن والعراق المحور الذي استنهض واستثار الأبعاد الفردية والوطنية في الشخصية العربية.

ولذلك كله من الخطأ الجسيم ومن سوء الفهم إصدار حكم معمم على نوعية شخصيات الأفراد والشعوب على أساس سلوك أولئكم الأفراد والشعوب في فترة زمنية قصيرة واحدة أو في ظرف واحد. ذلك الأساس جزئي، وبالتالي لا يصح لأن يكون مستندا لإصدار حكم معمم. إنه جزئي من ناحية قصر المدة الزمنية، وأيضا من ناحية عدم شموله لكل الملابسات والظروف التي هي بطبيعتها متنوعة وكثيرة. وهي أيضا متفاعلة، وبالتالي متغيرة. وتفاعلها وتغيرها يجعلانها متنوعة وكثيرة، مما يؤكد الخطأ في إصدار الحكم التعميمي. وفي ضوء ذلك ليس من الصحيح القول إن شعبا من الشعوب أفضل أو أسوأ من شعب آخر.

وعدم مراعاة ذلك النهج يعني عدم الوعي به، وعدم الوعي هذا نابع من احتجاب حقيقة الأمور، وهو الاحتجاب الناشيء عن غسل دماغ الذين ذهبوا ضحية التأثر الثقافي القوي في الشخصية الفردية والقومية مدة عشرات وربما مئات السنين.

النظام الأبوي والتعددية

أحد الأسباب الرئيسية للتخلف العربي هو النظام الذكوري الأبوي (الباطرياركي) والثقافة الابوية السائدان في البنية الاجتماعية العربية. يُعَرَّف هذا النظام بمفاهيم السيطرة والهيمنة والمراقبة والسيطرة

والأمر. وهذه المفاهيم تنافي وتناقض مفاهيم النقاش والحوار والأخذ والعطاء والتعددية في الفكر والسلوك، وهي من سمات النظام الديمقراطي. وذلك هو السبب الأهم في خنق التعبير الحر عن الفكر والعاطفة. من سمات هذا النظام سيطرة الأب وهيمنته على جميع أعضاء الأسرة والمؤسسة الخاصة والعامة. ويقترن بهذه الهيمنة وجوب طاعة فكر الأب أو الأخ في غياب الأب أو العم في غياب الأخ. وتكون هذه الطاعة بدون نقاش أو حوار وبدون أن يترك هامش من الحرية في أن يتولى المرء البالغ أموره بنفسه أو في أن يتدبر المرء أموره. خط المراقبة والتحكم يكون باتجاه واحد، من أعلى إلى أسفل، من الأب إلى سائر أفراد الأسرة إناثا وذكورا.

في النظام الذكوري الأبوي لا يوجد متسع لحرية المرأة في الإطار القانوني ولتأمين مكانها الذي تستحقه في إطار الأسرة ولا يوجد متسع لتحقيق بعض مفاهيم الديمقراطية ولممارسة الديمقراطية. ينافي هذا النظام الفردية ويناقضها ويعاديها ويقتلها. في ظل سيطرة وهيمنة الأب لا يمكن أن تنشأ الفردية. في ظل هذا النظام تتكون الأسرة من أعضاء وهم ليسوا أفرادا فيها.

وتشيع في مجتمعات نامية كثيرة، ومنها المجتمع العربي، النزعة القبلية والعائلية والحمائلية. وتتسم هذه النزعة بمفاهيم الهيمنة الذكورية الأبوية والتحكم المركزي والأمر وانعدام الفردية وانعدام حرية الفكر الفردي. وبالتالي فإن هذه النزعة تعزز النظام الأبوي.

هذه السمات من العوامل المؤخرة لنشوء الدولة القوية والجاعلة لهذا النشوء بطيئا في حالات كثيرة والمضعفة لها بعد نشوئها. والسبب في ذلك هو أن أساس الولاء في إطار مفهوم الدولة أشمل، فهو يشمل الشعب الذي قد يتضمن عائلات وحمائل وقبائل أسس ولائها اضيق. وبالنظر إلى أن النظام في إطار الدولة ذات الأساس الأشمل ينطوي على إضعاف الولاء للحمولة أو القبيلة أو العائلة التي أساس ولائها أضيق فلا بد من أن ينفر رئيس الحمولة من مفهوم الدولة أو أن يعارضه.

ولممارسة النظام الديمقراطي – وكثيرون من العرب الحريصين على مصلحتهم متفقون على الحاجة إلى ممارسة هذا النظام – من اللازم

أن يُنَشَّأ الشخص العربي على الموقف المحترم للمثل الديمقراطية من قبيل المشاركة الشعبية وإتاحة الحوار وحرية الإفصاح عن الفكر. ولا يمكن تحقيق هذه التنشئة ما دام النظام الذكوري الأبوي قائما.

وعلى الرغم من وجود عوامل خارجية تسرع بتغيير الموقف العربي وبإضعاف النظام الذكوري الأبوي توجد عوامل تعزز ذلك النظام. ومن هذه العوامل أصحاب المصالح الذين يعزز هذا النظام مراكزهم السياسية والإجتماعية. يوجد التقاء مصالح وتحالف رسمي وضمني بين هؤلاء والمستفيدين من النظام الأبوي.

ولوجود الدعم المتبادل بينهم يتخوفون من أن يؤدي إضعاف نظام من النظم الى إضعاف أو إزالة نظم أخرى. وذلك التخوف في محله. ولذلك يبدي هؤلاء حرصا على رعاية وإدامة هذه النظم كلها.

يبين ذلك العرض أن من المفيد لشعبنا وحضارتنا أن نزيل طريقة التنشئة التقليدية اللاديمقراطية وإشاعة وترسيخ طريقة التنشئة الديمقراطية النقدية. وبحكم الصلاحيات السياسية التي تمتلكها الحكومة وقدراتها الإدارية وإمكاناتها المالية وبحكم ضعف المنظمات المدنية غير الحكومية تقع على السلطات الحكومية مسؤولية رئيسية – ولكن ليست المسؤولية الوحيدة – عن القيام بذلك. ولكن ليس من السهل أن تقوم الحكومات بذلك لأن قسما كبيرا من المسؤولين الحكوميين أنفسهم تَنَشَّأ على تفاوت على تنشئة تقليدية لاديمقراطية ولأن النظام الاجتماعي التقليدي البطرياركي أكثر استجابة إلى تطلعاتهم في المحافظة على النظام السياسي القائم. فالطاعة والقبول التلقائي أو شبه التلقائي والخضوع وانعدام المناقشة والحوار وعدم تقليب الأمور ودراستها وانعدام النظرة النقدية من الصفات التي يحتمل احتمالا كبيرا أن تريد السلطات الحكومية في بلدان كثيرة أن تكون متوفرة. ولا يسمح بالمناقشة والدراسة والنقد إلا بمقدار ما تسمح تلك السلطات الحكومية به، وهو المقدار الذي لا ترى تلك السلطات أنه يهدد كيانها.

وبازدياد قيمة المجهود الشخصي في تحقيق المكاسب تتضعضع النظرة التقليدية التي تعتبر أن المرأة والمرؤوس والصغير أقل حكمة وأقل حقا وجدارة بتولي السلطة وبممارسة النشاط السياسي.

وبإشاعة طريقة التنشئة هذه تضعف وتقوض القيم التي تمثلها وتدعو لها وتعززها طريقة التنشئة التقليدية الاستبدادية. تضعف النظرة التي ترى أن المرأة أقل من الرجل قدرة في عقلها وفكرها، وتضعف النظرة التي ترى أن من اللازم الحفاظ على كل النظام الاجتماعي السياسي القائم، ويضعف الأسلوب الاستبدادي في التعامل مع الآخرين. وبإشاعة هذه الطريقة في التنشئة يزداد الوعي العام بأهمية الحوار بوصفه وسيلة من وسائل محاولة التواصل الفئوي والطبقي ولمحاولة التوصل الى الأحكام السديدة الرشيدة، ويحل قدر أكبر من الحوار محل أسلوب الفرض والإملاء والاستبداد بالرأي.

وبإشاعة هذه الطريقة يتعزز وينتشر الاقتناع بأن الرأي ليس الحقيقة بالضرورة وبأن التوصل إلى معرفة الحقيقة هو نتيجة عملية فكرية يستطيع أن يشارك ويسهم فيها الناس من كل الطوائف والأجناس والطبقات، وفي أن الملَكات اللازم توفرها لاكتشاف الحقيقة ملكات تكتسب وليست منحا ممنوحة لفئات محددة ومحدودة.

لقد ضعف النظام الأبوي في أجزاء من العالم العربي، ولكنه لا يزال قويا في أجزاء أخرى. وتلاشي هذا النظام يستغرق وقتا غير قصير بسبب غلبة هذا النظام في المجتمع العربي طيلة قرون وتجذره في النفس العربية وخدمته لأصحاب المصالح السياسية والاقتصادية ولمصلحة دول أجنبية في دوام هذا النظام.

ويمكن للأسرة أن تكون مؤسسة يتعلم فيها عضو الأسرة ممارسة قدر كبير من الحرية والديمقراطية ويقدر فيها هاتين الصفتين، ويتدرب فيها على ممارستهما، ويتعرف فيها على الحوار وأهميته في بناء الفرد الصالح والأسرة الصالحة والمجتمع الصالح. وبتحقيق الوالِدَين، وخصوصا الأب، لقدر من المعرفة والدراسة والثقافة وبتخلصه من الموقف المهيمن يكون من الأسهل على أعضاء الأسرة أن يمارسوا قدرا أكبر من الحرية والديمقراطية والحوار.

ولكن، بسبب بطء تلاشي النظام الأبوي، يكون تدرب اعضاء الأسرة والعائلة والحمولة على هذه الممارسات من قبيل الحوار والحرية والديمقراطية أبطأ وأقل.

وبالتالي لم تؤد العائلة العربية حتى الآن دورها اللازم أن تؤديه في تعريف أعضائها على قيم الحرية والديمقراطية وحرية الإعراب عن الرأي والتدرب على ممارستها. فإن كانت أدت دورا في هذا الصدد فلم يكن الأداء كافيا وافيا بالغرض. ولم تؤد العائلة دورها أيضا في تعريف أعضائها على قيمة مفهوم الدولة الحديثة، والمفاهيم المقترنة بهذا المفهوم من قبيل المواطنة الصالحة والانتماء إلى قاعدة أوسع هي الشعب أو الأمة، والحماية المتأتية من الانتماء إلى الدولة والواجبات التي يفرضها الانتماء إلى الدولة والمستحقات التي يجنيها المواطن من انتمائه إليها.

إن عوامل التغيير الخارجية – من قبيل التغير التكنولوجي والبيئي والاقتصادي – موجودة. وعلى الرغم من ذلك من الصعب تغيير الموقف، الذي يُعَرّف بتعريف المرء للحالة، بالنظر إلى تكونه من قيم الإنسان ومعتقداته وتصوراته الثقافية التي تكون راسخة في ضميره؛ ومن الصعب أيضا تغيير السلوك بالنظر إلى تعرّضه لتأثيرات مختلفة، منها كونه خاضعا لتأثير الموقف الذي يتخذه المرء. وبالنظر إلى أن النظام الأبوي هو أحد العوامل الهامة جدا في تحديد موقف الإنسان وسلوكه فليس من الممكن تغيير سلوك وموقف الإنسان العربي دون إزالة ذلك النظام.

ألوان الواقع الإبداعي والواقع المعاش

يمكن للمرء (وللمرأة أيضا طبعا) أن يكون مبدعا. ويتطلب الإبداع توفر قدر كبير من سعة الخيال ومن القدرة على التحليق في فضاء العوالم وفي العمق الفكري ومن القدرة على المزج بين الواقع

والخيال ومن الحس المرهف وتجربة ومكابدة الحالة. عن طريق الانتقال من المشاهدة والإنصات إلى التجربة والمعايشة والمكابدة يمكن للإنسان المبدع أن يكتشف نفسه وأن يحقق ذاته.

ويمكن أن يتجلى إبداع المبدع في مسارب أو ألوان من الانتاجات الإبداعية من قبيل الشعر والرواية والنثر والرسم وكتابة المقال والإخراج السينمائي والغناء والتمثيل والنقد والتصوير. لا غبار على تنوع ألوان الإنتاج الإبداعي لدى المبدع. وليس ذلك التنوع مؤشرا على ضعف في صفة الإبداع، كما يظن بعض الناس. وتنوع ألوان الإنتاجات لا ينال من عمق التجربة الإبداعية.

وقد يشاهد المبدع عملا إبداعيا أنتجه غيره، وقد يكابد تجربة شبيهة بتجربة الغير فيأتي المبدع بعمل آخر وقد صيغ صياغة جديدة ونفخ فيه من روحه حياة مختلفة وأحاط ذلك العمل بلمساته الإبداعية المتميزة.

وفي الحقيقة أن ما يزيد من ألوان الإنتاجات الإبداعية لدى المبدع أوالمبدعة هو شعوره بأن ألوانا معينة من الإنتاج أكثر صلاحية وأهلية ومناسبة للإفصاح عن الفيض الإبداعي من ألوان أخرى. قد يشعر مبدع بأن نظم قصيدة على وزن الرجز أكثر مناسبة للإعراب عن تجربة الشاعر وعن شعوره الفياض المنطلق المطلق العنان من وضع رواية. وقد يشعر مفكر بأن من الأكثر مناسبة كتابة مقال إذا اعتقد بأن الموضوع الذي سيخاطبه يتطلب تناوله التحليل الهادئ وتوفر المعلومات، أو إذا شعر بأن الموضوع يمكن أن يخاطب على نحوين: مخاطبة تحليلية ومخاطبة شعرية، وبأنه يفضل أن يخاطبه على هذا النحو أو ذاك.

وترفد ألوان الإنتاجات الإبداعية بعضها بعضا في نفس المبدع. فيد الإنسان في الرسم هي نفس يده في الإنشاء النثري أو النظم الشعري، وهي نفس الأصابع التي ترقص على أوتار العود وتغازل أوتار القيثارة، وهي نفسها الملكة التي تفيض شعرا وفكرا وفلسفة.

وتعدد المسارب الإبداعية يتوقف على شخصية المبدع. فبعض المبدعين يتجسد فيضهم الإبداعي في مسرب واحد أو مسربين، بينما يتجسد الفيض الإبداعي لدى آخرين في مسارب معدودة. وقد تفرض

شخصية المبدع أن يتجول في حدائق الإبداع العديدة، يزرع في كل حديقة ما يحلو له أن يزرع من الشتائل أو يقطف من كل حديقة ما يطيب له أن يقطف من الورود الغضة المتنوعة والمختلفة الألوان الباهرة بشذاها العبقري. وقد تفرض عليه شخصيته أن يستعمل في الإعراب عن تجربته الإبداعية أساليب وأدوات محتلفة. وقد يكون ولوجه في مختلف البنى اللغوية والأسلوبية استجابة لنوازع نفسه إلى اكتشاف الممكنات وتحقيق الإمكانات. غسان كنفاني مثلا أبدع في أكثر من لون. وشهد ناريخ الفكر والأدب العالمي مبدعين حلقوا عاليا في سماء الإبداع في مجال واحد ولم تكن لهم حصة كبيرة من الإبداع في مجالات أخرى.

ولكل لون من ألوان الإعراب أو الإفصاح الإبداعي أدواته. ويغني المبدعون أحيانا كثيرة إنتاجاتهم عن طريق توظيف أدوات في الإفصاح الإبداعي بألوانه المختلفة. وقد يكون توظيف هذه الأدوات أكثر مناسبة أو أقل مناسبة للون من هذه الألوان، أو أكثر أو أقل التصاقا بلون منها. وقد تشترك عدة ألوان في توظيف أداة من الأدوات. على تفاوت قد يوظف الشاعر أو القاصّ أو الموسيقي أو الناقد الخيال والإيقاع القوي والصوت والانسجام والشكل والرمز في شعره أو قصته أو نثره أو موسيقاه.

ونفس الإنسان المبدع قد يستعمل قسما من هذه الأدوات أو كلها. قد يعطي نفس الشاعر القافية والوزن الشعري للموسيقى فيه أو لموسيقاه فتتحول تلك القافية إلى قافية موسيقية. وفي نفس المبدع قد يعطي الموسيقي لحن الخلود (وهنا يدور في خلدي المغني العظيم فريد الأطرش رحمه الله) أو لحن الحياة أو لحن الإنسانية إلى الشاعر فيه، فيتجسد لحن الإنسانية في الانفتاح على الوجود، أو إلى الرسام فيه فيتجسد لحن الحياة في شكل عاشقين مولهين أو صورة الإبل وهي ترعى الكلأ على الكثبان الرملية المترامية في شبه الجزيرة العربية، أو إلى الفيلسوف فيه وعندها قد يتجسد هذا اللحن في الإفصاح عن فكرة أزل وأبد الوجود.

ألوان الإبداع هذه في نفس الشخص يمكن أن تتبادل الخبرات أو الخيرات لدى المبدع، وأن يهبّ لون منها لنجدة لون آخر أو ألوان أخرى.

وما يسهم في تعدد ألوان الإفصاح الإبداعي في نفس الشخص هو انفتاحه على أشياء حوله ومشاهدته إياها وتفاعله معها ومعايشته إياها.

فمشاهدته لمرأة تبكي زوجها الذي أرداه الرصاص في غزة أو لقلع الجرافات لأشجار الزيتون المباركة في جبال نابلس والقدس الشريف أو لشجرة دوحة تظل نبتة صغيرة وأطفالا جياعا يتامى في أفريقيا المعانية أو إنصاته إلى ألحان النهر الخالد للمغني محمد عبد الوهاب (أسكنه الله فسيح جنانه) وإلى شبّابة الراعي وهو يرعى قطيعه على جبال البلقاء تجعله يعايش هذه المشاهد الموحية، ما قد يجعله يندفع لأن يكون مخرجا سينمائيا أو ممثلا أو رساما أو مغنيا أو ملحنا أو شاعرا أو قاصا أو ناقدا أو رساما.

ولا أظن أن ثمة حاجة إلى الغموض في العمل الإبداعي. لا أظن أن الغموض ينم عن العمق الفكري. الغموض ليس دلالة على موهبة الشاعر أو الناثر أو القاص. الغموض نقص في العرض الفكري والعلمي والفلسفي. قد يؤدي الغموض إلى نشوء فوضى في نقل المعاني. وعن طريق الغموض يتم النيل من نقل رسالة الشعر والنثر، ومن أداء الأدب لرسالته، لأن الغموض يعجز عن إرسال الرسالة.

ومما له صلة بالحاجة إلى تجنب الغموض لزوم أن تخاطب الإنتاجات الإبداعية الأشياء القريبة من مداركنا وقلوبنا وعواطفنا وحاجاتنا والأشياء البعيدة عنها. أحيانا غير قليلة يخاطب إنتاجنا الأشياء البعيدة، مهملا الأشياء القريبة التي حولنا من قبيل الإنسان ومعاناته وتعاسته والأم وحنوها والفقراء وجوعهم وحرمانهم والنساء والحاجة إلى تحسين وضعهن الاجتماعي.

ازدياد حدة الإختلالات الإقتصادية بين بلدان الشمال وبلدان الجنوب

اتسمت العقود المنصرمة بازدياد تعمق الإختلالات البنيوية (الهيكلية) الإقتصادية بين بلدان منطقة الشمال الأكثر ازدهارا ورخاء وبلدان منطقة الجنوب الأفقر، وذلك لأسباب من أهمها ازدياد اتساع الفجوة بين دخول بلدان الشمال المتقدمة النمو ودخول بلدان الجنوب

الأقل نموا. ومن الواضح منذ زمن طويل أن النظام الإقتصادي الدولي تعتوره عيوب جوهرية، فالطريقة التي تعمل بها البنى (الهياكل) الدولية والآليات النقدية والمالية والتجارية تنحو إلى وضع البلدان النامية في ظروف معوقة تؤدي إلى تهميشها الإقتصادي وإلى تهميش دورها في الإقتصاد العالمي وفي عمليات اتخاذ القرارات الإقتصادية الدولية.

ولتغيير هذه الحالة لا يكفي اتخاذ تدابير الإغاثة قصيرة الأجل. وبسبب الطابع المتكافل الذي يتسم به الإقتصاد العالمي لا يمكن لأي بلد بمفرده – أو مجموعة محدودة من البلدان- أن يعزل نفسه عن عواقب هذه الحالة الإقتصادية المتردية.

وبسبب هذه الحالة التي مرت وتمر بها بلدان نامية كثيرة ناقشت محافل دولية مواضيع متعلقة بالتنمية في بلدان الجنوب، من قبيل التعاون الإقتصادي الدولي وطرائق تعزيز هذا التعاون وتنشيط النمو الإقتصادي والتنمية في العالم وبخاصة في البلدان النامية. ولكن هذه المناقشات لم يكن لها أثر كبير في تحسين حالة البلدان النامية، وبقيت المشاكل الإقتصادية التي تعاني تلك البلدان منها قائمة.

ومن سمات أو تجليات الإختلال البنيوي الإقتصادي انعدام التكافؤ في العلاقات بين البلدان النامية والبلدان المتقدمة النمو وانعدام البيئة الإقتصادية المؤاتية لتنمية البلدان النامية، بينما تنعم البلدان المتقدمة النمو بمزايا بيئة اقتصادية أفضل كثيرا. ومن اللازم من منطلق التكافل الإقتصادي العالمي إقامة بيئة كهذه للبلدان النامية. ولا يمكن إقامة هذه البيئة دون التعاون الإقتصادي بين البلدان النامية والمتقدمة النمو. ولتحقيق هذا التعاون يجب على مجموعتي البلدان أن تضعا الخطوط الرئيسية لاستراتيجية عادلة ومنصفة بقدر الإمكان ترمي إلى النهوض بالتعاون الدولي الملموس والفعال لتحقيق التنمية العالمية، أي تنمية البلدان المتقدمة النمو والنامية. ولتحقيق اتفاق مجموعتي البلدان على الخطوط الرئيسية لهذه الإستراتيجية يجب أن يجرى على أعلى المستويات الحكومية في العالم أجمع الحوار والمناقشات والمفاوضات الهادئة والعقلانية والإيجابية والجادة التي تستلهم هدف تحقيق التعاون الدولي لتحقيق التنمية العالمية، تنمية بلدان

المجموعتين كلتيهما. غير أن الظروف الإقتصادية السلبية التي تمر بها البلدان النامة تشكل سدا في وجه هذه البلدان في سعيها إلى الدخول في حوار متكافئ مع البلدان المتقدمة النمو للمشاركة في وضع هذه الإستراتيجية.

ولإقامة بيئة اقتصادية أكثر مواتاة للبلدان النامية تنبغي إقامة علاقات أكثر تكافؤا بين بلدان الشمال وبلدان الجنوب. ومن سمات هذا الإختلال البنيوي تحكم البلدان المتقدمة النمو بوسائل التحكم المالي والإقتصادي من قبيل الصكوك الدولية والإقليمية الإقتصادية والتجارية. ونتيجة عن هذا التحكم تحصل البلدان النامية على عائد قليل من صادراتها من السلع الأولية. وذلك هو أحد الأسباب في أن هذه البلدان لا تقوم بدور أشد إثرا في التجارة والتمويل الدوليين. ومن شأن إقامة بيئة دولية اقتصادية أكثر مواتاة أن تتيح للمجتمع الدولي أن يعالج أزمة الديون التي تواجه بلدان الجنوب، وأن تتيح للبلدان المتقدمة النمو والمؤسسات المالية الخاصة والدولية تعبئة مزيد من الموارد بشروط مناسبة لتمكين بلدان الجنوب من إيقاف التدفق السلبي الحالي لمواردها.

والتصدي لهذه التحديات ليس يسيرا إذ يرتب على بلدان الشمال إلتزاما بروح التضامن والتكافل ويرتب عليها التزاما باتخاذ تدابير فردية وجماعية ترمي إلى إقامة بيئة إقتصادية دولية أفضل تسمح بحرية سير التجارة الدولية في ظل أحوال أكثر استقرارا يكون لصالح جميع الدول.

وتمثل التجارة الدولية أحد المصادر الرئيسية لتدفقات الموارد المالية، وهي بالتالي وسيلة هامة من وسائل النمو والتنمية الاقتصادية. بيد أن النظام التجاري الدولي أو الأسس والآليات الدولية التي تنظم التجارة الدولية تؤدي إلى تهميش دور البلدان النامية في الشؤون السياسية والإقتصادية العالمية. ويتمثل هذا التهميش في انخفاض حصائل صادرات البلدان النامية نتيجة عن هبوط أسعار السلع الأساسية والمديونية المفرطة الواقعة على كاهل البلدان النامية، وعدم الإستقرار النقدي وسياسة رفع أسعار الفائدة والإجراءات الحمائية التي تتخذ ضد المنتجات والسلع المستوردة من البلدان النامية، وتدهور معدلات التبادل

التجاري. فالتبادل التجاري بين البلدان النامية والبلدان المتقدمة النمو يفتقر إلى التكافؤ، وهو الافتقار الذي يتجلى في معدلات التبادل التجاري السلبية المستمرة والمتزايدة بالنسبة إلى البلدان النامية.

ومما يسهم إسهاما كبيرا في نشوء أزمة الديون النقلُ السلبي الصافي للموارد المالية من البلدان النامية إلى البلدان المتقدمة النمو وإلى المؤسسات المالية المتعددة الأطراف التي تسيطر بلدان وشركات أجنبية عليها. والسبب الرئيسي في هذا النقل هو ارتفاع الفائدة المفروضة على هذه الديون وانخفاض أسعار السلع التي تصدرها البلدان النامية بالمقارنة بارتفاع أسعار السلع التي تصدرها البلدان المتقدمة النمو. ولأسباب منها ارتفاع نسبة الفائدة على هذه الديون وانخفاض أسعار السلع المصدرة تعجز بلدان نامية كثيرة عن قضاء هذه الديون أو لا تدفع سوى قسم منها. وبسبب عدم قضاء الديون يزداد باطراد مبلغ الفائدة عليها. ولفقر كثير من البلدان النامية تحتاج هذه البلدان إلى مزيد من القروض الخارجية، مما يزيد من حجم الديون، ما يؤدي بدوره إلى زيادة تكلفة خدمة الديون. وعلى هذا النحو تجد البلدان النامية نفسها في حلقة مفرغة.

ومن الجدير بالذكر أن الشركات الأجنبية التي تقوم بالاستثمار في البلدان النامية تقوم بنقل أرباح استثماراتها أو قسم كبير من تلك الأرباح، على الرغم من حاجة البلدان النامية الماسة إليها لتنميتها الاقتصادية.

ومن تجليات الإختلال البنيوي أيضا كثرة مصادر دخل البلدان المتقدمة النمو وقلة مصادر دخل البلدان النامية. تعتمد اقتصادات البلدان المتقدمة النمو اعتمادا أكبر على ركائز مالية واقتصادية كثيرة، منها التصنيع وصناعات الخدمات وإنتاج المنتجات الإلكترونية، بينما تشكل المواد الخام والمحاصيل الزراعية المصدرين الوحيدين تقريبا لكثير من البلدان النامية. ومن هذه التجليات أيضا النزعة الحمائية التي تبديها بلدان متقدمة النمو. ليس من الصحيح أن يكون للبلدان المتقدمة النمو حق قانوني في تقييد وصول السلع الزراعية إلى أسواقها في الوقت الذي تطالب فيه بلدان متقدمة النمو بحرية تدفق السلع والمنتجات التي

لها القدرة الهائلة على التنافس في الأسواق العالمية. وليس من الصحيح أيضا أن يسمح للبلدان المتقدمة النمو – كما هو واقع الحال – بدعم إنتاج وتصدير حاصلاتها الزراعية بما يساوي عشرات المليارات من الدولارات، ما يضع قيدا قويا على تصدير البلدان النامية لحاصلاتها الزراعية. لهذه الحمائية المتسمة بالتمييز ضد البلدان النامية التي تعتمد على تصدير منتجاتها الزراعية عواقب تلحق الضرر باقتصادات ومجتمعات البلدان النامية. وتنزع بلدان متقدمة النمو هذه النزعة الحمائية بينما تقوم بترديد العبارات الطنانة الرنانة عن حرية التجارة.

هذه الحالة تشكل أحد الأسباب الأهم لتدهور الحالة الإقتصادية في البلدان النامية. فقد أسهمت إسهاما كبيرا في نشوء العجز في ميزان المدفوعات وتدني معدلات الاستثمار الداخلي في البلدان النامية، وخصوصا البلدان في أفريقيا. وتستلزم هذه الحالة إجراء إصلاح واسع النطاق للنظام التجاري الدولي. بيد أن البلدان المتقدمة النمو غيرمستعدة، نظرا إلى المزايا التي تنعم بها في ظل النظام التجاري القائم، للموافقة على أي تغيير جوهري لهذا النظام.

ويوحي سلوك حكومات بعض البلدان المتقدمة النمو بأنها تظن أنه لا توجد بلدان سواها على وجه الأرض أو بأنها لا تراعي وجود هذه البلدان. المليارات من البشر المقيمين في العالم النامي لهم تطلعاتهم المشروعة إلى تحقيق الرفاهة والإنصاف والعدالة وتكافؤ الفرص والتقدم. وليس من السليم ولا من المنصف، من المنظورين القومي والإنساني والمنظور الأخلاقي، أن تجعل بلدان متقدمة النمو مهمة تدوين قواعد التجارة الدولية مقصورة عليها وكأن تلك البلدان هي الوحيدة على وجه المعمورة. وتقوم هذه بالتدوين وفقا لرؤاها ومصالحها.

وتشترط دول غربية استيراد منتجات زراعية وغيرها بقيام البلدان المصدرة بإجراءات تزعم تلك الدول بأنها تراعي معايير العمل وحقوق العمال ومعايير حماية البيئة. ولا تستطيع بلدان كثيرة، ومنها البلدان النامية، القيام بتلك الإجراءات. وترى هذه البلدان أن اشتراط القيام بهذه الإجراءات نوع من أنواع الحمائية وأن الهدف الرئيسي في

وضع ما تصفها دول غربية بأنها شروط عمالية ضمن القواعد التجارية هو حماية قطاعات متخلفة في اقتصادات تلك الدول، وهي الاقتصادات التي لم تعد قطاعات منها قادرة على المنافسة القوية في بيئة تجارية حرة. والحقيقة أن هذا الشرط قلل حجم صادرات البلدان النامية إلى البلدان المتقدمة النمو.

ومما له أهميته وجود قواعد واضحة ومحددة تتبعها البلدان النامية في التجارة العالمية. والبلدان النامية بحاجة إلى الحصول عن طريق صادراتها على العملات الصعبة اللازمة لخدمة ديونها ولتمويل وارداتها ولتحديث جهازها الإنتاجي لكي تصبح ذات قدرة أكبر على التنافس. وحدت هذه الحاجة بالبلدان النامية الى اعتماد سياسات تشجع على زيادة اشتراكها في نشاط الأسواق العالمية. ومن هذه السياسات قيام هذه البلدان بالتغيير البنيوي (الهيكلي) في اقتصاداتها. وقد مارست بلدان متقدمة النمو، مراعاة لمصالحها، ضغوطا مالية واقتصادية لتجعل البلدان النامية تقوم بذلك التغيير. وتطلب هذا التغيير وما يزال يتطلب بذل جهود جبارة لإعادة بنية الإنتاج. وأحد الظروف التي يجب أن تتوفر لنجاح هدف التغيير الهيكلي فتح أبواب أسواق البلدان المتقدمة النمو في وجه منتجات البلدان النامية ومحاصيلها الزراعية أو في وجه قسم كبير من هذه المنتجات والمحاصيل. بيد أنه توجد عوامل تعيق التحقيق الكامل لهذا الظرف. وأحد هذه العوامل اللجوء إلى ترتيبات ثنائية يستعاض عن طريقها عن المبادئ العامة للتجارة بإجراءات ترمي إلى التحكم بإمكانية الوصول الى الأسواق الوطنية وإلى تنظيم هذا الوصول.

وأدت هذه الحالة الاقتصادية العامة على الساحة الدولية إلى نشوء عجز كبير في ميزان مدفوعات أغلبية البلدان النامية، وعلى وجه الخصوص البلدان في القارة الأفريقية. وتمثلت محصلة ذلك كله في ازدياد حجم المشقات الاقتصادية وارتفاع نسبة البطالة والتضخم النقدي. وما دامت بنية النظام الاقتصادي الدولي الحالي باقية كما هي فمن المتعذر إزالة الفجوة المتزايدة الاتساع القائمة بين الدول الغنية والفقيرة، بين البلدان المتقدمة النمو والبلدان النامية.

فهم الماضي وقراءته

ثمة قراءات مختلفة للنصوص. والبيانات المكتوبة والشفوية والحالات والوقائع كلها يمكن أن تعتبر نصوصا. والقراءة تقوم على الفهم. ويتكون الفهم من مكونين أو حيزين: الحيز الموضوعي الذي

يتضمن عناصر منها العنصر المعرفي والعنصر الواقعي والحيز الذاتي الذي يتضمن عناصر منها العنصر الأيديولوجي. وثمة في نفس الوقت وعي ولاوعي بالحيز الذاتي والحيز الموضوعي في الفهم الذي تستند القراءة إليه. ولا مفر من وجود ذينك الحيزين على الرغم من اختلافهما قوة أو ضعفا في الفهم. وفي فهم القارئ يتسع أو يضيق الحيز الموضوعي والحيز الذاتي، مما يؤدي إلى اختلاف القراءة.

والظروف والحاجات الإجتماعية والثقافية والنفسية الفردية والعامة والبيئة الفردية والعامة المسيطرة أو المهددة أو القامعة أو الإنسانية أو المادية أو الخلقية والمسافة الزمانية والمكانية والنفسية هي التي تحدد حجم الحيز الموضوعي والحيز الذاتي في الفهم. وبالتالي فإن القراءات تختلف بعضها عن بعض في مدى دقة قراءة الواقع الذي وقع في مدة زمنية معينة.

والواقع يمكن أن يكون ماضيا أو حاضرا. وكلما تعزز فهمنا للواقع ازدادت قراءتنا للنص صحة، وبالعكس، أي كلما زادت صعوبة الفهم قلت صحة قراءتنا للنص. كلما كان الحيز الموضوعي في الفهم أكبر كان الحيز الذاتي أصغر، ما يؤدي إلى فهم أقرب وبالتالي قراءة أصح لما وقع في مدة زمنية محددة. ومن الطيب والسليم تاريخيا إيلاء الأولوية للقراءة الأصح من غيرها للأحداث والتطورات في الأوقات الأخيرة والغابرة.

وكل المواضيع تقريبا يحدد فهمها مزيج من المكون الموضوعي والمكون الذاتي. فمواضيع من قبيل الماضي والتراث والتاريخ والثقافة والاجتماع والسياسة يحدد فهمها هذان المكونان. وما دام فهم مواضيع يحدده هذان المكونان فإن القراءات لتلك المواضيع مختلفة. ومعرفة المرء أن الفهم يتكون من المكونين الموضوعي والذاتي تجعل من الإحتمال الأكبر أن تكون قراءته الموضوعية للماضي أصح وأن تكون موضوعية قراءته للماضي أكبر.

ولعل من الغني عن البيان أن بياننا هذا لا يعني أنه لم يحدث واقع في الماضي. الماضي شهد واقعا، ولكن فهمنا القائم على العنصرين

الذاتي والموضوعي يعيق أو يشوش الفهم الدقيق للواقع الذي حصل في وقت من الأوقات.

وكل جيل كان له حاضره الذي كان له فيه فهمه الموضوعي والذاتي. كما أن لدينا حاضرا لنا فيه فهم موضوعي وذاتي فالجيل السابق لنا مباشرة كان له حاضر كان له فيه فهم موضوعي وذاتي.

والقارئ، الذي يندرج في فهمه المكون الموضوعي والمكون الذاتي، يحتمل أن يضع مواضيع معينة في قالب يتفق مع فهمه. فمثلا، يحتمل أن يقوم القارئ عن وعي أو بدون وعي بتناول معطيات الماضي على نحو يتسق مع فهمه، ويمكن أن يتجلى هذا الإتساق في إعادته لترتيب تلك المعطيات وفي الانتقاء منها وفي وضعه سلمه لأولويات تلك المعطيات من حيث دراستها وأثرها وأهميتها.

ونظرا الى وجود المكونين المذكورين في الفهم وإلى المسافة الزمنية والعاطفية بين الحاضر والماضي وإلى العوامل الثقافية والنفسية والبيولوجية العديدة المؤثرة في فكر الإنسان وفهمه وموقفه فلا بد من أن يكون للحاضر أثر في تحديد فهم الماضي والتراث وفي تحديد الموقف منهما.

ونظرا إلى أن للواقع الحاضر أثرا في قراءة البشر للماضي فإنهم يسهمون في فهمهم له. ففهم الماضي يتضمن ليس فقط الواقع الذي وقع فعلا في وقت ماض أو أوقات ماضية ولكن أيضا المكون الذاتي الأيديولوجي. قراءتنا للماضي تستند الى فهمنا لما وقع قبل سنة أو عقد أو قرن أو قرون.

وكلما زاد القارئ من تقليل إقحام نفسه على نحو عاطفي في معطيات الماضي زاد حضور العنصر الموضوعي في فهمه، ما من شأنه أن يؤدي إلى القراءة الأصح للماضي.

وإذا تعزز لدى القارئ العنصر الذاتي الأيديولوجي وطغى على العنصر الموضوعي في الفهم تحول القارئ إلى مقروء. وبدلا من أن تكون القراءة وسيلة لمعرفة معطيات الماضي تصبح وسيلة لقراءة القارئ لنفسه.

يبين هذا العرض أن الحاضر والماضي متصلان الواحد منهما بالآخر وأنه لا فكاك للواحد منهما عن الآخر.

ألا يمتلك العربي موقع قدمين على وجه الأرض؟!

لا، لن أقبل أن أنفي نفسي من فلسطين، من جبال فلسطين الشاهقة المعانقة للغيوم،
ومن سهول فلسطين الخضراء المحتضنة للبحر،

ومن هضابها التي تحتضن شجر التين والزيتون المخضر بحرارة شمس الوطن الحبيب،
و المغبر بغبار الخيل،
وبرياح الخريف التي تبعث في القلب ألف ذكرى وذكرى،
وفي الخاطر قصص الأهل الذين استمدوا حياتهم من دفئها آلاف السنين.
لا، لن أقبل بديلا من القدس
المباني المرتفعة الثقيلة على الأرض الأم،
وثلوجَ الشمال وبرد الشتاء وصقيع القلب المتلون بألوان الظروف.
لِمَ يشعرُ المرءُ بالخوف من وضع الحطة،
واعتمار العقال.
لِمَ قد تخاف مرأة متحجبة من أن يُبصَق في وجهها الشريف.
أحيي التحية الطيبة زملائي الذين درجت ألسنتهم على لغة الضاد.
لِمَ يشعر الرجلُ من الغرب بأن عشرة ألاف سنة تفصله عن العربي.
لِمَ تنتفي الإنسانية عند ذلك الرجل عندما تبوح عباراتي بأنها عربية.
وينفتح على أفكار متحفظة أو متعلقة
يالانتماء الثقافي أو العرقي العربي،
ويتسع صدر ذلك الرجل وينشرح لمشاهدة أفلام العنف
والمغامرات القاسية والبطش ولكنه يضيق بالعربي ذرعا.
لِم تزدحم مائة جمرة حمراء في عين فتاة وهي ترى مرأة قد
تكون من أراضينا التعيسة.
أليس العربي آخر في نظر الآخرين؟ اليس العربي كيانا يشغل على الأقل موقع قدمين على وجه هذه الأرض الواسعة؟ هل ضاقت الأرض عن إيواء المظلومين المضطهَدين من أبناء العرب؟
هل يجب أن تكون ضريبة لون بشرة العربي أن يكون منبوذا ومكروها في الأرض ومنفيا منها؟
في ذاكرتي لا تصنيف للبشر بألوان بشرتهم. هل محظور عليه أن يتمنى ويُسرّ ويبتهج ويبكي ويتحسر ويشكو ويأمل وأن يكون إنسانا؟ هل يحصي أناس في الغرب على العربي أنفاسه؟ هل يجب على العربي أن يتنفس بالجرعة؟

أيها المتزلج على الثلج والمحشو بالثلج لستَ أفضل مني. لستَ أطيب مني. شعبي مسالم. من تربة وطني انبثقت كلمة السلام العبقري. وطني وجه الحضارة المشرق. رسالة السلام حملتها حمائم السلام من أرضي. في زوايا تاريخنا الإنساني العظيم لا مكان للعنصرية. والدتي لم تعلمني كره الأجانب. جعلت بيتي منزلا حاتميا. أشع بين الشعوب أرج العنبر والياسمين والبرتقال والصنوبر من بلاد العرب. يد مَنْ أصابت آمال طفل عربي؟ مَن اغتال أشجار زيتوني العريق؟

العرب والنهضة العلمية

على الرغم من أن البلدان العربية – وسائر البلدان النامية – حققت قدرا من التقدم العلمي، فإن ذلك القدر ضئيل بالمقارنة بالتقدم العلمي الكبير الذي حُقق في البلدان الغربية. وعلى الرغم من أنه أنجزت في العقود القليلة نسبيا الماضية وجوه التقدم في العلوم الطبيعية والإجتماعية والنفسية وعلوم الإتصالات فإن التقدم الذي حققته البلدان النامية في هذه المجالات قليل. في هذا المجال البلدان النامية متخلفة، بمعنى أنها متخلفة عن مسايرة التطور العلمي والتكنولوجي. ومن الجلي

أنه تقوم عوامل موضوعية تؤخر تحقيق البلدان النامية لمزيد من التقدم العلمي. وليس القصد من هذا المقال إيراد هذه العوامل، فقد وردت في مقالات سابقة نشرت في مختلف المنشورات باللغتين العربية والإنكليزية وغيرهما من اللغات.

لقد أنجزت كشوف علمية كثيرة، بيد أن البلدان النامية لا تعلم بهذه الكشوف سوى القليل، ولا تستفيد هذه البلدان من التطبيقات العلمية والتكنولوجية القائمة والجديدة استفادة كبيرة. ينبغي للعرب أن يبدأوا فورا بمضاعفة الجهود المبذولة للإنضمام إلى مسيرة المعرفة ولتحقيق التقدم العلمي ولاكتساب المعرفة العلمية وللقيام بأنفسهم بتطبيق العلوم في مختلف المجالات. وهذه المسيرة طويلة، وهي لا تنتهي، لأن العقل والنفس البشريين لا يكفان عن محاولة اكتشاف المجهول ولأن النفس البشرية لا تكف عن استخدام العقل في اكتشاف مكتشفات تلبي حاجات البشر.

ويبدو أن الجامعات في البلدان النامية لم ترق إلى مستوى الوظيفة التي يتوقع أن تؤديها وهي تعريف الطلاب، وخصوصا طلاب الماجيستير والدكتوراة، بآخر ما بلغته العلوم والمعرفة البشرية، ولم تحقق النجاح الكامل في تخريج أجيال من الباحثين المستقلي والمنطلقي التفكير في العلوم التطبيقية والطبيعية وعلوم الإتصالات. ولم تنجح الجامعات والمجامع اللغوية في تعريب كل العلوم على مستوى الجامعات وفي جعل اللغة العربية لغة التعليم في الكليات والجامعات في كل المواضيع. ولم تعتمد السلطات الرسمية في البلدان العربية سياسة تعميم استعمال اللغة العربية بوصفها لغة التعليم والبحوث، على الرغم من أن هذه اللغة العلمية العظيمة كانت لغة العلوم الأدبية والطبيعية والفلسفية والشرعية على النطاق العالمي طيلة سبعة قرون، من القرن التاسع حتى القرن السابع عشر، في الدولة العباسية والدولة الأموية في الأندلس والدولة الفاطمية في مصر وغيرها من الدول الإسلامية.

ومن المفيد للشعب رفع نسبة الخريجين والخريجات من المدارس الإبتدائية والثانوية ومن الكليات والجامعات في مختلف العلوم المفيدة للشعب وسلامته ورخائه. وحتى يحقق شعب من الشعوب التقدم

العلمي والتكنولوجي وحتى يكتسب المعرفة من الضروري رفع المستوى العلمي لأفراده، وأن تضم تخصصاتهم العلوم الأدبية والإجتماعية وأيضا العلوم الطبيعية والرياضية والفلسفة والمنطق، شريطة أن يسترشد النظام الإجتماعي والاقتصادي برؤية ترنو إلى اللحاق بركب التقدم وإلى المشاركة في العطاء العلمي وفي زيادة الثروة العلمية والمعرفية الضخمة. والمقصود بالمستوى العالي لدى الفرد الخريج هو أن يكون لديه اقتناع، عن وعي، بمبدأ ضرورة السلوك بوصفه عالما خبيرا متقيدا بقواعد السلوك العقلي العلمي، وأن تكون لديه القدرة على رفع هذه القواعد فوق الإعتبارات التي تتنافى أو لا تتفق مع قواعد السلوك العلمي. إن نبوغ الآلاف من أبرز وأعظم العلماء العرب والعالمات العربيات في العلوم الإجتماعية والنفسية والطبيعية والرياضية والتكنولوجية والفلسفة والمنطق كفيل، إذا توفرت البيئة السياسية والثقافية والإقتصادية والنفسية المواتية، بأن يحقق نقلة علمية وتكنولوجية نوعية عربية خلال فترة زمنية غير طويلة.

التقدم والثقافة في السياق العربي

منذ مدة طويلة تتعرض المجتمعات والثقافة العربية، شأنها شأن سائر المجتمعات النامية وثقافاتها، لغزو فكري أجنبي، ويقع تأثير غربي قوي على الدول والشعوب العربية. ويُعَرَّف المجتمع بأنه سكان منظمون لأداء وظائف الحياة الرئيسية.(1) وثقافة المجتمع تتكون من كل الطرق التي بها يفكر أعضاؤه حول مجتمعهم ويتواصلون بشأنه فيما بين أنفسهم. يمكن أن تُعَرّف الثقافة بأنها "كل طرق التفكير والسلوك

والإنتاج التي تُورث من جيل إلى الجيل التالي بواسطة التفاعل التواصلي – أي عن طريق الكلام والإيماءات والكتابة والبناء وكل [أنواع] الإتصال الأخرى بين البشر – وليس عن طريق النقل الوراثي، أو الوراثة".(2) يبيّن ذلك التعريف أن ثقافة الشعب مستمدة من الفضاء الإجتماعي والفكري والقِيَمي والتاريخي والنفسي والجغرافي لذلك الشعب. ويقبل كثير من العرب قسما كبيرا من الأفكار الأجنبية بسمينها وغثها وبتحاملها وموضوعيتها في آن واحد والممارسات الغربية بجوانبها الإيجابية والسلبية. ولقسم من هذه الأفكار أصول أيديولوجية لا تتفق بالضرورة مع الرؤية الإجتماعية والقيمية والخُلقية للشعوب العربية.

وفي مواجهة هذا الغزو الفكري للثقافة العربية دور بالغ الأهمية، وخصوصا بعد أن أصاب الضعف عددا من مقومات المنعة القومية من قبيل المؤسسات السياسية والإجتماعية وقويت تبعية العرب الإقتصادية والسياسية. وهناك حالة تبعية عربية ثقافية وفكرية للغرب. العرب يستوردون أنظمة الغرب ومنتجاته. ولكنهم لم يتعلموا أو لم يطبقوا المنهج العلمي الذي أنتج هذه النظم والمنتجات. ودب الوهن في نفوس قسم من العرب، واستشرى الفساد وتعززت المغالاة في النزعة الإستهلاكية. وعلى الرغم من ذلك لا تزال جوانب فكرية وقيمية وتراثية عربية صامدة في وجه هذا الغزو.

وفي صفوف العرب توق إلى تحقيق التقدم الإجتماعي والإقتصادي والسياسي والتكنولوجي. ولهذا التوق أسباب منها حافز التقدم الذي يوجده الموروث الحضاري العربي العظيم، وإدراك أن من الضروري إحراز التقدم من أجل المحافظة على الوجود العربي المادي والحضاري وتحقيق الرفاهة الإقتصادية والأمن الإجتماعي.

غير أنه تقوم عوامل قوية تمنع أو تؤخر تحقيق العرب لهذا التقدم. وسنقوم بإبداء ملاحظات حول بعض هذه العوامل في هذا المقال.

يعاني العرب – شأنهم شأن شعوب نامية أخرى – من مشاكل عويصة كثيرة على مختلف الصعد. ومن تجليات هذه المشاكل الفقر والأمية والمرض وتزايد التدهور الإجتماعي والسياسي والإقتصادي والقيمي

وتردي وضع المرأة الإجتماعي والإقتصادي والقانوني والتبعية العربية الإقتصادية والمالية والصناعية للغرب وغياب الفعالية في مواجهة مشاريع السيطرة الأجنبية والضعف الذي يعتور حركات التكامل والتوحيد العربية والتحرر الوطني وانتهاك حقوق الإنسان.

وتعاني الشعوب العربية أيضا من عادات وتقاليد وقيم تحيط الإستسلام والإتكال بالقداسة وتشجع عليهما. وتسيطر هذه العادات والتقاليد والقيم على الشعب نتيجة عن خضوعه طيلة قرون للحكم الإستبدادي والسيطرة الأجنبية. وتسيطر أيضا تفسيرات تراثية على العقلية العربية. وأوجدت هذه التفسيرات نظام قوة اجتماعيا يقوم على السيطرة المطلقة للأب والأخ الأكبر في العائلة ورئيس مؤسسة من المؤسسات.

ويعاني العرب من الإهانة القومية على يد جهات فاعلة أجنبية. وتهدر الطاقات والموارد العربية. وحققت تلك الجهات قدرا كبيرا من النجاح في محاولاتها لتجزئة الوطن العربي وترسيخ تلك التجزئة وإضعاف أو تغييب وعي العرب بدورهم العالمي والحضاري التاريخي وبمصالحهم الحقيقية وبواقع عصرهم وبدور تلك الجهات في إخضاعهم وتجزئتهم وكسر شوكتهم واستغلالهم، وبمغزى وجودهم الحضاري وبرسالتهم وبعظمتهم وبعالمية وإنسانية ثقافتهم وحضارتهم. إن محاولات التقدم الماضية والحاضرة تعتور بعض جوانبها العيوب المستمرة نفسها.

هذه الحالة أعاقت ولا تزال تعيق وتقيد نشوء الوعي بحقوق الإنسان وبالقيم الديمقراطية واحترامها ونشوء القدرة الفكرية والعقلية على الإبتكار والإبداع، وبالتالي على تغيير الحالة المزرية هذه إلى حالة أفضل.

وفي تناول الإشكال الفكري العربي ينبغي الوعي باختلاف مصادر تردي الحالة العربية. يجري ارتكاب خطأ حينما يرجع بعض المحللين المسؤولية عن هذا التردي إلى جهات فاعلة خارجية فقط، أو إلى جهات فاعلة داخلية فقط. ومن الخطأ أيضا أن يعمم، كما يفعل بعض الدارسين، الإنحطاط العربي الراهن على القسم الأكبر من التاريخ العربي.

ولعل من عيوب الخطاب الفكري العربي أنه يفتقر إلى الشمول. فهو لا يتناول جميع المسائل والإحتياجات الإجتماعية والقومية والنفسية الضرورية التي يحتاجها الفرد العربي. وبالتالي لا يسهم الخطاب العربي إسهاما كافيا في تبيان وتحليل بعض المشاكل التي يوجدها عدم تلبية هذه الإحتياجات. ومن هذه المسائل وضع المرأة الإجتماعي والإقتصادي والقانوني والمستوى الفكري والديني والعلمي لبعض الخطباء في المساجد والإفتاء من جانب من لا يصلحون من منظور الشريعة للقيام بذلك وضعف أو انعدام مفهوم المواطنة. ونظرا إلى أن الثقافة العربية هي إلى حد كبير ثقافة التستر والتكتم والكبت فقليل من الناس لديهم الجرأة الأدبية والنفسية على تناول هذه المسائل.

وتختلف الكتابات العربية بعضها عن بعض في مدى تعبيرها عن الواقع العربي وفي نسبة الموضوعية والذاتية في تكوينها. قسم من هذه الكتابات عبارة عن طرح ذاتي لا يمت إلى الواقع بصلة كبيرة، يعكس آمالا وأماني وأحوالا نفسية. وقسم لا يستهان به كتابات تتسم بالموضوعية ويتسم طرحها بالوصف والتحليل والتنبؤ على نحو عقلي. وليس من الصحيح ما كتبه المفكر الناقد محمد عابد الجابري أن الخطاب العربي المعاصر فارغ أجوف، منفصل دائما عن الواقع وأنه كان في جملته ولا يزال "خطاب وجدان وليس خطاب عقل ... لقد كان ولا يزال يعبر عما "يجده" الكاتب العربي في نفسه من انفعالات إزاء الأحداث، وليس من منطق هذه الأحداث". وفي هذا السياق تعتور كتابات الجابري نفس العيوب – من التعميم والتعصب والمغالاة في الحكم والكتابة على نحو غير عقلاني أحيانا – التي يحذر هو القارئ منها.

وفي الحقيقة أنه لا يوجد خطاب عقلاني مائة بالمائة في الكتابات الأدبية وفي العلوم الإنسانية والإجتماعية وفي الكتابات الفلسفية نظرا إلى أنه لا يمكن فصل العنصر الذاتي عن العنصر الموضوعي في الخطاب. وهذه الظاهرة نجدها في قسم من الكتابات الغربية. وذكر حقيقة وجودها في كتابات غربية ليس المقصود به أن يكون للعرب عذر عن وجودها في كتاباتهم. يقصد بهذا الذكر القول، للذي يتعالى على الفكر

العربي على أساس انطلاقه من توهمه بأنه لا توجد سوى كتابات عقلانية، إن ذلك الإنطلاق خاطئ.

وحتى تحرز مجتمعات التقدم فيجب أن يتناول خبراء العلوم الإجتماعية المسائل والمشاكل المقترنة بتحقيق التقدم. يجب أن يراعي علماء الإجتماع حالة المجتمع وخصوصياته الثقافية والتاريخية. إن كثيرا من المفاهيم التي تعرقل تحقيق التقدم، من قبيل النظام الأبوي (البطرياركي) والنزعة القبلية والنزعة الطائفية، مفاهيم لا يمكن التصدي لها إلا بحل المسائل بطرائق علم الإجتماع وعلم النفس وعلم السياسة لأن هذه المفاهيم تتضمن عناصر اجتماعية ونفسية وسياسية.

وترتبط المسائل الثقافية بطبيعة العلاقة بين شرائح المجتمع، وبين المجتمع والدولة والحكومة. فلا توجد تقريبا مسألة ذات صلة جوهرية بطبيعة العلاقة بين المجتمع والدولة ليست مسألة ثقافية بطبيعتها: الأمية والعمل والتعليم والقيم والأخلاق ومسائل المرأة واللغة والتعليم وانعدام قدر كاف من التنظيم والتخطيط ومسائل أخرى كثيرة مسائل ثقافية.

ومن الصحيح والواجب من المنظور القومي والإنساني والديمقراطي أن يكون للمفكرين والعلماء والمتخصصين دور مهم في عملية صنع القرار وذلك لأن لديهم الاختصاص ذا الصلة المهنية والتخصصية بموضوع القرار السياسي ولأن من الأفضل أن يتوفر من ناحية التوصل إلى القرار الصحيح منظوران أو أكثر على توفر منظور واحد، هو منظور المتولين للسلطة الحكومية، وأيضا لأن من الأفضل أن يساهم في صنع القرار أشخاص تقل مصلحتهم في الموضوع الذي يتخذ القرار بشأنه.

ولنمو وازدهار الثقافة والفكر يجب أن يتوفر الفضاء السياسي والفكر المتمتع بقدر كبير من الحرية الذي يتسع لمختلف الإتجاهات الفكرية في شتى المجالات. وفي هذا الفضاء يمكن لهذه الإتجاهات أن تتحاور وتتفاعل فيما بينها.

وللمفاهيم في شتى المجالات ديناميتها، لأن تلك المفاهيم متفاعلة فيما بينها ولأنه يحدث تفاعل بينها وبين العقل في ظل الظروف الإجتماعية والإقتصادية والثقافية والنفسية المتغيرة.

وكثير من الأفكار والقيم الغربية التي دخلت المجتمعات النامية أدت إلى هدم أو تغيير قسم من بُنى الفكر والمواقف والسلوك أو إلى تشويش سلاسة أداء تلك البُنى لوظائفها. وقد أسهم هذا الهدم والتغيير في منع استمرار التطور الاجتماعي السلس العادي الطبيعي لتلك البُنى. وأدى ويؤدي هذا المنع في حالات كثيرة الى ردود فعل عكسية.

ولا يمكن إحراز التقدم الذي ينشده الناشدون منا في مختلف مناحي الحياة إلا بتحقيق شروط، ومن هذه الشروط عدم القفز على الواقع وتجاهله بل التعامل العقلي المدروس معه على نحو هادف إيجابي نشيط لتحديد الذات ورؤيتها وتأكيدها وتعزيزها لتصنع تلك الذات تاريخها ولتسهم في صناعة تاريخ العالم. ومن هذه الشروط أيضا تحقيق الحرية: الحرية السياسية والإجتماعية والفكرية، حرية الفرد في قراره واختياره وأفعاله، وذلك ضمن القيم العليا التي يأخذ بها المجتمع ومصالحه. وفي الواقع أن الحرية الفكرية في شتى المجالات في كثير من البلدان يقوم بتقييدها الذين يتولون السلطة الحكومية وغير الحكومية والمؤسسات الاجتماعية غير الحكومية، من قبيل التقاليد والعادات.

ولإحراز التقدم لا بد من التحرر من القيود الفكرية التي فرضها علينا الذين انتحلوا لأنفسهم صفة المفسرين والمقررين لحدود حيزنا الفكري في مختلف مجالات الحياة. إن التقييد الفكري يزيل إمكانية الإبداع الفكري الضروري لإحراز التقدم. فإحراز التقدم يتطلب توفر القدرة الفكرية على التصدي لحالاتنا الإشكالية التي تمنعنا من السير قدما بحياتنا وكياننا وعلى تشخيص أدوائنا وعلى القيام بعلاجها. ولن تتوفر هذه القدرة الفكرية بدون تهيئة الحرية الفكرية.

وللعرب في الوقت الحاضر دور سلبي في صناعة التاريخ. لا يسهمون إسهاما إيجابيا في صناعة التاريخ. التاريخ يقرر مصيرهم وواقعهم. وتقوم أسباب في قلة التاثير العربي في التاريخ. ومن أسباب ذلك، كما أسلفنا، أن الأمة العربية خضعت ولا تزال خاضعة لأدواء اجتماعية وثقافية ونفسية داخلية ولضغوط جهات فاعلة أجنبية.

ومما ساعد تلك الجهات على تحقيق أهدافها أنها داهمت العرب وهم يفتقرون إلى القدرة على السيطرة على حالتهم السياسية والثقافية

والاقتصادية ويعانون من الحكم الأجنبي، وان العرب واجهوها وهم بدون وحدة النظرة السياسية الإجتماعية الاقتصادية وقبل أن يتحدوا اتحادا فدراليا أو كونفدراليا.

وثمة تفكك في المجتمع العربي، ويكاد هذا التفكك ان يتخذ سمة الإنتحار الجماعي. ومن أسباب هذا التفكك المغالاة في النزعة الفردية، والإستبداد السياسي والريبة القوية بين الحكام والمحكومين، والإحتقان الإجتماعي والسياسي والإقتصادي، وسخرية أفراد الشعب من بعض المتولين للسلطات في مختلف المجالات الذين لم يثبت سلوكهم للشعب أنهم يحترمون ما ينادون به ويدعون إليه، وعدم إقامة العدالة الإجتماعية والتعرض للحكم الأجنبي، وغلبة الطائفية الضيقة الأفق وغلبة النظام الذكوري الأبوي.

ولإحراز التقدم ينبغي ليس فقط توكيد دور العلم في هذا الإحراز ولكن توكيد استقلال العلم من منظوره عن مؤسسات أخرى.

ولإحراز التقدم من اللازم أيضا إيجاد مسافة بين الذات والموضوع. أعرب هشام جعيط عن الرأي في أنه "يتطابق قلب الإسلام والعروبة (في المشرق) مع ذاته تطابقا له من الكمال والارتباط بالماضي ما يجعله يعجز عن رؤية ذاته ورؤية ذلك الماضي".(3) وكتب جعيط أنه "بما أن شخصية المغرب ممزقة فعلا فقد أفرزت مسافة تجاه الذات، وهي بذلك حررت نظرتها إليها، وهو الشرط الضروري لكل حقيقة".(4)

وللفكر المجرد أبعاد مختلفة. وهذه الأبعاد تتيح القيام بالإختيار عند الهبوط بالفكرة المجردة إلى مستوى أقل تجريدا وأكثر تحديدا، إلى مستوى التفاصيل والجزيئيات. وإمكانية الإختيار هذه تتيح للشعب العربي أن ينتقي من الأفكار المجردة التفاصيلَ والجزيئيات التي تساير نمط العيش الذي يريده وتساير الجوانب الطيبة الإيجابية – من منظور الشعب العربي – في الحضارة العالمية المعاصرة، وتحقق التقدم الذي ينشده. وبعبارة أخرى، عن طريق التهيئة الإجتماعية والثقافية والنفسية المقصودة يمكن للعرب أن يختاروا من الأفكار المجردة التفاصيلَ التي تساير مضامينُها ومفاهيمها ما يريده العرب من التقدم.

ويتطلب إحراز التقدم توفر إجماع شعبي أو شبه إجماع شعبي على استصواب الأخذ بالسبل والوسائل الكفيلة بالتقدم. ونظرا إلى الإنفصال الكبير القائم بين الدولة والمجتمع في العالم العربي – وهذه الحالة قائمة على تباين في كل أنحاء العالم - فمن بالغ الصعوبة تحقيق ذلك الإجماع أو شبه الإجماع على تلك السبل والوسائل.

وفي ظل هذه الحالة التي تتضمن عوامل تعيق الإحراز التام للتقدم يمكن تحقيق قدر من التغير وبعض جوانب التقدم، ولكن لا يمكن تحقيقهما التام. في ظل الظروف القائمة لا يمكن تحويل الإمكان العربي الحبيس إلى حقيقة واقعة وسيظل الإمكان العربي مقيَّدا. ولن يحقق الإمكان العربي إلا بإزالة تلك العوامل.

وفي وجود هذه الحالة – حالة التخلف – للعامل العقلي أثر كبير. في هذه الحالة ثمة ارتباط وثيق بين النفس والعقل، وثمة تأثر وتأثير بينهما. والعامل العقلي في وجود حالة التخلف هذه أصبح عاملا عقليا-نفسيا وعاملا نفسيا.

وتحقيق التقدم العربي، أو تحقيق التقدم لدى شعوب العالم الثالث، يتطلب إجراء التغيير الثقافي. ليس من السليم، من المنظورين القومي والإنساني، أن تقحم ثقافة شعب على أجواء ثقافة شعب آخر، كما حدث في حالة الثقافة العربية. ورافق هذه الحالةَ التقاطُ بعض الليبراليين العرب مركبات ذهنية ونفسية معينة من فضاء الفكر الأوروبي وبثوها في الفضاء الثقافي العربي بدون محاولة التحقق من استعداد العرب لقبولها ومن ملاءمتها للإحتياجات العربية.

والتغيرات التي تجتاح بسرعة العالم كله لا تتخطى ولن تتخطى العرب. ومن هذه التغيرات أن أجزاء العالم تترابط بعضها ببعض ترابطا إلكترونيا. وتنطوي هذه التغيرات على فقدان العرب لجوانب من ثقافتهم وطرق حياتهم. وينبغي للعرب أن يضعوا التخطيط لتنميتهم وسلوكهم حتى يحسنوا تحقيق أكبر قدر ممكن من إدارة التغيرات التي تجتاحهم وتفاجئهم.

وقد يمكن للعرب أن يروا ما يمر بحالة الاختفاء ولكن لا يمكنهم أن يتنبأوا بكل ما سينشأ. وتكمن في عدم الإمكانية هذا معضلة وذلك

نظرا إلى أن التغيير والاختفاء يتطلبان بناء الجديد، ومن الصعب القيام بهذا البناء بينما لا يدري المرء، بسبب الغموض الذي يكتنف الحياة والظروف التي نعيش في ظلها، ما يختفي على وجه الدقة وما ينشأ الآن وسينشأ. والغموض من دواعي الإثارة والقلق دائما. والتحدي الذي يواجهه العرب وسائر الشعوب النامية أكبر نظرا إلى أنهم يخضعون للتأثير والتغيير أكثر من مساهمتهم في إحداثهما.

وطيلة العقود الستة الأخيرة أمكن تبين اتجاهات فكرية ونظرية مختلفة لدى العرب. ومن الإتجاهات الرئيسية الإتجاه اللاتاريخي والحداثي التابع والتبريري والتوفيقي والوضعي والعلمي والعقلي. ولهذا الفكر النظري تجلياته على تفاوت في الإقتصاد والأدب والفن والتربية والثقافة والحياة العسكرية. ومما لا ريب فيه أن قسما من هذه الإتجاهات، من قبيل الإتجاهين العلمي والعقلي، يدل على التقدم من الناحيتين المنهجية والموضوعية. وحتى يكون لنا إسهام في الحضارة العالمية ينبغي لنا ألا نكتفي بالتقليد وأن ننهج المذهب العقلي والعلمي والنقدي إزاء الأفكار والمذاهب الأجنبية، مسترشدين برؤانا وبرسالتنا وباستراتيجيتنا العليا.

ومن الجوانب المثيرة والعجيبة لدى البشرية ما يمكننا أن نوجده ولم يوجد بعد والقدرة البشرية على استكشاف جوانب من الطبيعة والكون لم يتمكن بشر قبل هذا العصر من استكشافها.

(1) William Kornblum, Sociology in a Changing World (New York: Holt, Rinehart and Winston, 1988), p. 85.

(2) Ibid.

(3) هشام جعيط، الشخصية العربية الإسلامية والمصير العربي. نقله إلى العربية المنجي الصيادي. (بيروت: دار الطليعة للطباعة والنشر، 1990)، ص 7.

(4) نفس المرجع.

ريشتي

ريشتي تقودني الى العوالم غير المحدودة السحرية.
على حروفي تفيض أشواقي وينفجر بركاني.
يراعتي ملاذي من قمع القامعين وظلم الظالمين.
وضعتْ يراعتي مداميك نفسي وصرح هويتي وقصر تفردي.
ريشتي شيدت أركان حصني.
قلعتي تحمي حريتي.
ريشتي حديقتي.

فيها أرج الصراحة والنزاهة.
بريشتي أخلو إلى نفسي.
أبحر مع ريشتي الى المجهول.
يراعتي تغني للقمر والجرمق وعيبال وعكا.

استطلاع آراء الأدباء والكتاب

إجابات المؤلف

- هل الحوار في الأدب متعة روحية؟

يختلف البشر بعضهم عن بعض في مباعث المتعة التي تستهويهم مثل سماع الأغاني والموسيقى ومشاهدة

الأفلام. ومن الناس مَن يستهويهم الأدب بأجناسه من الشعر والنثر والرواية. والأدب عطاء نفسي وفكري وشعوري. إنه يتدفق نتاجا كاشفا عن الحقيقة، وسابرا لأغوار النفس البشرية بضعفها وقوتها، وواصفا الحياة والواقع بلوحات وجدانية دافئة ومتميزة، ومحلقا في الفضاءات غير المحدودة، وزائحا الستار عن طبقات الدوافع والحوافز والمشاعر والأفكار التي تنطوي عليها كل حالة من الحالات البشرية المتطورة. ويحقق ذلك كله على نحو مباشر وطبيعي وصريح. هذا هو الأدب الذي يحتمل احتمالا أكبر أن يهواه عدد أكبر من الناس.

وبعض الناس يعزفون عن قراءة الأدب أو سماعه لأنهم يجهلونه، ولو اكتشفوا وجوه الجمال والسحر فيه لاكترثوا به ولأولوه اهتماما أكبر ولاهتموا بتعويد أنفسهم على العناية والتمتع به.

ويعزف بعض الناس عن قراءة الأدب لأنهم أميون أبجديا وثقافيا. وتعلم اللغة سنوات قليلة لا يجعل ذلك البعض واثقا بقدرته على قراءته.

- هل يعرف المواطن العربي ذلك؟ هل تراه يشعر بمتعة وهو يغوص في كتب الأدب؟ أم أصبح الأدب متعة المثقفين فقط؟

الأغلبية الساحقة من قراء الأدب من المثقفين. يحجم كثير من غير المثقفين عن قراءة الأدب لأنهم أميون أبجديا أو أميون ثقافيا. أصبح نشاط القراءة مقترنا بالمثقف. والحقيقة أن كثيرا من المثقفين ليسوا قارئين للانتاجات الأدبية. ولعل المثقفين العرب أسهموا في عزوف غير المثقفين عن قراءة هذه الانتاجات، وذلك لأن الأدباء والكتاب لعلهم لم يراعوا مستوى غير

المثقفين من ناحية تبسيط تناول القضايا المطروحة وتبسيط العرض اللغوي والأسلوبي والأدبي.

ومن الأصعب على الإنسان الذي ينفق معظم نهاره وهو يعمل عملا شاقا أن ينفق وقتا على قراءة الانتاجات الأدبية، خصوصا الانتاجات التي تتطلب قدرا غير قليل من المجهود الفكري.

والإنسان الفقير المعوز يكد وهو يسعى إلى كسب لقمة العيش. ولعل عليه أن يعيل أسرة تضم، فضلا عن زوجته، عددا كبيرا من الأولاد، قد يبلغ عددهم عشرة. ليس في وسع هذا الشخص أن ينفق بضعة جنيهات أو دنانير على شراء كتاب أدبي رغبة في التمتع بقراءته.

- كيف ترى الحركة الأدبية في العالم العربي؟

هذا السؤال ينطوي على جزء – على الأقل - من الإجابة. ما دمنا نتكلم عن "عالم عربي" فلا بد من أن تكون تطورات الحركة الأدبية والمنجزات في مجال العطاء الأدبي – ونحن نقصر تناولنا هنا على مجال الأدب – متفاوته قوة وضعفا وعمقا وضحالة وتقييدا وانطلاقا وواقعية ومثالا رهنا بهوية الحالة الإجتماعية والنفسية والإقتصادية والسياسية التي ينتمي الكاتب والأديب والمفكر إليها ورهنا بهوية البلد والنظام السياسي الإجتماعي الذي ينتمي إليه.

بلغ عدد من الأدباء العرب، شعراء وناثرين، مستويات عالية بالمقياس العربي والمقياس العالمي من حيث صدق التعبير ودقة التصوير للحالة الإجتماعية والإنسانية التي يعيشها المعوزون من العرب، ووصف الواقع التعيس المعاش.

والحركة الأدبية تواجهها قيود من أهمها قمع الهيئات الرسمية وغير الرسمية والمراقبة التي تمارسها على الأدباء والمفكرين والمبدعين الذين تختلف رؤاهم عن رؤى تلك الهيئات أو تتعارض معها.

وللنهوض بالحركة الأدبية يجب تيسير التواصل الفكري والأدبي بين الأدباء والكتاب من جميع الأراضي العربية، ويجب تيسير وصول الكتاب إلى كل نواحي الوطن العربي، ويجب على المفكرين والأدباء أن يُعنَى كل واحد منهم ببلده وأن يُعنَوا أيضا بالقضايا ذات السياق العربي العام، فضلا عن وجوب الاعتناء بقضايا العالم الثالث والقضايا العالمية.

- الكتب العربية المترجمة إلى اللغات الأخرى – هل أنت راض عنها أم ترانا مقصرين في هذا المجال؟

نحن مقصرون في مجال ترجمة الكتب العربية إلى لغات أخرى. وضعت ونشرت كتب كثيرة باللغة العربية في مجالات النثر والشعر والفلسفة والفكر الديني والإجتماعي، وتستحق هذه الكتب الترجمة إلى لغات أخرى. يجب أن تنشأ هيئات حكومية وغير حكومية عربية وغير عربية تعنى عناية حقيقية بترجمة كتب عربية إلى لغات أخرى، منها الإنكليزية والفرنسية والإسبانية والألمانية والروسية والصينية واليابانية.

- لماذا يركز العرب والمترجمون العرب على ترجمة إبداعات الكتاب الأوروبيين بشكل خاص؟ أين نحن من أدب الصين والهند وبقية دول آسيا؟

ثمة أسباب في تركيز المترجمين العرب على ترجمة كتب باللغات الأوروبية، مهملين كتبا وضعت ونشرت في الهند والصين وإندونيسيا وغيرها. من هذه الأسباب افتقارنا إلى التوازن في ترجمة كتب من مختلف البلدان تقع في كل القارات. والسبب الثاني الالتفات إلى الكتب باللغات الأوروبية على حساب لغات أخرى وافتقارنا إلى التنشئة على معرفة ثقافات غير الثقافات الغربية. هذه حالة تنم عن خلل وعيب في النظام التعليمي العربي.

- اتحادات الكتاب أو الأدباء في الدول العربية هل تقوم بواجبها في المشروع الثقافي العربي أو المحلي أم أنها تراوح مكانها؟

أنجزت اتحادات الكتاب والأدباء في البلدان العربية بعض المنجزات في تشجيع الإنتاجات الفكرية والأدبية والثقافية. والحالة العربية السياسية والإجتماعية والإقتصادية والنفسية تتطلب بذل هذه الإتحادات لقصارى الجهد لتحليل الحالة ولوصفها ولتفسيرها وللتنبؤ بالتطورات القادمة. والكبت والقمع والقهر والإذلال والحرمان والإنتقام – كل هذه عوامل يلجأ إليها أو يمارسها أصحاب السلطة الحكومية وغير الحكومية وأصحاب المصالح الإقتصادية ودعاة القُطرية وأنصار الطائفية والنظام الذكوري الأبوي وتعترض قيام تلك الإتحادات بمهامها وواجباتها في مجال نشر الكلمة النزيهة غير المغرضة، وتعميم الكتابات الموضوعية والنقدية.

- تطور الفضائيات العربية ودخولها كل بيت تقريبا – هل ساهم ذلك في خدمة الأدب؟ وما المطلوب من الفضائيات عمله لخدمة الحركة الثقافية؟

ساهمت الفضائيات العربية وما تزال تساهم في خدمة الأدب والثقافة العربيين. أسهمت هذه الفضائيات إسهاما كبيرا في تعميق وعي الفرد العربي بذاته وفي تعميق الوعي بالواقع النشيط، وفي نقل الصورة إليه وفي تحديد الاختلافات بين المفاهيم، وفي التشجيع على التحاور مع زملائه وجيرانه والتفاعل مع برامج الفضائيات. هذه التطورات أعتبرها منجزات لا بد من توفرها لتيسير سبل وصف الحالة الإجتماعية والسياسية وسبل تصوير الواقع والحياة بالقلم وإيجاد هامش من اختلاء الكاتب إلى نفسه ومن تنشيط ملكة النقد الذاتي والجماعي على نحو علني أو غير علني.

- يقال إن السياسة تفرق العرب ولكن الثقافة توحدهم. ما رأيك في هذا القول؟

أجل، السياسة بتعريفها الذي أعتمده تسهم في تفريق العرب، والثقافة - والقصد وحدة الثقافة - توحدهم. للسياسة تعاريف. أحد التعاريف الذي اعتمده هو أن السياسة طريقة عمل على الحصول على التأثير ليمارَس في تحقيق أهداف معينة. يتضح أن هذا التعريف – الذي يأخذ به عدد كبير من علماء السياسة الغربيين وغير الغربيين، وخصوصا الأمريكيين – أوسع نطاقا من التعريف التقليدي الشائع في بعض المصادر العربية بأن السياسة هي تولي رياسة الناس وقيادتهم وتدبير الأمور والقيام بإصلاحها.

فوفقا للتعريفين الأول الأكثر جدة والثاني تنطوي السياسة على التنافس والتناحر والانقسام. من طبيعة الأمور أن تنطوي رياسة البشر وقيادتهم وتدبير أمورهم والسعي إلى الحصول على التأثير ابتغاء تحقيق أهداف معينة على التنافس والتناحر وحتى الإنقسام.

والثقافة تُعَرف بأنها طريقة مجموعة من البشر – شعب، مثلا – في التعاطي مع الأشياء وتناول الأمور وفي معاملة الناس بعضهم لبعض. فإذا كانت الثقافة واحدة كانت طريقة التعامل والتعاطي والمعاملة واحدة، ما ييسر الانسجام بينهم والقدرة على التنبؤ بسلوكهم، ما يعني الوحدة في توقعات السلوك وردود الفعل.

- هل الخلافات العربية الرسمية تساهم في الحد من التعاون الثقافي العربي من مختلف الأقطار العربية؟

نعم، تساهم الخلافات بين الحكومات العربية في الحد من التعاون الثقافي بين مختلف البلدان العربية. لكل حكومة سياستها في مختلف المجالات. وسياسات هذه الحكومات ليست متماثلة. وهي متضاربة أحيانا. والسياسة لها أولوياتها وأهدافها وأساليب تنفيذها. والحكومة في أي بلد من البلدان هي الهيئة التي لها سلطة تنفيذ السياسة وإنفاذ القوانين وسلطة استعمال الوسائل لذلك التنفيذ والإنفاذ.

وتحقيق التعاون الثقافي يتطلب توفر ظروف منها تنفيذ خطط التعاون ويسر الإتصال الفكري والمادي والجغرافي.

ونظرا إلى أن السياسة تضعها حكومة بلد لها أولوياتها الخاصة بها في كل المجالات فإن نطاق تلك السياسة أضيق من نطاق التعاون الثقافي الشامل لكل البلدان العربية. ونظرا إلى أن الواقع هو أن لكل حكومة أولوياتها فإن تحديد

الحكومة المتفرد بالأولويات يضيق عن الشمول الذي يتضمنه التعاون الثقافي ويسعى إليه.

- ما رأيك في الكتاب العرب بشكل عام؟ هل هم صوت شعوبهم أو صوت حكامهم؟

نظرا إلى الفقر المدقع والقمع والقهر والكبت وقلة الفرص والبطالة السائدة في مناطق شاسعة من البلاد العربية يمالئ كتاب في بياناتهم الشفوية والمكتوبة السلطات الحاكمة. ويبدو أن نسبتهم ليست قليلة. ولا أجافي الحقيقة إذا قلت إن شخصياتهم منشطرة، بمعنى أنهم يكتبون ما يرضي هذه السلطات ولعل قسما منهم، على الأقل، ينتقد في الخفاء تلك السلطات أشد الإنتقاد.

هذا من ناحية، ومن ناحية ثانية ثمة كتاب لا يجعلون قلمهم مطية لبلوغ أهداف مادية، ويربأون بأنفسهم أن يسخروا ملكتهم الكتابية والفكرية لأغراض لا يؤمنون بصحتها، وهم لا يترددون في الجهر بأفكارهم والبوح بالشكاوي التي تجول في خواطرهم دون اللجوء إلى حجب المعنى باستعمال عبارات مخففة اللهجة، على الرغم من أن كثيرا منهم يعاني من ضنك العيش.

- المواطن العربي غير قارئ، وهذا أحد أسباب تخلفنا. فما هي أسباب ذلك حسب وجهة نظرك؟

قلة القراءة في صفوف أي شعب عامل من عوامل التخلف. تخلف أي شعب من الشعوب يعود إلى أسباب أهم كثيرا من رغبته أو عدم رغبته في القراءة. من المعروف أن عددا لا بأس به من الكتب والمقالات كتب عن مسألة

القراءة عند العرب. لا أظن أن أحدا منا يحب جلد الذات بغير وجه حق.

أحد أسباب انخفاض نسبة القارئين العرب هو تفشي الأمية بينهم التي تتجاوز 70 و 80 في المائة في بعض البلدان. والسبب الثاني هو مزاحمة المحطات الإذاعية والتلفزيونية للنشر الورقي. والسبب الثالث هو عدم توفر ثمن الكتاب أو الصحيفة لدى قسم من الناس. وإذ قلت ذلك، أشير أيضا إلى ضعف ثقافة القراءة لدينا.

ولتخلف العرب أسباب عديدة. وكلمة تخلف مشتقة من خلف وتخلف، بمعنى التأخر عن الوصول إلى المستوى الذي تم الوصول إليه في مختلف الميادين. وهم متخلفون في مجالات السياسة والإقتصاد وفي اكتساب المعرفة وتطوير العلوم واستحداث التكنولوجيا والاستفادة منها. ومن أسباب تخلفهم القمع والقهر اللذان تمارسهما السلطات الرسمية (الحكومية) وغير الرسمية (غير الحكومية)، والاستبداد والتفرد بالسلطة الرسمية وغير الرسمية، وتركة قرون من الحكم الأجنبي من سنة سقوط بغداد سنة 1258 حتى يومنا هذا، وتدني مركز أو وضع المراة من الناحية القانونية والإجتماعية والإقتصادية. كيف لا يكون مركزها متدنيا وحياتها الزوجية مرهونة بكلمة "طلقتُكِ" من زوجها الذي قد يكون في تلك الثانية أو شطر من الثانية غاضبا أو مخمورا. والمسؤولية عن حالة الضعف هذه في مركز المرأة تعود إلى تفسيرات المفسرين للقرآن الكريم والسُّنة النبوية المشرفة. المرأة تدرك أن مركزها متدن. وهي تشعر بآثار هذا التدني في المواقف التي يتخذها زوجها حيالها والمواقف التي تتخذها هي حياله. والزوج من أي قطر من الأقطار الإسلامية يعرف ما تعانيه الزوجة من تدني مركزها.

يا معشر المفكرين والأدباء والكتاب والمسؤولين الحكوميين، هبوا لتحرير المرأة - زوجة وابنة وأما وأختا - من ربقة حالتها المزرية التي دامت قرونا. مركز المرأة هذا والحكم الأجنبي المتطاول والاستبداد والتفرد بالسلطة أوجدت ما قد يكون من الصحيح تسميته ذهنية العبيد، التي قد تكون من تجلياتها الإنبهار بالغربي، والإنبهار بالمرأة الأجنبية، بينما نسبة عالية من النساء العربيات يقضين سني حياتهن عوانس، والإنبهار بما هو أوروبي وعقدة النقص حيال الغربي، والشخصية الضحلة السطحية الفهلوية التي مؤداها القول: مصلحتي أولا وليكن ما بعدي الطوفان، والنظام القبلي والعشائري والطائفي الذي يعرقل تحقيق المواطنة ونشوء الدولة الحديثة التي تعتبر الناس مواطنين ولا تعتبرهم رعايا، وخضوع التفسيرات الدينية في الوقت الحاضر لاعتبارات الحكم والسياسة.

هذا بيان ببعض أسباب التخلف والقائمة طويلة. هذه الأسباب وغيرها أدت إلى التجهيل والجهل اللذين عانينا منهما كثيرا طيلة قرون، والثني عن التفكير المليَ والاستخفاف بالاستنارة الفكرية والخلط بين ما هو محرم وما هو جائز مثل الخلط بين البدعة والإبداع لمجرد أن الكلمتين مشتقتان من فعل بدع، وانتحال فئات في المجتمع لنفسها الحق في الكلام نيابة عن الجماعة والقرية والمدينة والشعب، كأن الشعب قطيع، دون أن تنشأ المؤسسات الديمقراطية الحقيقية التي تجسد إرادة الشعب تجسيدا كبيرا إن لم يكن تجسيدا كاملا، والتشكيك في إخلاص الإنسان المتسائل والمحاور والمجادل.

- هل يمكن القول إن المرأة قد ساهمت في الحركة الثقافية العربية وأصبحت تنافس الرجل؟

ساهمت المرأة في الحركة الثقافية والفكرية العربية في العقود الماضية. وأسماء نوال السعداوي ومي زيادة وفدوى طوقان وبنت الشاطئ عائشة عبد الرحمن ونازك الملائكة وغيرهن، يستحققن التنويه بهن، تطالعنا على نحو يبعث الفرحة والرضا والتفاؤل والإعتزاز. وأستميح النساء اللواتي أسهمن ولم أذكر أسماءهن عذرا، فهن كثيرات. حقيقة هذه المساهمة مبعث سرور وينبغي أن تكون مبعث سرور للنساء والرجال في الوطن العربي. إن مساهمة المرأة في النشاط الثقافي والفكري أو في أي نشاط آخر هادف إلى تعزيز كرامة الإنسان والإنسانة والنهوض بالمصالح الحيوية العليا للشعب تدل على حيوية الأمم وعلى توفر قدر لا يستهان به من الحراك الإجتماعي البناء. وما دام الشعب أو المجتمع لا بد من أن يتكون من جنسَي الرجال والنساء فالإنتاج الفكري والثقافي من الجنسين ينبغي أن يعتبر بعضه مكملا لبعض وألا يعتبر بعضه منافسا لبعض. وإذا انطلقنا من القول إن الإنتاج الفكري من الجنسين ينطوي على المنافسة فهذه المنافسة منافسة تقع في الإطار الوطني الأوسع الذي تحاول فيه كل شريحة من شرائح الشعب، بقطع النظر عن انتمائها الجنساني، أن تحقق الزيادة في العطاء الثقافي والفكري والأدبي وأن تزيد الإنتاج عمقا وجودة.

- نلاحظ في الفترة الأخيرة حركة هجرة واسعة للكثير من المثقفين العرب من بلدانهم، ومن هناك يكتبون عن الوطن. أليس في ذلك تناقض؟

لا أجد تناقضا بين هجرة المثقفين العرب – التي أود ألا تحدث، ولكنها حادثة فعلا – من بلدانهم، من ناحية، وكتابتهم من البلدان المقصودة عن بلدانهم الأصلية. الإنسان

لا ينسى ولا يمكن أن ينسى مسقط رأسه وملعبه في صباه وموقع "الحاكورة" التي ينمو ويزهر فيها شجر الرمان والتين والزيتون في وطنه الأم الذي رسمت ذكريات الصبا فيه قسمات الحب والعشق في شغاف قلبه. الإنسان المهاجر مرتبط دوما، ليل نهار، بوطنه. وطنه يتصوره وهو نائم أو قائم، أو جالس أو سائر. لعل الإنسان هاجر من وطنه بسبب محبته لوطنه. أحيانا الهجرة تنم عن رسالة سياسية أو ثقافية أو اجتماعية أو فكرية.

لم يمض يوم من سني حياتي التي أنفقتها في كندا والولايات المتحدة الأمريكية منذ سنة 1968 دون أن أذكر أو أحلم بفلسطين والطيبة وجبال بلادي وسهولها وبطاحها ورباها ورياحها وبرقها ورعدها ومطر الخريف الذي يبلل التراب الجاف والقدس والنقب والجليل ونهر العوجا ويافا وحيفا وعكا، ودون أن أناجيها.

- دائما نسال السؤال الروتيني المعروف: كيف نخرج من هذه المحنة، ونرتقي بالحركة الأدبية والثقافية العربية؟

الثقافة العربية بالتعريفين – بتعريف أنها طريقة التعامل مع الأشياء ومع الآخرين، وبتعريف أنها مجموعة المعارف المتراكمة عبر القرون – متخلفة. إنها لم تقطع شوطا أبعد في التطور. ولدى الحركة الأدبية والفكرية والثقافية العربية قدر من النشاط، ولكن نشاطها لم يبلغ درجة التغيير الإجتماعي والفكري والعقلي الأساسي. وأنا أحجم عن الكلام عن التغيير الجذري أو الثوري، لأن بعض الناس قد يخافون من استعمال كلمة "الجذري" أو "الثوري". والسبب الرئيسي في حالة التخلف هذه هو فرض أصحاب السلطة الحكومية وغير الحكومية القمعية الاستبدادية لقيود على الإنطلاق الفكري والعقلي والعاطفي. لا يمكن أن

تتحرر الثقافة من قيودها وينطلق الفكر ويزدهر الأدب الحي النشيط النابض بحيوية الواقع دون الحرية الفكرية التي تتفاعل مع الحرية العقلية ودون إضفاء الطابع الديمقراطي على الحياة السياسية والإجتماعية، مع العلم أن العامل السياسي متغلغل في كل ثنايا الحياة الاجتماعية، ودون التحرر من الخوف ودون ملء المعدة واسترداد كرامة الشخص بوصفه فردا وإنسانا أو إنسانة.

والتحدي الأكبر الذي يمثل أمام الشعوب العربية – وفي الحقيقة كل شعوب العالم، ولكن على تفاوت – هو كيف يمكن جعل السلطات الحكومية تحكم دون أن تمس بحرية المواطنين ودون أن تمارس القمع، وكيف يمكن جعلها أكثر حسا أو أقل لامبالاة بحاجات البشر دون أن تعتقد بأن تلبيتها لهذه الحاجات تنطوي على النيل من هيبة السلطات الحكومية.

- هل أنت عضو في اتحاد كتاب؟

أنا عضو في RAWI (Radius of Arab-American Writers) وفي "بيت الفن الأمريكي" والرابطة القلمية الجديدة في نيوجيرزي ورابطة القلم العربية الأمريكية، وتقوم هي كلها بنشاطات اجتماعية وثقافية وفكرية وأدبية، وبعضها ينشر مجلات أدبية وفكرية.

- ما الكتاب الذي تقرأه الآن؟

اعتدت منذ وقت طويل نسبيا أن أقرأ أكثر من كتاب في نفس الوقت. أقرأ الآن كتابا بعنوان Mind and the World Order: Outline of a Theory of

Knowledge وضعه Clarence Irving Lewis وكتاب Readings in Sociology قام بتحريره Edgar Schuler, Thomas Hoult, Duane Gibson and Wilbur Brookover.

- ألديك كتب قيد النشر؟

صدر لي هذه السنة كتاب بعنوان Society, Intellectuals and Cultural Change in the Developing Countries يضم مقالات نشرت في مختلف المجلات باللغة الإنكليزية. وشاركت أيضا في تحرير "مختارات من الشعر العربي المعاصر" نشر في أيلول من هذه السنة، ويضم قصائد كتبها 59 شاعرا وشاعرة من العرب من مختلف أرجاء العالم. ولمن يرغب في تلقي نسخة من الكتاب أن يرسل إليّ عنوانه البريدي حسب عنواني الالكتروني TNNashif@aol.com

وستنشر لي قريبا مجموعة جديدة من المقالات باللغة الإنكليزية، ومجموعة من الأمثال العربية، ومجموعة من القصائد وكتاب يتناول موضوع الأسلحة النووية في الشرق الأوسط.

- هل تسمع الموسيقى؟ وهل تحب قراءة قصة أو كتاب مع صوت الموسيقى أم تحب الهدوء التام؟

أحب سماع موسيقى الأغاني العربية ومنها موسيقى الأغاني الشعبية الريفية والبدوية. هذه الأغاني تبعث فيّ روح الماضي الموغل في القدم والحسّ بالتقاليد والأصالة. تلك الأغاني تذكرني بـ"أيام زمان الحلوة" كما يقال. أهوى أغاني المرحوم ذي الصوت الساحر محمد عبد الوهاب،

وأغاني المطربين الموهوبين البارزين فريد الأطرش ووديع الصافي وعبد الحليم حافظ وفيروز ونجاة الصغيرة وفهد بلان. وأرجو أن يتوفر لدي وقت لكتابة كتاب عن مضامين أغاني المغني الخالد محمد عبد الوهاب.

وأحب سماع الموسيقى الكلاسيكية، موسيقى بيتهوفن وتشايكفسكي وموتسارت وغيرهم.

وعند القراءة، وخصوصا القراءة المتمهلة المتأملة، أفضل الهدوء التام. وأحيانا أقرأ وتصحبني في قراءتي الموسيفى الكلاسيكية بصوت خافت.

- أيهما تفضل: أن تقرأ القصيدة أم أن تسمعها بصوت آخر؟

على الرغم من أنني أتمتع بسماع القصائد فإنني أفضل قراءتها. تمتعي بقراءة أبيات الشعر يجعلني أقرأ أو أتلو بعضها مرة أخرى.

- هل يشجعك الأهل ويوفرون لك الهدوء لكي تكتب وتبدع؟

التشجيع من زوجتي رفيقتي في رحلة الحياة ملموس في كل لحظة من لحظات يومي. وأرى منها الحرص على توفير الهدوء والسكينة. فصوت مقدمي البرامج التلفزيونية خافت. ولا أكون مهيأ للعطاء الفكري والكتابي دون توفر الهدوء. ومن عادتي أن أوصد باب غرفتي عند التهيؤ للكتابة، وفي الأيام الدافئة أقصد المتنزه العام الكثيف الشجر الباسق والوارف الظلال.

- ماذا تحب أن تكون ابنتك أو ابنك؟ نسخة عنك أم تتركهم يختارون دون تدخل منك؟ ألا تحلم أن يصبحوا على الأقل مثلك؟

لا مفر من أن يكون الولد متأثرا بتوجيه أبويه، بخاصة في السنوات الأولى من حياته، سواء كان التوجيه بوعي أو دون وعي. هذا من ناحية، ومن ناحية ثانية من الأفضل أن يكون لدى الأولاد هامش الحرية في اخاذ القرار بعد بلوغ سن النضج فيما يتعلق بحياتهم ومستقبلهم. ومن الطبيعي أن يحتاج الأولاد النصح والتوجيه من الأبوين حتى بعد بلوغ سن النضج والرشد. وعلى الرغم من أن بناتي الثلاث قد بلغن سن الرشد وتخرجن من الجامعات في الولايات المتحدة أشعر أنهن يستضئن أحيانا بآرائي وآراء أمهن زوجتي. وأعتقد أنهن – شأنهن شأن سائر الأولاد – لا بد من أنهن يجنين فائدة من تجربتنا في الحياة. ومما يبعث على السرور أن آراءهن تأتي أحيانا كثيرة متفقة مع آرائنا.

موضوعيا، من الطيب أن يكون للأولاد هامش للاستقلال في اتخاذ القرار بعد بلوغ سن الرشد، ولا أتوقع مطلقا أن تكون بناتي نسخة طبق الأصل عني.

- هل تناقش أولادك في ما تكتبه، أم تكتب لغيرهم؟

لا أكتب لبناتي على وجه خاص. أكتب لكل جمهور القراء، وبناتي جزء من هذا الجمهور. أرى أن لديهن اهتماما بقراءة كتاباتي المتناولة للتطوير الفكري والاجتماعي. أكتب لأفصح عن فكري ومشاعري. ألجأ إلى الكتابة لأنها في نظري النعمة الكبرى التي يمكن للإنسان أن ينعم بها.

الكتابة هي ملاذي وحصني ودرعي وحديقتي الكثيرة الورود الجميلة والأشواك المؤلمة، وعرض ضميري وإلهامي ومرآة فكري ومتنفس توتراتي واحتقاناتي. إنها عزائي وسلواي. إنني أحب أن أعتقد أنني أكتب للبؤساء والتعساء والفقراء والمشردين والمنفيين جغرافيا وفكريا ونفسيا وعاطفيا. وفي كتاباتي أعتقد أنني أصيغ صياغات فلسقية.

- لو وُلدت من جديد، هل كنت ستختار نفس الطريق؟

لو وُلدتُ مرة أخرى لما عرفت ما إذا كانت نفس طريقتي في الحياة ومجراها سيتكرران. طريقة الحياة ومجراها، في اعتقادي، نتيجة هي مزيج من تقرير الإنسان لمستقبله وطبيعة الظروف الحياتية التي يعيشها الإنسان. لو وُلدت من جديد لن تكون ظروف الحياة، في ظني، ظروف الحياة التي عشتها وأعيشها. وبالتالي أعتقد أنه لو وُلدت من جديد لكان مجرى حياتي مختلفا نظرا لاختلاف الظروف.

- هل أنت راض عما وصلت إليه؟ هل حققت بعض طموحك؟

حققتُ قسما من طموحي. كلما ازداد الإنسان معرفة وتجربة ازداد وعيا بالفرص الكثيرة التي كان يجهلها والتي كان في إمكانه أن يغتنمها. المعرفة والتجربة تجعلان الإنسان يدرك أن فرصا كثيرة قد فوتها. كنت أود أن أتعلم الموسيقى والرياضيات على المستوى الجامعي، ولكن ما حصل هو أنني انشغلت عنهما بدراسة العلوم السياسية وبالكتابات الاجتماعية والفلسفية.

- سيرتك الذاتية، ليتعرف عليها القراء: مكان الولادة وتاريخها.

ولدت سنة 1940 في مدينة (حينها كانت قرية) الطيبة التي تقع بين قلقيلية جنوبا وطولكرم شمالا. والطيبة تقع في المثلث العربي الذي تقع فيه مدن عربية كبيرة نسبيا. فبالإضافة إلى الطيبة هناك الطيرة وقلنسوة وباقة الغربية وأم الفحم. وفي عهد الإنتداب البريطاني كانت الطيبة تابعة لقضاء طولكم الذي كان تابعا للواء نابلس.

- التخصص الجامعي.

حصلت على درجة البكالوريوس في اللغة والأدب العربيين والعلوم السياسية والماجستير في العلاقات الدولية من جامعة القدس، وفي سنة 1969 حصلت على الماجستير في الدراسات الإسلامية من جامعة تورونتو بكندا، وفي سنة 1974 حصلت على درجة الدكتوراة في العلوم السياسية من جامعة ولاية نيويورك في مدينة بنغمتن.

- المؤلفات التي وضعتها ونشرتها.

نشرت لي باللغة العربية الكتب التالية عناوينها:

مفكرون فلسطينيون في القرن العشرين.
العرب والعالم في القرن القادم.
الأسلحة النووية في إسرائيل.
الزعامتان السياسيتان العربية واليهودية في فلسطين: دراسة مقارنة.
السلطة والحرية الفكرية والمجتمع.

السلطة والفكر والتغير الاجتماعي.
النشاط الفكري والتغير الاجتماعي.
مختارات من الشعر العربي المعاصر (جمع وتحرير).
تلال وظلال.
الواقع البشري والسياسة.
ويمر كتاب جديد بعنوان "المجتمع والثقافة" في المراحل الأخيرة من عملية النشر.

ونشرت لي باللغة الانكليزية الكتب التالية عناوينها:

The Palestine Arab and Jewish Political Leadership: A Comparative Study.
Nuclear Warfare in the Middle East: Dimensions and Responsibilities.
Nuclear Weapons in Israel.
Government, the Intellectual and Society in the Third World.
Society, Intellectuals and Cultural Change in the Developing Countries.
Social Justice and Intellectual Suppression.
Breezes and Storms: Verse and Prose.

ونشر لي كثير من المجلات باللغتين العربية والانكليزية مقالات تجاوز عددها الأربعمئة في مواضيع التنمية السياسية والإجتماعية والنشاط الفكري والإرتقاء الحضاري ونزع السلاح.

- كلمتك الأخيرة للكتاب والمفكرين والأدباء العرب.

كلماتي التي أشعر بأنه ينبغي لي أن أنطق بها كثيرة. ونظرا إلى كثرة الكلمات تنشأ مسألة أولويات مراعاة مضامين هذه الكلمات. سأقول كلماتي دون أن أكون بالضرورة مراعيا لهذه الأولويات. يجب على المفكر أو الأديب أن يكون نفسَه، وأن يؤكد ذاته، وألا تتلاشى أو تتضاءل أو تتقزم شخصيته حيال التحديات الماثلة أمامه.

ومن الحيوي أن يكون الأدب والفكر عاكسين عكسا حقيقيا للواقع المعاش بكل جوانبه وثناياه وأعماقه. يجب على الإنسان أن يحترم نفسه، وأحد تجليات احترام الذات هو عدم الخوف من قول الحقيقة. وينبغي للأديب أن يعي وعيا حقيقيا بذاته وبهويته الفردية والقيمية، وألا تحول المحظورات، خصوصا المحظورات الشديدة الضرر بالشعب، دون بيانه للحقيقة. وإحدى وظائف الأدب الهامة وصف وتصوير الواقع والسعي إلى تغيير الواقع إلى ما هو أفضل.

الثنائية الفكرية والاتجاه المناقض

تنحو النزعة الفكرية على تفاوت لدى البشر إلى التقسيم الفكري الثنائي النقيضي أو المتطرف، أو إلى التفكير ذي التشعب الثنائي

النقيضي، في شتى المسائل. تدل تلك الثنائية الفكرية النقيضية على نقص المعرفة البشرية، وهي تشكل عاملا هاما في عرقلة تحقيق المعرفة الأتم للظواهر الطبيعية والاجتماعية. (من الضروري القول إن التحليل التالي لا يقصد به أنه ينطبق على المدركات غير العقلية وغير الحسية، ولا يقصد به أنه يتعلق بالطروح الإيمانية والعقدية الغيبية).

وفي عالم المدركات الحسية لا يوجد شيء يتسم بصفة مطلقة. وإطلاق صفة على شيء معناه النقص في معرفة ذلك الشيء. على سبيل المثال، إطلاق صفة الحُسن على شيء يعد من الفكر المطلَق لأنه أطلق صفة الحُسن على ذلك الشيء. وهذه الفكرة مناقضة أو معاكسة، لأنه بإطلاق الحُسن على شيء أهملت صفة القبح فيه.

والفكر النسبي فكر شامل لمختلف العوامل والمراعي لها؛ إنه فكر تعددي التوجه فيما يتعلق بمسألة من المسائل. ولا يتفق هذا الفكر مع الفكر المطلق. وحتى يكون الفكر تعددي التوجه يجب أن يكون نسبيا. وإحدى سمات المجتمع المتطور هي أنه في سلوك أفراده للإقرار بالفكر التعددي التوجه وجود وأثر في سلوك أفراد المجتمع وفي كيفية التناول البشري للمسائل.

الفكر البشري مَلَكَة فكرية ذاتية. إنه يتأثر بتأثيرات بيولوجية وثقافية وتاريخية. إنه ظاهرة ثقافية بمعنى أنه يتأثر بطريقة تناول القضايا الإجتماعية والنفسية. ومن هنا فإن الفكر يأتي على صور تكون نتيجة عن التركيب البيولوجي والثقافي والنفسي والتاريخي للعقل.

والفكر الثنائي النقيضي جامد، لأن الفكر بكونه أسيرا لخط فكري واحد فقط يكون منغلقا على ذلك الخط الفكري، وبذلك يصبح غير منفتح وحبيسَ بنيته الانغلاقية وبالتالي لا يتحرك أو ينساب إلى ما يتجاوز تلك البنية. والموقف الفكري الثنائي، لكونه يقوم على تصور بديلين فكريين إثنين متطرفين أو نقيضين، يستبعد تصور بدائل أخرى عديدة واقعة بين هذين البديلين.

ومن هنا فإن حشر الفكر في صورتين – متعاكستين - فقط يعني أنه فكر غير مراع لتعدد التوجهات الفكرية وأنه، بالتالي، قمعي

وتعسفي. بين الشقين النقيضين أو المتطرفين، مثلا الخير والشر والطيب والسيء، درجات أو ظلال قد لا تحصى.

وعلى ضوء المذكور أعلاه فإن من الصحيح عدم تسمية برنامج "الإتجاه المعاكس" بذلك الاسم وتسميته بـ "الإتجاه المختلف". فاسم "الإتجاه المعاكس" يوحي بأنه يوجد موقفان متعاكسان، ويوحي بأن الموقف أو الاتجاه يقع على شق من شقين نقيضين، بينما يمكن في الحقيقة أن توجد حيال القضايا المطروحة إتجاهات مختلفة ولكن ليست بالضرورة إتجاهات أو مواقف يعاكس بعضها بعضا.

واسم "الإتجاه المعاكس" يشجع أيضا المشاركين في البرنامج على اتخاذ الموقف المعاكس، على الرغم من أن القضايا المطروحة قد يكون من الممكن أن يُتخذ حيالها موقف ثالث أو غير معاكس أو غير مختلف. حلقات "الإتجاه المعاكس" شاملة لمواضيع مختلفة كثيرة، وقد يكون من الخطأ الإعتقاد أو الإفتراض بأن اتجاهات المشاركين حيال هذه القضايا كلها إتجاهات متناقضة أو متعاكسة.

ذلك يعني أن هذه التسمية، "الإتجاه المعاكس"، تحث وتحرض على اتخاذ المشاركين لاتجاهات متطرفة أو لاتجاهات لا ترجحها حقيقة القضايا المتناوَلة. إن طرح قضايا على المشاركَين باعتبار أن موقفيهما متناقضان يعني حشر موقفي المشاركين في تصورين فكريين متناقضين. ومثل هذا الطرح ينتشر على تفاوت في الحقيقة أيضا لدى أناس في العلاقات الاجتماعية العامة والخاصة على المستوى العالمي.

وتمكن إزالة أثر التفكير الثنائي النقيضي أو، على الأقل، الحد منه عن طريق جعل عدد المشاركين في البرنامج ثلاثة، ويكون المشارك الثالث مصوّبا موضوعيا بقدر الإمكان للبيانات التي يدلي بها المشاركان الاثنان الأولان اللذان هما على شقي النقيضين الفكريين، وذلك دون المساس بالدور الذي يؤديه مضيف البرنامج الذي أثبت ذكاءه وسعة اطلاعه.

وبغير اتخاذ الإتجاه الموضوعي أو الواقعي يفوّت هذا البرنامج على نفسه فرصة الفهم الأكبر للقضايا المطروحة، نظرا إلى أن القضايا المطروحة قد تُفسر، كما أسلفنا، بعوامل غير متطرفة ويعرب عنها بلغة

الطرح الواقعي غير المتطرف. إن فهم قضية من القضايا بتفسيرها بعامل واحد متطرف من عاملين متعاكسين نهج يحرم الإنسان من إدخال عوامل أخرى في الفهم تقع بين هذين العاملين النقيضين. وذلك النهج عبارة عن فرض الموقف الذاتي غير الموضوعي بطبيعته على الواقع الذي يمكن أن يُتناول وأن يُفهم بعدة عوامل تقع بين العاملين المتناقضين. وتتمثل هذه الثنائية الفكرية التناقضية أو المعاكسة في دعوة قسم من دعاة التحديث إلى رفض التراث وفي دعوة قسم من مناصري التراث إلى إقامة مستقبلنا على طروح التراث فقط وكأن التراث يخلو تماما من عناصر التحديث أو كأن التحديث يخلو تماما من عناصر التراث. ومن الخطأ أيضا القول إنه يوجد تناقض تام بين الثقافة العربية والثقافة الغربية، لأن هذا القول يعني إطلاق الصفة، ما يعني إنكار الفكر التعددي التوجه واتباع الثنائية الفكرية النقيضية. ومن الخطأ أيضا وصف تجربة الحداثة العربية بأنها فشل تام. وهي ليست نجاحا تاما.

ومن نفس منطلق خطأ اعتماد الثنائية الفكرية النقيضية لا يصح القول إن التيارات الفكرية من قبيل الليبرالية والقومية والقطرية والعلمانية والعقدية والنقدية يستبعد الواحد منها الآخر استبعادا تاما أو يقبل الواحد منها الآخر قبولا تاما. بعض طروح هذه التيارات متماثل. تتفق هذه التيارات مثلا على مفهوم التحرر ومفهوم الحاجة إلى المحافظة على البقاء. ومن قبيل الثنائية الفكرية نسبة الديمقراطية التامة إلى النظام المدعو بالنظام الديمقراطي. من منطلق نسبية صفات الأشياء ومن منطلق عدم جواز الإطلاق وعدم صحة الثنائية الفكرية لا يوجد نظام ديمقراطي كامل مئة بالمئة، ولا توجد موضوعية مئة بالمئة ولا توجد حيدة علمية مئة بالمئة.

والثنائية الفكرية النقيضية أو الإطلاق الفكري معناه تضييق هامش الحرية الفكرية والإنغلاق على التغيرات الفكرية المستجدة المستمرة الناشئة عن التفاعل المستمر بين الإنسان والظروف الإجتماعية والثقافية والنفسية المتغيرة، وبالتالي عدم مراعاة الآثار المترتبة على تلك التغيرات. يكمن في هذا الفكر الثنائي خطر يتمثل في

حرمان الناس من المرونة والواقعية الفكريتين اللتين قد تتطلبهما حالتهم الاجتماعية والثقافية.

وتندرج التعميمات في صفة الثنائية الفكرية، وذلك لأن التعميم هو الأخذ بطرف فكري نقيض، وهو بالتالي سلوك فكري مقيِّد ومقيَّد.

ونظرا إلى خطأ ثنائية التفكير وإلى خطأ الإطلاق الفكري وإلى نسبية الصفات والعلاقات فمن السليم أن يتجنب المرء ما أمكنه استعمال عبارات الفكر الثنائي في الحالات التي تستوجب عدم استعمالها، من قبيل كلمة "إلا" و "سوى". على سبيل المثال، "لا ينهض بهذا الشعب إلا رجل" و"لا يوجد على وجه المعمورة سوى الرذيلة".

ومن نفس المنطلق من السليم استعمال العبارات التي لا تشجع على الثنائية الفكرية والتي تشجع على الانفتاح الفكري والنسبية الفكرية والتعددية الفكرية. ومن هذه العبارات عبارات من قبيل "من هذه العوامل عوامل ..." و"قد لا أجانب الحقيقة إن قلت ...".

ومن الدلائل على شيوع الثنائية الفكرية وانعدام النسبية الفكرية الأخذ ببعض النظريات الكلية أو الشاملة. النظرية أداة للتفسير وتفسير بعض النظريات سليم، والبعض الآخر غير سليم. وبعض النظريات الكلية أو الشاملة تنتحل لنفسها صفة شمول التفسير التي قد لا تتصف بها.

هذه الصياغات الفكرية الثنائية في مجالات اجتماعية كثيرة أدت وما تزال تؤدي إلى تحجيم الفكر لدى مختلف شعوب العالم.

ولن تنعم الشعوب بالحصول على وسائل الدفاع عن نفسها إلا بالتخلص من الثنائية الفكرية. وإحدى الوسائل الهامة التي من شأنها أن تضعف النزوع إلى الثنائية الفكرية هي توفير عوامل متزامنة وهي مكافحة الأمية ورفع المستوى الثقافي وإشاعة قدر أكبر من الديمقراطية – والديمقراطية التامة مستحيلة – ورفع مستوى المعيشة واعتماد مفهوم المواطنة وتحقيق الأمن للمواطنين. وإحدى هذه الوسائل أيضا الأخذ بمفهوم نشاط (دينامية) المفاهيم الإجتماعية والطبيعية. ونظرا إلى اصطباغ النشاط بهذه المفاهيم فهي مفاهيم نسبية، أي مفاهيم ذات نسبة

إلى قوة حضور شتى المكونات المتشابكة المتفاعلة لظاهرة من الظواهر وقوة حضور مختلف الظواهر المتفاعلة.

يتوجب علينا ثقافيا وقيميا أن نبدي الحرص على اللغة العربية التي ننطق نحن بها. ولا حاجة بلغة العلم والأدب الرفيع هذه أن تتعرض لسوء الاستعمال ول
لتهميش. ومن المفترض واللازم أن نكون نحن أول من يحرصون على سلامة لغتنا ورفعتها وعلى تعزيزها وتمكينها ورفع شأنها.

ويزخر عدد من الصحف والمجلات العربية بأخطاء نحوية وصرفية جسيمة. وفي الحقيقة أن من السهل تفادي الوقوع في هذه الأخطاء لو شارك مستعملو اللغة العربية في مختلف أماكن عملهم في دورات للغة العربية تنظمها الهيئات التي ينتمي إليها المتكلمون باللغة العربية. إن من واجب المسؤولين والمدراء القيام بتنظيم تلك الدورات وبرفع مستوى معرفة اللغة العربية.

ويجب القيام بكثير من التصويبات ونشرها. والفقرات التالية تقوم بتصويب استعمال بعض العبارات العربية. وآمل في أن يكون لهذه التصويبات آثرها المتوخى.

"العسكري" و"العسكر"

في عدد غير قليل من الصحف والمجلات والمحطات الفضائية التلفزيونية العربية يتكرر استعمال كلمة "العسكري" أو "العسكرية" ترجمة لعبارة ”the military“ الإنكليزية باعتبار هذه العبارة صفة. بيد أن لـ ”the military“ معاني أخرى وفقا لوظيفتها النحوية كما سيوضح في ما يلي: فضلا عن إمكانية أن يرد استعمال العبارة الإنكليزية بوصفها وصفا معرفا أو نكرة ومذكرا أو مؤنثا يمكن أن ترد تلك العبارة بوصفها اسم جمع بمعنى "العسكر" أو "العساكر" أو "الجيش". وبوصف هذه العبارة الإنكليزية اسم جمع لا تصح ترجمتها إلى العربية بمعنى "عسكري" أو "العسكري".

"ثُمَّ" و"ثَمَّ"

وفي وسائط الاتصال تلك يجري أحيانا خلط بين "ثُمَّ" (بضم الثاء) و"ثَمَّ" (بفتح الثاء). "ثَمَّ" (بفتح الثاء) معناها "هناك"، و"من ثَمَّ" معناها "لذلك" أو "لذلك السبب" أو "من هنا" أو "من الآن". و"ثَمَّتَ" أو "ثَمَّةَ" (بفتح الثاء) معناها "هناك".

ولـ"ثُمَّ" (بضم الثاء) معان تختلف عن معاني "ثَمَّ"، ومن معاني "ثُمَّ" "فضلا عن ذلك" و"أيضا".

"لا" النافية للجنس

تنفي، كما يدل اسمها عليها، الجنس، ومعنى نفيها للجنس أنها تنفي أي وجود لجميع الأفراد الذين يندرجون تحت مدلوله أو الأشياء المندرجة تحت مدلوله. ويُنصب بالفتحة. ويُشترَط في عمل "لا" ما يلي: أن يكون الاسم التالي لها في حالة النكرة والمفرد، وألا يكون موصوفا، وأن يكون متصلا بها غير منفصل عنها بفاصل وألا تكون مقترنة بحرف جرّ. فإن كان اسمها معرفة أو فُصل عنها بفاصل أُلغِي عملُها. وفيما يلي أمثلة على ذلك: لا كتابَ يخلو من فائدة، لا خوفَ عليهم، لا ولدَ في البيت.

وبالتالي فإن الصيغ التالية غير صحيحة: لا خطرَ كبيرا، لا استقلالَ كاملا، بلا خيرَ، لا خيرَ عميما.

وفي البيت التالي تُستعمل "لا" بوصفها "لا" النفي (وليست "لا" النافية للجنس:

لا القومُ قومي ولا الأعوان أعواني إذا ونَى يومَ تحصيلِ العُلى وانِ

والبيت للشاعر إسماعيل صبري.

"لِـ" و "لكي"، "لمْ" و"لنْ"
جمع القلة وجمع الكثرة، الخطأ في ترجمة "Under" و "To"
والفعل المتعدي والفعل اللازم

"حان لـ" وليس "حان لكي"

نظرا إلى أن "حانَ" فعل لازم، وليس فعلا متعديا، ينبغي أن يلحق الحرف "لِـ" بالفعل "حانَ" وليس "كي" أو "لكي". الصحيح أن نقول: حانَ الوقتُ لأن يرحل، وليس: حان الوقتُ لكي يرحل.

وبنفس المنطق يجب القول: سنحت (فعل لازم) الفرصةُ لأن يعمل، وليس: سنحت الفرصةُ لكي يعمل.

"بموجب" Under

لكلمة under معان منها "دون" و"تحت" و"أسفل". وأحد معاني "under" التي يُرتكَب خطأ في ترجمتها هو "بموجب" أو "وفقا لِـ". على سبيل المثال: "under Chapter 7 of the United Nations Charter" ترجمتها الدقيقة هي "بموجب (أو: وفقا لِـ) الفصل السابع من ميثاق الأمم المتحدة" وليستْ "تحتَ"، كما تكررتْ صيغة ترجمتها على هذا النحو في عدد غير قليل من وسائط الاتصال العربية خلال تناوُل تلك الوسائط لموضوع اللجوء إلى الفصل السابع من الميثاق.

جمع القلة وجمع الكثرة

تُستعمل صيغة جمع القلة للأعداد الواقعة بين 3 و 9، وتُستعمل صيغة جمع الكثرة للأعداد المتجاوزة لـ 9. ومن صيغ جمع القلة للاسم الذي مفرده على صيغة فَعْل وزنُ أَفْعُل. على سبيل المثال: قَصْر أَقْصُر، شَهْر أَشْهُر، نَهْر أَنْهُر، فَرْع أَفْرُع.

ومن صيغ جمع الكثرة للاسم الذي مفرده على صيغة فَعْل وزنُ فُعُول أو وزنُ أَفْعال. على سبيل المثال: قَصْر قُصور، شهر شُهور، درب دُروب، مَرْج مُروج، نهر أنهار، هَوْل أَهْوال: في الأندلس كثير من الأنهار وفي الصحراء ثلاثة أنهر، في أيام العرب كثير من الأَهوال، سبح السابح في عشَرَة أنهار، لم يصم المريض عشَرَة شهور.

وقسم من صيغ الأسماء قياسي، مما يسهل معرفة تشكيل الصيغة، وقسم منها سماعي، مما يعني ويستتبع استصواب سماعها لمعرفة وزنها، بما في ذلك تشكيلها.

الفعل بعد "لم" و"لن"

لا يصح أن توضَع معا أداتان من الأدوات الثلاث "لا" النافية و"لم" الجازمة و"لن" الناصبة أو أن توضَع معا هذه الأدوات الثلاث قبل الفعل المضارع. إن الحركات التي تلحق الفعل المضارع مختلفة في حالة الرفع بالضمة بعد "لا" النافية، وفي حالة الجزم بالسكون بعد "لمْ" الجازمة، وفي حالة النصب بالفتحة بعد "لنْ" الناصبة وأخوات "لن" الناصبة وهي "أن" و"إذن" و"كي" و"لكي". ولا يصح وضع علامة الجزم (السكون) وعلامة النصب (الفتح) وعلامة الرفع (الضم) في نهاية الكلمة الواحدة التي هي الفعل. وبالتالي، تنبغي إعادة كتابة الفعل المضارع مرتين أو ثلاث مرات: مرة للدلالة على الفعل في حالة الرفع ومرة للدلالة على نفس الفعل في حالة النصب ومرة للدلالة على نفس الفعل في حالة الجزم. على سبيل المثال: فؤاد لا يأكلُ في المساء ولم يأكلْ أمس ولن يأكلَ غدا. ومن الخطأ القول: لا ولمْ يلعب، و: لمْ ولنْ تشرق الشمس و: لا ولمْ ولنْ يثمر الشجر.

ومن الجلي أنه يجب إعادة ذكر الفعل المضارع إذا كان الفعل منتهيا بالياء. إن جزم الفعل المضارع يوجب حذف حرف الياء الذي لا يحذف عندما يكون منصوبا بنفس الفعل المضارع بإحدى أدوات

النصب. ومن هنا يجب القول: لنْ أكتفيَ بتحقيق هذا الهدف فقط ولم أكتفِ بهذا التحقيق أبدا.

الخطأ في ترجمة كلمة to الإنكليزية

يُرتكَب أحيانا كثيرة خطأ في ترجمة كلمة to الإنكليزية. وفيما يلي أمثلة على ذلك: .The situation changed to become البعض يترجمها خطأ: تغيرت الحالة لتصبح. والترجمة الصحيحة هي: تغيرت الحالة فأصبحت. وترجمة الجملة التالية The President went on to say بـ "واصل الرئيسُ ليقول" خاطئة. والترجمة الصحيحة: "واصل الرئيسُ فقال". ومما ينبغي أن يلاحظ هو أن حرف الفاء يبدأ الفعل الثاني في الجملة مما يعني أن الفعل الثاني يأتي فور وقوع الفعل الأول.

وعلى نفس المنوال، تنبغي ترجمة الجملة الإنكليزية التالية كما يلي: The state deteriorated to become: تردت الحالةُ فأصبحت أو فغدت. وأيضا: جاءت كلُّ الدراسات التي تناولت ظاهرةَ نشوءِ الحضارة وأفولِها فأكدت (وليس: لتؤكد) وجاهة النظريات في علم العمران التي أتى بها العلّامة العربي الحضرمي التونسي ابنُ خَلدون.

الفعل المتعدي ولزوم لحاق حرف "لـ" باسم ذلك الفعل

للفعل المتعدي مفعول به. نقول: زارَ مكانا وزارَ المكانَ. ونظرا إلى كون الفعل متعديا يكون مصدر الفعل مضافا إلى مضاف إليه: مثلا، زيارة المكانِ، أو يكون مصدر الفعل متبوعا بحرف اللام الدالّ أحيانا كثيرة على أن فعل المصدر "زيارة" متعَدّ، مثلا: "زيارة لـِ"، ويجب ألا يُتبعه المستعملون بكلمة الجرّ "إلى"، أي "زيارة إلى". وبعبارة أخرى، فإن مربط الفرس أو ما يعول عليه فيما يتعلق بالحرف الذي يلحق بمصدر الفعل هو ما إذا كان الفعل متعديا أم لازما، فإذا كان متعديا، كما

هو حال الفعل "زار"، وجب أن يلحق حرفُ اللام، وليس كلمةَ "إلى"، مصدرَ الفعل.

الاسم وضميره

في الجملة يجب أن يسبق الاسمُ ضميرَه، أي أن يرد ضميرُ الاسم بعد الاسم. ليس من الصحيح، على سبيل المثال، القول: "وفي بيانه توسع الوزيرُ في تبيان أسباب العنف في العالم النامي". يجب القول: "في بيان الوزير توسع (أو: توسع الوزيرُ) في تبيان ...". ويجب القول: "في المؤتمر الصحفي للأمين العام ذكر ..."، وليس: "في مؤتمره الصحفي ذكر الأمينُ العام ...".

تحريك الحرف الأول في الكلمة

تبدأ بعض الكلمات في عدد من اللغات، ومنها اللغتان الإنكليزية والفرنسية، بحرف ساكن. على سبيل المثال: France, Britain.
وثمة لغات كثيرة، ومنها اللغة العربية، لا تبدأ الكلمة فيها بالسكون، بل يجب أن يكون الحرف الأول في الكلمة متحركا.
ولتفادي بدء الكلمات في اللغة العربية بالسكون تتّبع قاعدة معينة، وهي أن يُشكَّل الحرف الأول في الكلمة المبتدئة بالسكون بتشكيل الحرف المتحرك الثاني من الكلمة. على سبيل المثال:
France تُكتَب بالعربية فَرَنسا، و
Britain تُكتَب بالعربية بِرِيطانيا، و Florence تُكتَب بالعربية فُلُورنسا.

موضع الهمزة في الكلمة

يمكن الاستدلال على مكان وضع الهمزة في الكلمة عن طريق معرفة وزن الكلمة من فعل أو اسم.
فيما يلي سيكون العرض مؤكدا على مكان وضع الهمزة في نهاية الكلمة.

في شَيء، التي هي اسم أو مصدر ثلاثي على وزن فَعْل، يجب أن توضع الهمزة بعد الياء، وتكون الهمزة الحرف الثالث في الكلمة.
وفي سُوْء، التي هي مصدر ثلاثي على وزن فُعْل، يجب أن تأتي الهمزة بعد الواو.
وفي سَوء، التي هي مصدر ثلاثي على وزن فَعْل، يجب أن تأتي الهمزة بعد الواو.
وفي الفعل تَبَوَّأَ، الذي هو على وزن تَفَعَّلَ، يجب أن توضع الهمزة على الألف.
وفي المصدر تَبَوّء، الذي هو على مصدر تَفَعُّل، يجب أن تأتي الهمزة بعد حرف الواو.
وفي الكلمة فَيء، التي هي على وزن فَعْل، توضع الهمزة بوصفها حرفا بعد الياء.
وفي الكلمة فِياء، التي هي على وزن فِعال، توضع الهمزة بوصفها حرفا بعد حرف الألف.
وكذلك الأمر بالنسبة إلى كلمة ضِياء.
وفي الكلمة جُزْء، التي هي على وزن فُعل، توضع الهمزة بوصفها حرفا بعد حرف الزاي.
وفي المصدر بُطْء، الذي هو على وزن فُعْل، توضع الهمزة بعد الحرف الثاني طاء.
وفي المصدر إبطاء، الذي هو على وزن إِفْعال، توضع الهمزة بعد الحرف آلف لأنها تأتي بعد هذا الحرف.
وفي الصفة بَطِيء، التي هي كلمة تتكون من أربعة أحرف على وزن فَعِيْل، توضع الهمزة، بوصفها حرفا رابعا، بعد حرف الياء.
وفي الكلمة دِفء، التي هي اسم ثلاثي على وزن فِعْل، توضع الهمزة بعد حرف الفاء. وفي دَفيء، التي هي صفة على وزن فَعِيل، توضع الهمزة بعد الياء.
والكلمات هَيْفاء ونَجْلاء وحَسْناء وشَهْباء وفَيْحاء، وأسماء من هذا القبيل، التي تتكون الكلمة منها من خمسة أحرف، توضع الهمزة، لأنها تلي حرف الألف، بعد هذا الحرف.

ترجمة It makes a difference

يترجم البعض هذه العبارة على النحو التالي: "يُحْدِث فرقا". وثمة مِن اللغويين والمترجمين مَنْ يتحفظون عن هذه الترجمة.

وفي الواقع ثمة ترجمة أخرى تبدو أكثر دقه وهي "لذلك أثر". على سبيل المثال:

"His presence makes a great difference" "لحضوره أثر كبير"؛

"Her positive attitude makes a useful difference" "لموقفها الإيجابي أثر مُجْد".

أحيانا تضم الجملة فعلين، أولهما لازم يلحقه حرف جر مناسب وثانيهما متعد تعديا مباشرا. في هذه الحالة لا يصح عطف الفعلين الواحد على الآخر مباشرة. على سبيل المثال، لا يصح القول: أكل الحصانُ، وداس على، العشب. في مثل هذه الحالة يجب إيراد المفعول به، وهو العشب، بعد الحصان ثم عطف الفعل الثاني يلحقه حرف الجر المناسب منتهيا بضمير الاسم (في هذه الحالة "العشب"). يجب القول، على سبيل المثال: أكل الحصانُ العشبَ وداس عليه. وإليكم مثالا آخر: ليس من الصحيح القول: شاهد الطلابُ وشاركوا في الموكب. الصحيح هو: شاهد الطلابُ الموكبَ وشاركوا فيه.

وفي بعض الحالات يكون الفعل متعديا تعديا مباشرا ودون أن يلحقه حرف الجر، مثلا: قَبِلَ سعيدٌ كتاباً. وأحيانا يكون الفعل نفسه متعديا على نحو غير مباشر، ويكون حر الجر الباء لاحقا به (ويسمى حرف الجر ذلك باء التعدية، أي الباء الذي يجعل الفعل متعديا على نحو غير مباشر). على سبيل المثال: قَبِلَ سعيد بالهدية.

هذه السمة النحوية توفر المرونة التي تيسر استعمال الأفعال في حالة عطف بعضها على بعض. في هذه الحالة يمكن للكاتب أن يأتي بفعلين متعديين تعديا مباشرا أو أن يأتي بفعلين متعديين بالتعدي غير المباشر بباء التعدية. على سبيل المثال يمكن القول: قبلتُ وآمنتُ بالفكرة أو تذكرتُ وقبلتُ الفكرةَ. وهاكم مثالا آخر: دخلت وشاهدت دمشق الخالدة، ودخلت وتمشيت في مدينة القدس الخالدة. وذلك ينطبق أيضا على جمل ترد فيها ثلاثة أفعال أو أكثر.

وفي اللغة الإنكليزية، على سبيل المثال، يجيز الأسلوب إيراد فعلين، أو أكثرمن فعلين، يلحقهما حرفا جر مختلفان الواحد منهما عن الآخر، يكونان متجاورين في نفس الجملة. على سبيل المثال يجوز القول:

The committee agreed on, and approved of, the report.

ووفقا لما أسلفنا ينبغي أن تكون الترجمة إلى اللغة العربية كما يلي: اللجنة وافقت على التقرير وأقرته (وليس من الصحيح أن تكون الترجمة: اللجنة وافقت على، وأقرت، التقرير).

أوزان الأفعال

يوجد في اللغة العربية أوزان أفعال، وأوزان الأفعال العشرة التالية هي الأكثر شيوعا واستعمالا: فَعَلَ، فَعَّلَ، فاعَلَ، أَفْعَلَ، تَفَعَّلَ، تَفاعَلَ، إِنْفَعَلَ، إفْتَعَلَ، إفْعَلَّ، إسْتَفْعَلَ. وجميع أوزان الأفعال هذه وغيرها تُرَدّ إلى وزن الفعل فَعَلَ. وهو فعل ماض ثلاثي مجرد. وأغلبية أوزان الأفعال مشتقة من الفعل الثلاثي المجرد.

وكلمة مِحور أو كلمة مَرْكز مصدر ميمي وزنه مِفْعَل أو مَفْعَل. والفعل الثلاثي المجرد لـ"محور" هو حور، والفعل الثلاثي المجرد لـ"مركز" هو ركز. وليس من الصحيح، كما يفعل مع الأسف بعض المتكلمين والكتاب، اشتقاق "تمحور" أو "تمركز" من محور أو مركز، وذلك لأنه لا يوجد فعل ثلاثي على صيغة "تمحور" أو "تمركز" أو كلمات أخرى من هذا القبيل. لا تشتمل كل أوزان الفعل على حرم الميم باعتباره حرفا أصليا أو مضافا إلى الفعل الثلاثي المجرد أو الفعل الذي أضيف إليه حرف أو حرفان أو ثلاثة. من أجل التعبير عن معنى الفعل الماضي من أفعال من هذا القبيل يمكن استعمال الصيغ التالية: اتخذت اليابان المحيط الهادئ محورا (مصدر ميمي) لسياستها الخارجية، تركزت القوات البرية على الجبال، اتخذت أفريقيا القاهرة مركزا (مصدر ميمي) لنشاطها الثقافي.

ومن الجدير بالذكر وزن الفعل التالي لأنه فعل مجرد رباعي:
فَعْلَلَ: دَحْرَجَ.

In other words

الترجمة العربية لهذه العبارة هي "بعبارة أخرى"، ومن الخطأ ترجمتها بـ "بمعنى آخر"، فالمعنى المقصود هو نفس المعنى ولكن اللفظ أو العبارة مختلفة.

قواعد تحكم استعمال "بعض"

ينبغي القول، على سبيل المثال، واجه الفارسان بعضُهما بعضا. وفي هذه الحالة تكون كلمة "الفارسان" مبدلا عنه، وتكون عبارة "بعضهما" بدلا جزئيا. ويمكن القول: واجه بعضُ الفارسين بعضا.

وينبغي القول: زار الناسُ بعضُهم بعضا، أو: زار بعضُ الناس بعضا. ومن الخطأ القول: زار الناسُ لبعضهم بعضا أو: زار الناسُ لبعضهم البعض.

وينبغي القول: ذهبت الفتياتُ بعضُهن إلى بعض، أو: ذهبت بعض الفتيات إلى بعض.

وينبغي القول: بالجهالة أضعف الغافلون بعضُهم بعضا، أو: أضعف بعضُ الغافلين بعضا.

وستكون لنا عودة إلى هذا الموضوع بمزيد من التفصيل.

استعمال خاطئ لكلمة "هناك"

من غير السليم الاستعمال اللغوي التالي: لأن هناك مرحلة ثانية من التصويبات سأجتازها وقت الطباعة. والعبارة الصحيحة هي: لأنني سأجتاز مرحلة ثانية من التصويبات وقت الطباعة. وذلك لأن المرحلة الثانية غير موجودة ما دامت غير مجتازة.

وعلى نفس المنوال، من الخطأ القول: هناك كتاب آخر سيعدّه الباحث. والصحيح هو: سيُعدّ الباحث كتابا آخر. وذلك لأن الكتاب الذي لم يعدّ ليس موجودا.

تصويبات لغوية - الجزء الخامس

لا يطيب ولا يحلو لي ولا لآي شخص ناطق بلغة الأم، اللغة العربية، تكرار مشاهدة تسرب ألفاظ غير عربية في لغتنا العربية في

عدد من محطات التلفزيون العربية، وخصوصا أن كثيرا من تلك الألفاظ غير العربية، من قبيل ألفاظ في اللغتين الإنكليزية والفرنسية، لها ما يقابلها من الناحية المعنوية في لغتنا العربية. ولا أتكلم في هذا السياق عن الكلمات الأجنبية التي لا مقابل لها في اللغة العربية.

ثمة أسباب لهذه الظاهرة التي ينبغي أن يمقتها كل شخص حريص على سلامة الاستعمال اللغوي العربي. وينبغي أن تقوم مؤسسات بحثية بإجراء دراسات لغوية-ثقافية-نفسية لمعرفة تلك الأسباب ولمعرفة خلفية تلك الظاهرة. في هذه المرحلة الزمنية التي نمر بها يمكننا أن نخمّن أن أحد أسباب هذه الظاهرة هو الشعور بالنقص لدى بعض الذين تتحرك ألسنتهم وحناجرهم بالعبارات غير العربية. لعلهم يشعرون بضعف مستواهم في اللغة الإنكليزية أو الفرنسية، فيستعملون الألفاظ الأجنبية لإظهار معرفتهم بهاتين اللغتين. ثم، لعل استعمالهم لألفاظ أجنبية غرضه أن يشيروا إلى أنهم أعلى مركزا ثقافيا واجتماعيا وطبقيا. إذا كانت غايتهم هي الإشارة إلى مركز اجتماعي-ثقافي معين، فإن تلك الإشارة غير محققة. إن هذه الممارسة لا تؤدي بكثير من الناس المحبين للغتهم وثقافتهم العربيتين إلى الاعتقاد الذي لا أساس له من الصحة بأن الذي يلفظ ألفاظا غير عربية وهو يتكلم العربية سيتمتع بنظرة احترام وإكبار من جانب أفراد الشعب العاديين الغيورين على لغتهم.

إن ما آلمني شديد الإيلام اليوم وأنا أشاهد برنامجا تلفزيونيا عربيا هو أن المرأة العربية الزائرة المدعوة إلى برنامج من البرامج كانت تنطق بألفاظ عربية سليمة وصحيحة ودقيقة، وكانت المضيفة تؤدي دور "المصححة" – يا للهول - للعبارات العربية بأن كررت تلك المضيفة النطق بالألفاظ الأجنبية الموازية للكلمات العربية. لقد ذكرت تلك المضيفة كلمة "سيلفر" وكأنها تصحح كلمة "فضة" وذكرت تلك المضيفة كلمة "برايفت" لـ"تصحيح" كلمة "خاصة". ما هذه المهزلة يا عرب. هل تريدون من الناطقين باللغة العربية أن يهملوا وينسوا لغتهم؟! هل تريدون من أبناء اللغة العربية أن يشعروا بالذنب أو التقصير لأنهم يستعملون العبارات العربية الدقيقة السليمة؟!

لا يقبل شخص إنكليزي أو فرنسي أو ألماني أو ياباني أو صيني أو روسي أو بولندي محلل للتطورات أو عارض للبرامج على محطة التلفزيون بأن يدخل في لغته الكم الكبير من العبارات الأجنبية التي لها ما يقابلها في اللغة العربية كما يجري الآن في حالة اللغة العربية.

أيها الناس الغافلون عن عظمة وعبقرية اللغة العربية، أيها العاجزون عن استعمال هذه اللغة، أيها المستخفون بقيمتها العلمية والأدبية العظيمة، أيها المتقزمون حيال لغات لم ترق إلى دقة وبيان لغتنا الحبيبة، لقد كانت اللغة العربية لغة العلوم والفلسفة والأدب شعرا ونثرا طيلة ثمانية قرون، من القرن السابع حتى القرن الخامس عشر الميلادي، على الساحة العالمية، بما في ذلك الساحة الأوروبية. وينبغي ألا يفهم من هذه الكتابة أنني لا أحترم اللغات الغربية وثقافتها وآدابها. بحكم إقامتي في الغرب أنا مطلع على نحو مباشر على قيمة تلك اللغات.

من الطيب والسليم، للحفاظ على هويتكم ومكانتكم، أن تحققوا في المخطوطات العربية التي تعدادها عشرات الآلاف، وعندها ستجدون معظم العلوم التي طبقت في أجزاء من أوروبا تعود بأصلها إلى الحضارة المكتوبة باللغة العربية. لم تستطع اللغة اللاتينية ولا الإنكليزية ولا الفرنسية منافسة اللغة العربية ومزاحمتها على الريادة في تقدم العلوم.

من الجدير بالمسؤولين عن إدارة المحطات الفضائية الحكومية وغير الحكومية العربية أن يلتفتوا إلى هذه المسألة المهمة. وينبغي أن يتجلى ذلك الالتفات في جملة أمور منها إصدار توجيهات تحظر إدخال ألفاظ غير عربية في لغتنا إلا إذا كانت تلك الألفاظ لا يوجد ما يقابلها في اللغة العربية، ونجاح المتقدم بطلب العمل الذي يتطلب معرفة اللغة في اختبار لمعرفة اللغة العربية وعدم قبول من لا يتوفر لديه مستوى أدنى من المعرفة اللغوية، وتنظيم دورات في مقار تلك المحطات تهدف إلى رفع وتحسين مستوى العاملين في مجال اللغة العربية، وجعل تحسين المستوى اللغوي العربي أحد معايير التثبيت والترقية في الوظيفة، وعدم التراخي في تحقيق وتنفيذ تلك الشروط وغيرها من الشروط الرامية إلى رفع المستوى اللغوي العربي.

إنني أناشد القسم اللغوي في الأمانة العامة لجامعة الدول العربية، والأقسام اللغوية وأقسام الترجمة بين العربية ولغات أخرى في المحطات التلفزيونية الفضائية أن تقوم بتوجيه الإهتمام إلى هذه المسألة البالغة الأهمية، وأن يترجم اهتمامها إلى عمل ملموس دون إبطاء أو تأخير. فهذه المسألة، كما يعرف العارفون منا، قمينة بالإهتمام وجديرة بالمتابعة الجادة، وهي تستحق رصد أموال من مصادر حكومية وغير حكومية من أجل التخلص من هذه الآفة، آفة استعمال كلمات كثيرة غير عربية في استعمالنا اللغوي العربي. وإذا لم تكن لغتنا تستحق الإهتمام من جانبنا فما هو الشيء الذي يستحق ذلك الإهتمام.

لتيسير التواصل حول هذا الموضوع المتعلق بالكيان والهوية والثقافة يمكن استعمال عنواني الإلكتروني التالي:

TNNashif@aol.com

استعمال "بعض"

الصيغة الصحيحة لاستعمال "بعض" ترد في الأمثلة التالية:

لعب بعض الطلاب مع بعض أوبنفس المعنى: لعب الطلاب بعضهم مع بعض، ويكون إعراب عبارة "بعضهم" بدل جزء من الكل، و"الكل" هنا الطلاب. وليس من الصحيح القول: لعب الطلاب مع بعضهم البعض.

تختلف بعض المؤسسات البشرية عن بعض أو: تختلف المؤسسات البشرية بعضها عن بعض. ومن الخطأ القول: تختلف المؤسسات البشرية مع بعضها البعض أو: عن بعضها البعض.

وتستند بعض الفئات الاجتماعية إلى بعض، أو: تستند الفئات الاجتماعية بعضها إلى بعض.

أحيانا تبتعد بعض الشرائح البشرية عن بعض، وأحيانا أخرى تقترب تلك الشرائح بعضها من بعض.

نطح الكبشان بعضهما بعضا، و: نطحت الكباش بعضها بعضا.

اختلف الفنانون بعضهم عن بعض، و: اختلفت الفنانات بعضهن عن بعض، و: اختلف الفنانان بعضهما عن بعض، و: اختلفت الفنانتان بعضهما عن بعض.

تختلف المجموعات البشرية بعضها عن بعض في مدى إقدامها وانضباطها.

احترمت الشعوب بعضها بعضا أو: احترمت الشعوب بعضها لبعض.

ردعت القوةُ بعضَ الجند عن مهاجمة بعض، وردعت القيمُ بعضَ الأفراد عن الاعتداء على بعض.

درس بعض النساء مع بعض، أو: درست بعض النساء مع بعض، أو درست النساء بعضهن مع بعض.

أساليب الإخفاء يختلف بعضها عن بعض، أو: تختلف أساليب الإخفاء بعضها عن بعض. اعتراف الشعوب بعضها ببعض. احتاجت الشعوب بعضها إلى بعض.

موقع الهمزة في نهاية بعض الكلمات

دفء، شيء، فيء وغيرها كلمات من الواضح أنها ثلاثية الأحرف: ف (الفاء)، ع (العين)، ل (اللام). والهمزة في نهاية هذه الكلمات الثلاث تقابل حرف اللام في فعْل، وبالتالي ينبغي أن توضع الهمزة بعد الحرف الثاني باعتبارها حرفا، وألا توضع فوق الحرف الثاني.

لا بُدَّ

لا بُدَّ، لا مهربَ، لا مفرَّ، لا مناصَّ عبارات متشابهة المعاني. و"لا" هذه لا النافية للجنس، أي جنس الكلمة التي تليها. والكلمة المنفية جنسيا يجب أن تأتي مبنية على الفتح. ويجب ألا تلحقها أي صفة وتصاغ في صيغة النكرة. وإذا أراد الكاتب أو القائل أن يورد صفة بعد كلمة

الجنس لم تعد الـ "لا" نافية للجنس. في حالة إيراد الصفة أو النعت بعد كلمة الجنس تكون العبارة كما يلي: لا يوجد مهربٌ قريبٌ. وفي هذه الحالة لا تكون "لآ" نافية للجنس ولكن تكون لا نافية، وتكون كلمة مهرب فاعلا مرفوعا بتنوين الضمة وتكون كلمة قريب صفة للفاعل.

ولا يصح القول: لا بد وأن، أو: لا مهرب وأن ألخ. الصحيح هو: لا بد أن، و: لا مهرب أن، أو: لا بد من أن، أو: لا مهرب من أن. على سبيل المثال: لا بد أنْ تغرب الشمس، و: لا بد من أن تغرب الشمس؛ لا مهرب من أن يأتي الشتاء. ويمكن القول: لا بد من غروب الشمس، ولا مهرب من قدوم الشتاء، ولا مفر للجناة من إقامة العدل؛ ولا مناصّ من مواجهة الحقيقة.

المستثنى بـ "سِوَى"

يمكن أن تكون أداة الاستثناء هي "سِوَى". مثلا: زرنا الآثارَ العربية سوى آثارِ غرناطة. وحُكم المستثنى بـ "سوى" الجرُّ دائما بالإضافة. أما لفظة "سوى" فتأخذ في الإعراب حكم المستثنى بـ "إلا". فيجب نصبها إذا كان الكلام مثبتا، وذُكر المستثنى منه. مثلا: تفوق الطيارون سوى طيار. ويجوز نصبها أو إتباعها للمستثنى منه على أنها بدل منه، إذا كان الكلام منفيا وذكر المستثنى منه. مثلا: ما فاز السباحون سوى سباحٍ، أو: ما فاز السباحون سوى سباحٍ. في الحالة الأخيرة تكون "سوى" مرفوعة تقديرا على أنها بدل من كلمةً "السباحون".

ومن هنا، لا يصح مطلقا إدخال حرف الجر "بـ" على كلمة "سوى".

"قد"

ليس لوقوع كلمة "قد" قبل الفعل المضارع أو الفعل الماضي أي تأثير نحوي أو صرفي. نقول مثلا: قد يلعبون، وقد لعبوا، وقد يلعبن، وقد يندفعون، وقد تأتي التلميذة، وقد تطول الطريق، وقد تزدان الحديقةُ

بالورود، وقد ينجوان من الإعصار، وقد يقتحمون القلعة، وقد يكونون مدججين بالسلاح، وهكذا.

Taysir Nashif earned a B.A. degree in Arabic language and literature and political science from the University of Jerusalem in 1964, an M.A. degree in Middle Eastern studies from the University of Toronto in 1968, and a Ph.D. degree in political science from the State University of New York at Binghamton in 1974.

He served as assistant and associate professor of Arabic language and culture at various academic institutions in New Jersey and Algeria. From Jan. 1980 to Dec. 1981, he served as a political affairs officer at the United Nations, NY. From 1982 to 2002, he served as a deputy chief and, then, a chief of the UN Arabic Verbatim Reporting Section. Besides administrative responsibilities, the job involved translation between Arabic and English, revising and editing of UN documents.

The author is or was a member in the following associations:

Middle East Studies Association.

International Political Science Association.

American Political Science Association.

American Translators Association.

American Association of Teachers of Arabic.

Third World Studies Association.

The American Council on the Teaching of Foreign Languages.

Taysir Nashif attended some of the annual conferences of such associations, where he haired panels or made presentations. Some of his presentations were included in their proceedings.

A number of books and scores of articles in both Arabic and English were published in the US, India, Canada, Lebanon, Jordan and Egypt. These publications deal with socio-political and cultural issues, such as social and cultural development, weakness of middle class in Third-World countries, rise and decline of civilizations, and ways to improve inter-cultural relations.

Published books

الأسلحة النووية في إسرائيل. بيروت: المؤسسة العربية للدراسات والنشر، 1990.

العرب والعالم في القرن القادم. الناصرة: منشورات الطلائع، 1998.

السلطة والحرية الفكرية والمجتمع. بيروت: المؤسسة العربية للدراسات والنشر، 2001.

الزعامتان السياسيتان العربية واليهودية في فلسطين: دراسة مقارنة. بيروت: المؤسسة العربي للدراسات والنشر، 2002.

مفكرون *فلسطينيون في القرن العشرين*. الناصرة: منشورات الطلائع.

السلطة والفكر والتغير الاجتماعي. عَمّان: أزمنة للنشر والتوزيع، 2003.

النشاط الفكري والتغير الاجتماعي. عَمّان: أزمنة للنشر والتوزيع، 2005.

مختارات من الشعر العربي المعاصر (حُرّر بالاشتراك مع قيصر عفيف). برينستن: منشورات الحركة الشعرية، 2006.

تلال وظلال. باترسين: دار الزيتون للنشر، 2007.
الواقع البشري والسياسة. بلومنغتن، إنديانا: أوثر هاوس، 2013.

The Palestine Arab and Jewish Political Leadership: A Comparative Study. New York: Asia Publishing House, 1979.

Government, the Intellectual and Society in the Third World. Kolkata: Academic Publishers, 2004.

Society, Intellectuals and Cultural Change in the Developing Countries. New York: iUniverse, 2006.

Weakness of Nuclear Deterrence in the Near East: Israel and Nuclear Weapons. Saarbrucken, 2010.

Social Justice and Intellectual Suppression. Bloomington, IN: AuthorHouse, 2011.

Breezes and Storms: Verse and Prose. Trafford Publishing, 2012.